グループ経営と会計・税務

日本公認会計士協会東京会 [編]

清文社

序　文

　企業活動のグローバル化、リスク管理の重要性が増したこと等に伴い、企業は関係会社を含む企業グループでの経営の効率化やコーポレート・ガバナンスの充実が求められてきています。グループ経営を推進していく上で、他の企業との経営統合、完全子会社化、不採算子会社の整理や事業譲渡等の組織再編が活発に行われるようになってきています。

　このような状況下において、会計面では、いわゆる会計ビッグバン以降、開示が連結情報主体となり、連結決算が重視されるようになっています。一方で、企業結合に関する会計基準については、平成15年の企業結合会計基準の公表に続いて、事業分離等に関する会計基準が整備され、平成20年には会計基準の国際的な融合の一環として持分プーリング法が廃止される等、企業結合等に関する会計基準が整備されました。

　税制面でも企業グループの経営のあり方の変化に対応して、平成13年度には組織再編税制が整備され、平成14年度には連結納税制度が導入されました。そして、平成22年度税制改正では、グループ法人税制が導入されるとともに、連結納税制度も見直されました。

　このように企業のグループ経営をとりまく会計制度・税制についてはめまぐるしく見直しが行われています。

　そこで、本書では、グループ経営という観点から会計・税務に関する論点を取り上げ、Q&A方式によって解説しました。

　本書の構成は以下の通りです。
　第1章では、持株会社化等に伴い、子会社の組織再編が加速していることから子会社の組織再編に係る会計・税務の論点を取り上げています。
　第2章では、連結決算の過程でしばしば議論となる子会社に係る論点を取り

上げています。

　第3章では、今後のIFRS（国際財務報告基準）の導入にあたり、連結決算関係の留意事項を取り上げました。

　第4章では、平成22年度税制改正でのグループ法人税制の中からグループ経営に関する論点を取り上げています。

　第5章では、連結納税制度についての論点を全般的に取り上げています。平成22年度税制改正によって、従来から連結納税制度導入を妨げる大きな要因の一つとなっていた連結子法人の連結納税開始時または連結納税グループ加入時に切り捨てられることとなっていた欠損金について、一定の要件の下で連結欠損金として連結グループに持ち込むことが可能となったことから、今後連結納税制度を採用する企業が増加することも考えられます。

　第6章では、ケーススタディにより連結納税制度とグループ法人税制についてその適用の有利・不利等について具体的に取り上げています。

　本書は、執筆、編集にあたった日本公認会計士協会東京会の出版委員会委員、研修出版部担当役員ならびに事務局の尽力により刊行されたものであり、心から感謝の意を表します。また、本書の刊行にあたってお世話になりました株式会社清文社のご担当者諸氏に衷心より厚くお礼申し上げます。

2012年3月

編集代表
日本公認会計士協会東京会
会長　小西　彦衞

グループ経営と会計・税務

【執筆者一覧】　平成23年度　出版委員会委員（公認会計士）

- 第1章　矢澤　利弘（1）
- 　　　　成田　礼子（2）
- 　　　　森　　隆男（3）
- 第2章　德永　　剛（1、2）
- 　　　　江田慎太郎（3、4）
- 　　　　伊藤　浩平（5、6）
- 　　　　岡　　利樹（7）
- 第3章　丸吉　龍一（Q1～Q5）
- 　　　　中村　弘二（Q6～Q9）
- 第4章　長田　慶洋（1、2、7、8）
- 　　　　脇田　伸秀（3）
- 　　　　福田　秀幸（4）
- 　　　　神足　勝彦（5）
- 　　　　石川　理一（6、9）
- 第5章　永井　寛章（1、2、5）
- 　　　　綱野　寛之（3、4）
- 　　　　濱村　則久（6）
- 　　　　山本　孝之（7、8）
- 　　　　長島　一郎（9、10）
- 第6章　長島　一郎

目 次

第1章 子会社の組織再編に係る会計・税務

1 **上場企業の完全子会社化**………2
　完全子会社化の最近の動向………2
　完全子会社化の方法………4
　完全親会社の会計処理………9
　完全子法人の株主の税務………14
　連結財務諸表上の処理………16
2 **無対価組織再編成の会計・税務**………21
　無対価組織再編成の概要………21
　無対価吸収合併の会計と税務………27
　無対価吸収分割の会計と税務………32
　無対価株式交換の会計と税務………41
3 **子会社の清算手続き**………45
　子会社の清算手続き（残余財産の分配がある場合）………45
　子会社の清算手続き（債務超過の場合）………55
　子会社の清算における親会社の処理………63

第2章 連結決算個別問題

1 **連結範囲に関する事項**………72
　連結の範囲………72

持分法適用の範囲………75
　　　子会社の範囲………77
　　　関連会社の範囲………80
　　　連結の範囲に係る重要性の基準………82
2　決算日に関する事項………88
　　　決算期の異なる子会社………88
　　　決算日の異なる持分法適用会社………90
　　　仮決算の実務………91
3　親子会社、関連会社間会計方針と開示………94
　　　会計方針の統一………94
　　　セグメント情報………98
　　　関係会社と関連当事者………104
　　　包括利益情報………108
4　のれん、負ののれん………111
　　　のれんの定義………111
　　　のれんの償却および減損………112
5　自己株式………115
　　　連結子会社が保有する親会社株式………115
　　　連結子会社が保有する当該連結子会社の自己株式………118
　　　持分法適用会社が保有する親会社株式等………122
　　　持分法適用会社が保有する当該持分法適用会社の自己株式………125
6　債務超過子会社・関連子会社の取扱い………129
　　　連結子会社の債務超過転落………129
　　　持分法適用会社の債務超過………132
7　存外子会社………136
　　　存外子会社の財務諸表項目の換算………136
　　　存外子会社ののれんの会計処理………143
　　　存外子会社の持分変動があった場合の会計処理………145
　　　子会社持分に対するヘッジ取引………149
　　　存外子会社の留保利益に対する繰延税金負債………152

第3章 IFRS導入による連結関係の留意事項

決算期の統一………158
IFRS の導入の仕方………161
グループシステムの見直し………165
グループ会計マニュアルの整備………167
親会社として必要な作業………170
連結の範囲………173
持分法の範囲………180
会計方針の統一………185
のれんの範囲および償却………188

第4章 グループ法人税制

1 概要………192
　グループ法人税制導入の経緯………192
2 完全支配関係………195
　グループ法人税制の適用範囲………195
3 100%グループ内の法人間の資産譲渡取引………200
　課税繰延制度の概要………200
　課税繰延制度の対象資産………201
　繰り延べられる譲渡損益額………203
　繰延損益の戻入れ………208
　資産譲渡取引における手続き………214
4 100%グループ内の法人間の寄附金………216
　100%グループ内の法人間の寄附金の損金不算入制度の概要………216

　　　　寄附修正事由が発生した子会社株式に対する親法人の処理………217
　　　　子会社株式の帳簿価額以上の寄附修正………220
　　　　100%グループ内での無利息貸付、低利貸付………221
　　　　100%グループ内での資産の低額譲渡………223
　　　　100%グループ内で債務超過の子会社に債権放棄を行った場合の親法人の処理………227
5　現物分配………230
　　　　適格現物分配の概要………230
　　　　現物分配法人の会計・税務………234
　　　　被現物分配法人の会計・税務………237
　　　　孫会社の子会社化………240
　　　　現物分配による残余財産の分配………244
6　受取配当等の益金不算入制度の改正………248
　　　　グループ内は負債利子控除が不適用に………248
7　100%グループ内法人の株式の発行法人に対する譲渡………251
　　　　100%グループ内法人の株式の発行法人への譲渡時の税務………251
8　中小企業向け特例措置の大法人の100%子法人に対する適用………255
　　　　グループ法人税制における中小企業向け特例措置………255
9　グループ法人税制と税効果会計………259
　　　　譲渡損益の繰延べに係る税効果………259
　　　　寄附に係る税効果………267
　　　　グループ法人税制の創設に伴う繰延税金資産および負債の調整………271

第5章　連結納税制度

1　連結納税制度の概要………276

　　　　連結納税制度とは………276
　　　　連結納税制度とグループ法人税制………279
　2　**適用法人の範囲、申請・承認等**………282
　　　　適用法人の範囲………282
　　　　適用取止めの手続き………284
　3　**連結納税グループへの加入に際しての調整等**………289
　　　　連結子法人の資産の時価評価………289
　　　　連結子法人の繰越欠損金引継ぎ………293
　4　**連結納税グループからの離脱**………297
　　　　連結納税グループからの離脱、再加入の条件………297
　　　　連結子法人の離脱に伴う事業年度………299
　　　　離脱時の繰越欠損金………302
　5　**連結事業年度、申告・納付**………304
　　　　連結納税制度における連結事業年度と手続き………304
　6　**連結所得金額計算および連結法人税計算の概要**………307
　　　　連結所得金額計算、連結法人税額計算の方法………307
　　　　連結所得・法人税額の個別帰属額算定の理由………313
　　　　連結所得金額計算における別段の定め………316
　7　**連結法人税額の計算**………330
　　　　連結所得における法人税率………330
　　　　連結納税における税額控除………332
　　　　連結法人税の個別帰属額の取扱い………337
　8　**連結納税適用開始時の調整等**………342
　　　　みなし事業年度の取扱い………342
　　　　連結納税開始時における時価評価………345
　　　　連結納税開始時の繰越欠損金………347
　9　**地方税の取扱い**………351
　　　　連結納税制度における、地方税の取扱い………351
　10　**連結納税制度と税効果会計**………356
　　　　個別財務諸表における税効果会計………356
　　　　連結納税制度と連結財務諸表における税効果会計………363

第6章 ケーススタディ
（連結納税制度とグループ法人税制）

1 連結納税制度採用の有利・不利………372
　ケーススタディによる連結納税制度適用の検討………372
2 グループ法人税制の有利・不利………389
　ケーススタディによるグループ法人税制適用の検討………389

　参考文献 ……………………………………………………………………394

凡　例

法令等の略記は、下記によります。

金融商品取引法：金商法
法人税法：法法
所得税法：所法
租税特別措置法：措法
法人税法施行令：法令
法人税法施行規則：法規
所得税法施行令：所令
租税特別措置法施行令：措令
会社法：会
会社法施行規則：会施規
会社計算規則：計規
企業会計原則：企原
財務諸表等の用語、様式及び作成方法に関する規則：財務諸表規則、財規
連結財務諸表の用語、様式及び作成方法に関する規則：連結財務諸表規則、連結財規
「連結財務諸表の用語、様式及び作成方法に関する規則」の取扱いに関する留意事項について：連結ガイドライン
企業内容等の開示に関する内閣府令：開示府令
法人税基本通達：法基通
所得税基本通達：所基通
連結納税基本通達：連基通
外貨建取引等会計処理基準：外貨会計基準
企業会計基準第1号「自己株式及び準備金の額の減少等に関する会計基準」：自己株式等会計基準
企業会計基準第5号「貸借対照表の純資産の部の表示に関する会計基準」：純資産会計基準
企業会計基準第6号「株主資本等変動計算書に関する会計基準」：株主資本等変動計算書に関する会計基準、変動計算書会計基準
企業会計基準第7号「事業分離等に関する会計基準」：事業分離等会計基準
企業会計基準第10号「金融商品に関する会計基準」：金融商品会計基準、金商会計基準
企業会計基準第11号「関連当事者の開示に関する会計基準」：関連当事者開示会計基準
企業会計基準第16号「持分法に関する会計基準」：持分法会計基準
企業会計基準第17号「セグメント情報等の開示に関する会計基準」：セグメント会計基準
企業会計基準第21号「企業結合に関する会計基準」：企業結合会計基準
企業会計基準第22号「連結財務諸表に関する会計基準」：連結財務諸表会計基準
企業会計基準第24号「会計上の変更及び誤謬の訂正に関する会計基準」：過年度遡及会計基準

企業会計基準第25号「包括利益の表示に関する会計基準」：包括利益表示会計基準

企業会計基準適用指針第2号「自己株式及び準備金の額の減少等に関する会計基準の適用指針」：自己株式等適用指針

企業会計基準適用指針第3号「その他資本剰余金の処分による配当を受けた株主の会計処理」：その他資本剰余金適用指針

企業会計基準適用指針第8号「貸借対照表の純資産の部の表示に関する会計基準等の適用指針」：純資産適用指針

企業会計基準適用指針第10号「企業結合会計基準及び事業分離等会計基準に関する適用指針」：企業結合等適用指針

企業会計基準適用指針第17号「払込資本を増加させる可能性のある部分を含む複合金融商品に関する会計処理」：複合金融商品に関する会計処理、複合金商適用指針

企業会計基準適用指針第22号「連結財務諸表における子会社及び関連会社の範囲の決定に関する適用指針」：子会社等範囲決定適用指針

実務対応報告第18号「連結財務諸表作成における在外子会社の会計処理に関する当面の取扱い」：連結財務諸表実務対応報告

実務対応報告第19号「繰延資産の会計処理に関する当面の取扱い」：繰延資産の会計処理に関する当面の取扱い、繰延資産実務対応報告

実務対応報告第24号「持分法適用関連会社の会計処理に関する当面の取扱い」：持分法適用関連会社実務対応報告

会計制度委員会報告第4号「外貨建取引等の会計処理に関する実務指針」：外貨建取引等実務指針、外貨実務指針

会計制度委員会報告第6号「連結財務諸表における税効果会計に関する実務指針」：連結税効果実務指針

会計制度委員会報告第7号「連結財務諸表における資本連結手続きに関する実務指針」：資本連結実務指針

会計制度委員会報告第9号「持分法会計に関する実務指針」：持分法実務指針

会計制度委員会報告第10号「個別財務諸表における税効果会計に関する実務指針」：個別税効果実務指針

会計制度委員会報告第14号「金融商品会計に関する実務指針」：金融商品会計実務指針、金商実務指針

＊本書の内容は、平成24年1月31日現在の法令等に基づいています。

第 1 章
子会社の組織再編に係る会計・税務

1　上場企業の完全子会社化

完全子会社化の最近の動向

Q1
上場子会社が完全子会社化されて上場廃止となるケースが増えています。上場子会社の完全子会社化の最近の動向やその背景、具体例について教えてください。

A
株式交換が日本で制度として認められるようになってから、上場子会社の完全子会社化は増加しており、その目的は一般に少数株主を排除して、親会社による経営の自由度を高めるためであるとされています。

◼ 大規模な完全子会社化の具体例

　経営戦略の一環として、株式の取得や合併、会社分割、株式交換、株式移転、事業譲渡、現物出資等の組織再編が幅広く行われています。そのなかで、企業買収によって企業の支配権を獲得した後、会社の運営を円滑化し、スピードを持たせるため、あるいはグループ内の事業再編のために子会社を100％子会社化するケースが増えています。

　子会社が株式公開企業である場合は、子会社である企業の所有と経営が分離した状態にありますが、上場子会社を100％子会社化すれば、子会社は上場廃止となり、親会社から見て、子会社に対する所有と経営がいわば一致した状態になります。

　近年行われた大規模な上場子会社の完全子会社化の例としては、(株)日立製作

所のケースがあげられます。

　(株)日立製作所は平成22年に日立マクセル(株)等の上場連結子会社5社を完全子会社化しました。株式公開買い付けにより、それぞれ5～7割だった出資比率を100％に引き上げました。完全子会社化されると、子会社は上場廃止となります。同社では、完全子会社化の狙いとして、再編により成長事業を取り込んで強化するほか、主要子会社の業績を連結決算に100％反映させて業績改善を目指すためと説明しています。

2 株式交換の導入による企業再編の簡易化

　日本においては、株式交換が平成11年の商法改正によって導入され、従来の方法に比べて簡易かつ迅速に企業再編を行うことができるようになりました。
　それを受けて、平成12年にソニー(株)が(株)ソニー・ミュージックエンタテインメント等上場子会社3社を完全子会社化したのを皮切りに、日本企業の間で完全子会社化は一種のブームのように行われてきました。
　パナソニック(株)は平成14年に関連4社を完全子会社化しましたが、平成22年にはさらに上場会社のパナソニック電工(株)と三洋電機(株)の完全子会社化を発表しています。このような完全子会社化の流れは電機業界だけではなく、例えば、飲料業界ではキリンホールディングス(株)が上場子会社のメルシャン(株)、ゲーム業界ではコナミ(株)が(株)ハドソン、外食業界では牛丼大手の(株)吉野家ホールディングスが持ち帰りずし大手の(株)京樽の完全子会社化を発表しており、幅広い業界で上場子会社の完全子会社化が行われています。そしてそれに伴い、多くの上場子会社が上場廃止となっています。
　また、事業承継の一形態として、非上場化を伴うMBO (Management Buy-Out)等も増えています。MBOにより、経営者自らが企業の支配権を確保できることになります。例えば、外食産業大手の(株)すかいらーくや(株)レックス・ホールディングス、アパレル大手の(株)ワールド等が、この手法によって組織再編を行い、上場廃止となっています。

3 完全子会社化のメリット

　企業にとって、株式を公開していることは資金調達や知名度の向上等の面でもメリットが多いのですが、親会社が上場子会社をあえて完全子会社化し、上場廃止とする理由としては、一般に、少数株主を排除して、親会社による経営の自由度を高めるためであるとされています。完全子会社化によって、経営における意思決定の迅速化や株主総会の簡便化等を図ることができます。

　また、完全子会社化は合併等とは異なり、株式の間接取得なので、一般的には完全子会社となる会社の許認可権等の法律関係をそのまま維持できます。

完全子会社化の方法

Q2
　上場子会社を完全子会社にするためにはどのような方法があるのでしょうか。少数株主をどのように排除すればよいのかについて教えてください。

A
- 子会社に対する株式の保有割合を増加させる手法には①株式購入、②第三者割当増資、③自己株式の買取りがあります。
- 少数株主排除の典型的なスキームとしては、①株式交換完全親会社の株式のみを交付する株式交換と、②株式交換完全親会社の100％親会社の株式のみを交付する三角株式交換があります。
- これらのうち、現金のみの交付で済む方法としては、①現金交付型株式交換と②全部条項付種類株式を利用した手法が考えられます。

1 子会社に対する株式の保有割合を増加させる手法

　子会社が上場企業である場合、親会社以外に不特定多数の少数株主が存在することになります。そのため、上場子会社を完全子会社化しようとする場合には、少数株主を排除する必要があります。

　上場子会社を完全子会社にするための前提として、まずはじめに子会社に対する株式の保有割合を増加させる方法について見ていくことにしましょう。

　子会社に対する株式の保有割合を増加させる手法としては、株式購入、第三者割当増資、自己株式の買取り、の3つが考えられます。

　まず、株式購入は、親会社が市場を通じて、あるいは少数株主から相対取引等によって子会社株式を現金で購入する方法です。これはもっとも単純に株式の保有割合を増加させる方法だといえます。

　次に、第三者割当増資は、子会社が発行する新株を親会社が引き受けることによって、親会社が保有する子会社の株式保有割合を増加させる方法です。

　さらに、自己株式の買取りは、少数株主が保有する子会社株式を、子会社自身が自己株式として買い取ることによって、相対的に親会社の保有割合を引き上げる方法です。この方法は、分配可能額の範囲内であれば、株主総会の普通決議によって、自己株式を買い取ることができます（会156、461）。また、取締役会設置会社は、市場取引等により、自己株式を取得することを取締役会の決議によって定めることができる旨を定款で定めることができますが、このように定款で定めた場合は自己株式を取締役会決議で取得することが可能です。

　ただし、いずれの場合も、分配可能額を超える金額の自己株式を買い取る場合には、減資や法定準備金の取崩しを行うことによって、その他資本剰余金を増加させてから自己株式の買取りを行う必要があります。

2 少数株主の排除方法

　それでは次に、少数株主を排除して、子会社を完全子会社化するための手法について見ていくことにしましょう。少数株主を排除するための手法としては株式交換完全親会社の株式のみを交付する株式交換と、株式交換完全親会社の100％

親会社の株式のみを交付する三角株式交換が考えられます。

株式交換とは、株式交換完全子会社が、その発行済株式の全部を株式交換完全親会社に取得させることをいいます（会2三十一）。株式交換を行う場合には、株式交換完全親会社と株式交換完全子会社との間で株式交換契約を締結し（会767）、原則として、株式交換完全親会社と株式交換完全子会社において株主総会の特別決議による承認を受ける必要があります（会309、783①、795①）。株式交換の仕組みは、以下の図のようになります。

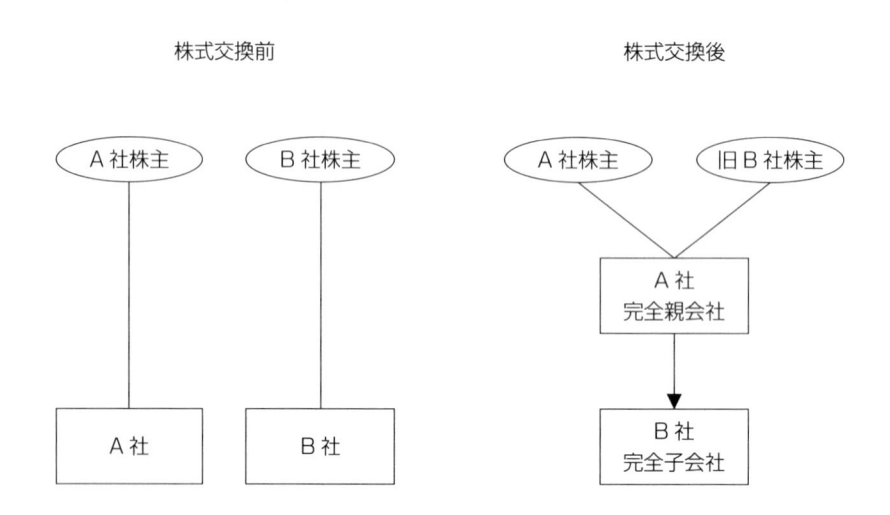

```
      株式交換前                        株式交換後

  ┌─────┐  ┌─────┐          ┌─────┐  ┌──────┐
  │A社株主│  │B社株主│          │A社株主│  │旧B社株主│
  └──┬──┘  └──┬──┘          └──┬──┘  └───┬──┘
     │        │                 └────┬────┘
     │        │                      │
     │        │                  ┌───┴────┐
     │        │                  │  A社   │
     │        │                  │完全親会社│
     │        │                  └───┬────┘
     │        │                      │
  ┌──┴──┐  ┌──┴──┐              ┌───┴────┐
  │ A社 │  │ B社 │              │  B社   │
  └─────┘  └─────┘              │完全子会社│
                                └────────┘
```

　株式交換は、親会社が子会社の株式を取得するという点においては、株式購入と変わるところはありません。しかし、株式購入の場合は、個々の株主から株式を取得する手段であるのに対し、株式交換は、株式の譲渡に反対する株主や所在が不明な株主がいる場合であっても、そうした株主が保有する株式を含めたすべての株主から株式を取得することになります。

　そのため、子会社が株式を上場している場合等、子会社の株主が広範囲に散在している場合であっても、株式交換を利用すれば株主総会の特別決議によって、強制的に子会社を完全子会社化することができることになります。

　子会社の完全子会社化を目的として株式交換を行うためには、原則として、子会社の株主総会において特別決議による承認が必要となるため、株式交換を実施

する前に、親会社が子会社の発行済株式総数の3分の2を超える数の株式を取得し、子会社の株主総会において特別決議が議決できるようにしておくのが一般的です。

❸ 簡易株式交換と略式株式交換

　株式交換が一定の要件を満たす場合には、簡易株式交換（簡易組織再編）や略式株式交換（略式組織再編）の制度を利用することができます。

　簡易株式交換とは、一定の小規模な組織再編の場合に、株式交換完全親会社に与える影響が軽微な場合に、例外的に株式交換完全親会社の株主総会決議を省略できる制度です。簡易株式交換を利用することによって、影響の少ない小規模な株式交換について株主総会手続きの負担がなくなります。

　簡易株式交換を行うことができるかどうかについては「20％基準」によります。20％基準とは、以下の方法によって判定し、20％以下であれば株式交換完全親会社において株主総会決議は不要になるというものです（会796③）。

> 株式交換完全子会社の株主に対して交付する対価の合計額÷
> 株式交換完全親会社の純資産額≦20％

　ただし、上記の要件に該当した場合であっても、以下の場合には株主総会決議を省略することはできません。

① 株式交換完全親会社に差損が生じる場合（会796③但書、795②）
② 公開会社でない株式交換完全親会社が対価として譲渡制限株式を交付する場合（会796③但書、796①但書）
③ 株主から反対があった場合（会796④）

　次に略式株式交換とは、90％以上の支配関係がある会社間の株式交換において、子会社の株主総会の承認決議を不要とする制度です（会768①、784①、796①）。90％以上の支配関係があれば、子会社の株主総会で承認を得られないことは考えられないため、株主総会を不要とすることにより、機動的な組織再編の実行を可能とするためにこの制度が設けられています。

　略式株式交換と簡易株式交換は併用することができるので、両方の制度の要件

をみたすことによって、親会社と子会社の双方の株主総会決議を省略することができます。

ただし、略式株式交換の要件に該当した場合であっても、株式交換完全親会社が非公開会社であって、対価がその株式である場合には、略式株式交換を適用することはできません（会796但書）。株式交換完全親会社で株主総会の承認が必要です。これは、非公開会社における募集株式の発行等に株主総会決議を要すること（会199②）と整合性をとるためです。

また、略式株式交換の要件に該当した場合であっても、株式交換完全子会社の株主に譲渡制限株式等の譲渡性の低い対価が交付される場合には株主保護のため略式株式交換を適用することはできません（会784①但書、783②、計規185、186）。この場合は、株式交換完全子会社で株主総会の承認が必要です。

4 現金の交付のみによる少数株主の排除方法

既存株主の構成を変えたくない場合や、事前に子会社の株式が買い占められて、突然に親会社の大株主になる者が現れたりするのを避ける等の目的で、実務上、親会社の株式の交付を行わずに、現金のみの交付によって少数株主を排除したい場合もあります。

この点、平成19年4月までは、原則として、子会社の株主に対して、親会社の株式を交付する必要があったため、親会社の資本政策上、子会社の株主に親会社の株式を交付するのを避けたい場合には株式交換という手法は使いづらいものでした。

しかし、平成19年5月から、合併等対価の柔軟化が認められるようになり、親会社の株式以外に、親会社の社債、親会社の新株予約権、親会社の新株予約権付社債、金銭、その他の財産を子会社の株主に交付できるようになりました（会768①二）。

したがって、親会社株式の交付を行わない形で、少数株主を排除することも可能です。この場合には、一般的に現金交付型株式交換や全部条項付種類株式を利用する方法が考えられます。

現金交付型株式交換では、株式交換の対価として、親会社の株式ではなく、現

金を交付することになります。

　ただし、現金交付型株式交換は、法人税法上、非適格株式交換として扱われるため、子会社の保有する資産について、時価評価課税が課されることになります。そのため、それを回避するための手法として、全部取得条項付種類株式を利用した方法が用いられています。具体的には、次のような手順を踏むことになります。

① 親会社が子会社の発行済株式の3分の2を超える数の株式を取得します。
② 子会社の株主総会で種類株式発行会社に変更し、子会社の発行済株式すべてを全部取得条項付種類株式に変更します。
③ 子会社が全部取得条項付種類株式を取得し、対価として普通株式を発行します。その際には、少数株主に発行される普通株式のすべてが1株未満の端数になるように株式数を調整します。
④ 1株未満の端数の処理として、金銭を少数株主に交付します。

　この全部取得条項付種類株式を利用したスキームは、例えば、平成22年にアイリスオーヤマ(株)が上場子会社の(株)ホウトクを完全子会社化したケース等で利用されています。

完全親会社の会計処理

Q3
上場子会社Aを完全子会社化した場合、完全親会社となる会社Bはどのような会計処理をすることになるのでしょうか。

A
・少数株主との株式交換に該当するため、取得に準じて会計処理します。
・個別財務諸表上、取得したA社株式を企業結合日の時価で評価し、対価となる自社株式は払込資本として処理します。

❶ 企業結合の会計処理

企業結合は、その形態によって次の三つに分類されます。

取　　得	取得とは、ある企業が他の企業または企業を構成する事業に対する支配を獲得することをいう。 ある企業または企業を構成する事業を取得する企業を取得企業といい、取得される企業を被取得企業という。取得とされた企業結合では、いずれかの結合当事企業を取得企業として決定しなければならない。
共同支配企業の形成	共同支配企業とは、複数の独立した企業により共同で支配される企業をいい、共同支配企業の形成とは、複数の独立した企業が契約等に基づき、合弁会社の設立等、共同支配企業を形成する企業結合をいう。
共通支配下の取引	共通支配下の取引とは、結合当事企業または事業が企業結合の前後で同一の株主により最終的に支配され、かつ、その支配が一時的ではない場合の企業結合をいう。

　親会社が上場子会社を完全子会社化する場合、株式交換の手法が多く用いられています。親会社が子会社と株式交換を行う場合、少数株主との交換取引について、取得の場合に準じて会計処理を行うことになります。
　他の結合当事企業の支配を獲得する結合当事企業が明確である場合には、原則として、当該結合当事企業が取得企業となります。

❷ 取得の会計処理

　取得となる企業結合はパーチェス法によって処理します。パーチェス法による基本的な会計処理は、以下の通りです。
① 被取得企業または事業の取得原価は、原則として、取得の対価となる財の企業結合日における時価で算定します。
② 取得原価は、被取得企業から受け入れた資産および引き受けた負債のうち企業結合日時点において識別可能な資産および負債の企業結合日時点の時価を基礎として、その資産および負債に対して配分します。

③ 取得原価が、受け入れた資産および引き受けた負債に配分された純額を上回る場合には、その超過額はのれんとして処理し、下回る場合には、その不足額を負ののれんとして処理します。

3 完全親会社の会計処理

　取得と判断される株式交換では、完全親会社が、完全子会社の株式と交換に完全親会社の株式を発行して交付した場合には、取得した完全子会社の株式を子会社株式として処理し、新株の発行により増加する株主資本は払込資本（資本金、資本準備金、その他資本剰余金）として処理します。払込資本の内訳は、株式交換契約等にもとづいて会社が決定します。また、取得原価は、所得の対価となる財の時価によって算定します。したがって、交付した完全親会社の株式に市場価格がある場合には、交付した株式の市場価格に基づいて、子会社株式の取得原価および増加する株主資本を算定します。
　つまり、子会社株式の価額はパーチェス法を適用し、取得の対価（時価）に取得のために直接要した支出額を加算した額を計上します（企業結合等適用指針110）。言い換えれば、完全親会社の株式を交付した場合は、その株式の時価が、子会社株式の取得原価になるということです。
　時価は基本的に株式交換の主要条件が合意・公表された日の前の合理的な期間における時価を基礎としますが、重要な差異がない場合には、これを企業結合日の時価とすることができます。また、連結財務諸表上みなし取得日に株式交換が行われたものとして処理する場合には、みなし取得日時点の時価とすることができます。

4 段階取得

　完全親会社が完全子会社の株式の一部を株式交換前に保有している場合には、完全親会社以外の完全子会社の株主が保有する完全子会社株式について、株式交換を行うとともに、株式交換前に保有していた完全子会社株式を子会社株式に振り替えます。この場合の取得原価は、完全親会社が交付する完全親会社株式の時

価と株式交換前に保有する完全子会社株式の帳簿価額を合算して算定します。

5 自己株式の処分等

　完全親会社が株式交換前に保有していた自己株式を対価とした場合には、自己株式を減少させ、増加すべき株主資本の額から自己株式の帳簿価額を差し引いた金額を払込資本の増加または減少として処理します。払込資本の内訳は会社法の規定に基づき決定するものとされています（企業結合等適用指針112）。

　また、完全親会社が自社の株式以外の財産を交付した場合には、当該交付した財産の時価と適正な帳簿価額との差額を株式交換日において、完全親会社の損益として認識することになります（企業結合等適用指針113）。そして、増加資本の額から処分した財産の時価を控除した額を払込資本の増加とします。これは、この場合には持分の継続がないものと考えられるためです。

　ただし、親会社が株式交換完全子会社以外の子会社（中間子会社）に対価を支払う場合には、この部分は最上位の親会社と外部株主との取引には当たらないものと考えられるので、親会社では、この部分については簿価ベースでの処理を行い、のれんを認識しない処理を行います。つまり、中間子会社から追加取得する完全子会社株式の取得原価は、中間子会社持分相当額により算定し、当該金額を払込資本として処理します。

　なお、予測可能な期間内に完全子会社の株式を売却等によって処分する予定があるような場合を除いて、基本的には完全親会社が取得した子会社株式に係る取得時の一時差異に関する税効果は認識しません。

　また、完全親会社が完全子会社の新株予約権者に新株予約権を交付する場合、または完全親会社が新株予約権付社債を承継する場合には、その新株予約権または新株予約権付社債の時価を子会社株式の取得原価に加算するとともに、同額を新株予約権または新株予約権付社債として純資産の部または負債の部に計上します。これに対して、完全子会社の側では、株式交換日の前日に完全子会社で付していた適正な帳簿価額による新株予約権または新株予約権付社債の額を利益に計上します。

6 設例

簡単な設例で確認してみましょう。

【設例】

① A社を株式交換完全子会社、B社を株式交換完全親会社とする株式交換（交換比率は1：0.5）を行いました。なお、A社、B社ともに発行済株式総数は100株とします。
② この株式交換は取得と判定され、A社は被取得企業、B社が取得企業とされました。
③ B社はA社の株主にB社株式を交付しました。なお、株式交換の合意公表日直前のB社株式の時価は1株当たり12であり、交付した株式の時価総額は600（＝@12×100×0.5）となりました。
④ B社は増加すべき資本600のうち、100を資本金とし、残額500については剰余金としました。

この場合、B社の個別財務諸表上の会計処理は以下の通りとなります。

（借方）A社株式	600	（貸方）資本金	100
		その他資本剰余金	500

　株式交換契約で定めれば、資本金をゼロとし、全額資本準備金とすることも可能です。また、債権者保護手続きがとられていない場合、株式発行部分に相当する部分は資本金または資本準備金に計上しなければなりませんが、債権者保護手続きがとられている場合は、資本準備金もゼロとし、すべてをその他資本剰余金とすることができます（計規39②）。

完全子法人の株主の税務

Q4
完全子法人となる法人の旧株主が行うことになる税務について教えてください。

A
・完全子法人となる法人では一部の例外を除いて会計処理を行う必要はありません。
・旧株主の税務については、①譲渡損益の繰延べ、②株式の帳簿価額の付替え、③みなし配当課税が論点となります。

1 完全子法人の税務

　完全子会社となる会社の旧株主は行うことになる税務を見る前に、まず完全子会社自体の会計処理と税務について確認しておきます。

　完全子会社となる会社自体は、株主構成に変化が生じただけです。そのため、一部の例外を除き（完全親会社が完全子会社の新株予約権者に新株予約権を交付する場合等）、会計処理を行う必要はありません。

　一方、組織再編税制では、株式の保有等、一定の要件を満たしたもので、同一者との支配が継続しているものについては、課税所得の実現を将来に繰り延べ、あるいは株主に対する課税に配慮することにしています。そして、この組織再編を適格組織再編成と規定しています。

　企業グループ内の株式交換等、適格組織再編の要件を満たす場合には、以下で述べる完全子法人に対する含み資産等の課税は行われません。

　これに対して、非適格の株式交換が行われた場合、完全子法人が有する資産および負債の含み損益は、その交換が行われたときに計上します（法法62の9）。

この場合、完全子法人の有する資産等は取引行為の直接の対象とはなっていないため、そのときの評価により含み損益を計上することとされています。

ただし、完全支配関係にある法人間における非適格の株式交換については、時価評価を行わず、課税が繰り延べられることとされています。

非適格の場合、完全子法人の時価評価の対象となる資産は、固定資産、棚卸資産に含まれる土地および土地の上に存する権利、有価証券、金銭債権ならびに繰延資産です。ただし、それぞれの資産ごとの含み損益が1000万円または完全子会社の資本金等の額の2分の1に相当する金額のいずれか少ない金額に満たない資産は除かれます。その他、売買目的有価証券等の一定の資産も除かれます（法令123の11）。

2 完全子法人となる会社の株主の税務

完全子法人となる会社の株主に関する税務上の原則的な取扱いは、株式交換によって株主は時価によって株式を譲渡し、その後に新たな株式を時価によって取得したものと考え、その際の株式譲渡損益を認識するというものです。

一方、一定の要件を満たす株式交換については、完全子法人の株主に係る譲渡損益の認識を繰り延べる旨の特例的な取扱いが認められていますが、平成18年度の税制改正で、その課税の繰延べに関する要件について、次のような一定の改正が行われています。

この特例要件や取扱い等は、1で述べた税制上の適格・非適格とは必ずしも連動していないことに注意する必要があります。

内国法人が、旧株を発行した法人の発行した法人の行った株式交換によって、当該株式の交付を受けた場合には、旧株の譲渡に係る対価の額は当該旧株の当該株式交換の直前の帳簿価額に相当する金額とします（法法61の2⑨）。

これにより、旧株の譲渡については簿価による譲渡として取り扱われることになるため、譲渡損益課税は生じないことになります。

3 株式の帳簿価額

次に、株式の帳簿価額をどうするかの問題ですが、旧株主が法人株主であった場合、交付を受けた完全親会社となる会社の株式の帳簿価額は、株式交換等の完全子法人株式の株式交換等の直前の帳簿価額に相当する金額（株式交換等の完全親法人の株式の交付を受けるために要した費用がある場合には、その費用の額を加算した金額）とする（法令119①八、十）とされています。

また、旧株主が個人株主の場合、株式交換等で交付を受けた完全親法人の株式の取得価額は、当該株式交換等によって完全親法人に譲渡した旧株の取得価額（株式交換等の完全親法人の株式の交付を受けるために要した費用がある場合には、その費用の額を加算した金額）をもって当該取得をした株式交換等の完全親法人の株式の取得価額とする（所令167の7③、④）とされています。

4 みなし配当課税

みなし配当課税の問題ですが、非適格株式交換においても、完全子法人の株主に対してみなし配当課税は生じません。

連結財務諸表上の処理

Q5

上場子会社A社を完全子会社にした場合、親会社B社の連結財務諸表上ではどのような処理を行うことになるのでしょうか。

A

- 子会社の資産と負債は支配獲得日の時価で評価しますが、A社はすでに子会社であるため、株式交換日に再度評価をし直す必要はありません。
- 同様に、A社はすでに子会社であるため、段階処理の処理（株式の時価評価）は行いません。
- 取得価額と少数株主持分相当額の差額はのれんとします。

1 投資と資本の消去

　上場子会社を完全子会社にした場合、連結財務諸表上の処理は、基本的に連結財務諸表原則に基づいて、投資と資本の消去を行うことになります。

　ただし、本設問では、すでに子会社であるA社を完全子会社にする事例であり、例えば、株式交換前に株式交換完全親会社が株式交換完全子会社の株式をその他有価証券として保有している事例の場合とは、会計処理に異なる部分があります。

　以下では、株式交換前に株式交換完全親会社が株式交換完全子会社の株式をその他有価証券として保有している場合（以下、ケース1）と対比させながら、親会社が子会社を完全子会社化する場合（以下、ケース2）の会計処理について説明します。

2 資産および負債の配分

　まず、ケース1の場合、子会社の資産および負債は支配獲得日の時価で評価することになりますが、企業結合日時点における識別可能試算および識別可能負債があれば、企業結合日時点の時価を基礎として、子会社の資産および負債に配分します。

　これに対してケース2では、上場子会社A社は、完全子会社化を目的として行った株式交換の日より前にすでに親会社の支配下にあるため、株式交換日に再度時価で評価する必要はありません。

3 段階取得の処理

　ケース1では、B社は株式交換によってA社を支配する前からA社の株式の一部をその他有価証券として保有しています。この場合、段階取得の処理となり、従来から有していたB社の株式は企業結合日の時価で再度評価を行い、時価と所得価額との差額を段階取得に係る損益として認識します。

　これに対して、ケース2では、上場子会社A社は、従来から親会社B社の支配下にあり、親会社B社は新たにA社を支配獲得したわけではありません。そもそも、段階取得によって損益を認識する処理は、支配を獲得するに至った個々の取引すべての企業結合日における時価をもって、被取得企業の取得原価として算定するためであり（企業結合会計基準25（2））、すでに親会社B社の支配下に入っていたA社の株式は、企業結合日の時価で算定することはしません。

4 A社株式の取得に伴う連結修正仕訳

　ケース1では、A社株式の取得原価と取得時のA社の株主資本相当額との差額はのれんとして計上します。

　それに対して、ケース2では、子会社株式の追加取得は外部者との取引と考えます。そのため、親会社B社における子会社A社の株式の取得原価（企業結合日の時価で評価したもの）と、取得時のA社の少数株主持分相当額（資産および負債の配分後）との差額はのれんとして計上します。

5 設例による解説

　株式交換によって親会社が子会社を株式交換完全子会社とする場合の会計処理について、次の設例で確認してみましょう。

【設例】

> ① 株式公開企業P社はX1年3月31日に800を出資し、子会社S社(持分割合80％)を設立しました。

② X2年3月期のS社の当期純利益は1,000でした。
③ P社はX2年4月1日に株式交換によってS社を完全子会社化しました。
④ 株式の交換比率は1：1であり、P社は新株をS社の少数株主に20株（株式交換日の時価500（1株当たり25））を発行しました。
⑤ P社は株式交換の手続きのなかで、債権者保護手続きを実施し、P社は新株の発行に伴う増加資本金の全額をその他資本剰余金としました。
⑥ 株式交換の日直前（X2年3月31日）の貸借対照表は次の通りでした。

P社個別貸借対照表

諸資産	1,200	資本金	1,000
S社株式	800	利益剰余金	1,000
合計	2,000	合計	2,000

S社個別貸借対照表

諸資産	2,000	資本金	1,000
		利益剰余金	1,000
合計	2,000	合計	2,000

P社連結貸借対照表

諸資産	3,200	少数株主持分	400
		資本金	1,000
		利益剰余金	1,800
合計	3,200	合計	3,200

＜P社の個別財務諸表上の会計処理＞

(借方) S社株式	500	(貸方) その他資本剰余金	500

　株式交換完全子会社株式の取得原価は、取得の対価（少数株主に交付した親会社株式の時価500）で算定されます。

<P社の連結財務諸表上の会計処理>

【開始仕訳】

（借方）資本金	1,000	（貸方）少数株主持分	200
		S社株式	800
（借方）利益剰余金	200	（貸方）少数株主持分	200

【取得の処理】

（借方）少数株主持分	400	（貸方）S社株式	500
のれん	100		

　追加取得した株式交換完全子会社株式の取得原価500と減少する少数株主持分の金額400との差額をのれんとして処理します。

2 無対価組織再編成の会計・税務

無対価組織再編成の概要

Q1
グループ内組織再編成の場合には、無対価の場合が増加していると聞きましたが、無対価組織再編成の概要を教えてください。

A
① 無対価組織再編成とは、対価が全く交付されない組織再編成をいいます。
② 完全親会社と完全子会社との間および同一の親会社を持つ完全子会社同士の無対価組織再編成にあたっては、共通支配下の取引にあたるため、適正な帳簿価額により引継ぎがされます。
③ 平成22年度税制改正により、無対価組織再編成における税務上の取扱いが明確化され、原則として、非適格組織再編成として整理するとともに、対価の交付を省略したとみることができる場合についてのみ、適格組織再編成として整理することになりました。
④ 無対価組織再編成としては、無対価合併、無対価分割、無対価株式交換があります。

1 無対価組織再編成とは

吸収合併や吸収分割は原則として有償取引であり、財産を承継させた場合には、

その対価が交付されるのが原則です。その対価は合併新株のみではなく、自己株式、現金、社債、新株予約権等、様々な財産が可能になっています。この対価が全く交付されない組織再編成を無対価組織再編成といいますが、グループ内組織再編の場合は実務上よく活用される手法です。

無対価組織再編成としては、無対価合併、無対価分割、無対価株式交換があります。

2 無対価組織再編成の会計処理

（1）資産および負債の会計処理

グループ内組織再編成の場合には、完全親子会社関係や同一の親を持つ完全子会社同士の組織再編成が多いと考えられ、この場合には、共通支配下の取引にあたるため、吸収合併消滅会社等から受け入れる資産および負債は、吸収合併消滅会社等の適正な帳簿価額により引き継ぐことになります。

（2）増加資本の会計処理

① 完全親会社が完全子会社を吸収合併する場合

親会社は、子会社から受け入れた資産と負債の差額と親会社が保有していた子会社株式の帳簿価額との差額を特別損益（抱き合わせ株式消滅差損益）に計上します（企業結合等適用指針206）。

② 同一の親会社を持つ完全子会社同士の吸収合併の場合

会社法上、吸収合併存続会社が、合併に際して株式を発行していない場合には、会社法の規定に従い、吸収合併消滅会社の資本金および資本準備金はその他資本剰余金として引き継ぎ、利益準備金はその他利益剰余金として引き継ぎます。

③ 親会社（吸収分割会社）の事業を完全子会社（吸収分割承継会社）に移転する場合

吸収分割会社である親会社で変動させる株主資本の内訳は、取締役会等の意思決定機関において定められた額（自己株式等適用指針10）とします（企業結合等適用指針203－2（2）①、233、226、446）。

吸収分割承継会社である完全子会社では、親会社で変動させた株主資本の額を

会社計算規則第38条第2項に基づき、資本金および資本準備金はその他資本剰余金として引き継ぎ、利益準備金はその他利益剰余金として引き継ぎます。
④ 子会社（吸収分割会社）の事業を他の子会社（吸収分割承継会社）に移転する場合
　a 吸収分割会社の会計処理
　　変動させる株主資本の内訳は、取締役会等の意思決定機関において定められた額（自己株式等適用指針10）とします（企業結合等適用指針203－2（2）②、255、233、226、446）。
　b 吸収分割承継会社の会計処理
　　他の子会社で変動させた株主資本の額を会社計算規則第38条第2項に基づき、資本金および資本準備金はその他資本剰余金として引き継ぎ、利益準備金はその他利益剰余金として引き継ぎます。
⑤ 完全子会社（吸収分割会社）の事業を親会社（吸収分割承継会社）に移転する場合
　a 吸収分割承継会社の会計処理
　　移転事業に係る株主資本相当額を払込資本（資本金または資本剰余金）として処理します。増加すべき払込資本の内訳（資本金、資本準備金またはその他の資本剰余金）は、会社計算規則第38条第2項に基づき、資本金および資本準備金はその他資本剰余金として引き継ぎ、利益準備金はその他利益剰余金として引き継ぎます。
　b 吸収分割会社の会計処理
　　変動させる株主資本の内訳は、取締役会等の意思決定機関において定められた額（自己株式等適用指針10）とします（企業結合等適用指針203－2（2）③、221、226）。
⑥ 無対価株式交換
　　無対価株式交換については、株式交換完全子法人の会計処理は、会社計算規則や企業結合等適用指針においても規定がありません。したがって、現段階では、無対価会社分割に準じて会計処理することになると思われますが、今後明確化されることを期待したいところです。
　　なお、株式交換完全親法人については、変動する株主資本等の額をその他資本

剰余金に計上します（計規39②但書）。

3 税務処理

　法人の行った組織再編成が適格組織再編に該当すれば、税務上の帳簿価額による資産の引継ぎが認められますが、該当せず、非適格組織再編となれば資産は時価譲渡となり、譲渡損益を認識しなければなりません。

　税法は適格組織再編の形態について、①企業グループ内の組織再編成と②共同事業を営むための組織再編成に分類し、①をさらに100％の完全支配関係がある法人間で行う組織再編成と50％超の支配関係がある法人間で行う組織再編成に分けています。

　無対価組織再編成の場合は、原則として非適格組織再編成になりますが、適格要件を満たし、かつ、無対価組織再編成の追加要件のいずれかに該当すれば無対価であっても適格組織再編成に該当します。

（1）適格要件
① 適格合併

100％グループ内	50％超100％未満グループ内
a 金銭等不交付要件 b 株式継続保有要件	a 金銭等不交付要件 b 従業者継続要件 c 事業継続要件 d 株式継続保有要件

　詳細はQ2を参照してください。

② 適格会社分割
【分社型分割】

100％グループ内	50％超100％未満グループ内
a 金銭等不交付要件 b 株式継続保有要件	a 金銭等不交付要件 b 主要資産等引継要件

	c　従業者継続要件 d　事業継続要件 e　株式継続保有要件

【分割型分割】

100%グループ内	50%超100%未満グループ内
a　金銭等不交付要件 b　按分型要件 c　株式継続保有要件	a　金銭等不交付要件 b　主要資産等引継要件 c　従業者継続要件 d　事業継続要件 e　株式継続保有要件

詳細は*Q3*を参照してください。

③　適格株式交換

100%グループ内	50%超100%未満グループ内
a　金銭等不交付要件 b　株式継続保有要件	a　金銭等不交付要件 b　従業者継続要件 c　事業継続要件 d　株式継続保有要件

詳細は*Q4*を参照してください。

（2）無対価組織再編成の追加要件

　無対価組織再編成の場合は、原則として非適格組織再編成とされていますが、（1）の適格要件を満たし、かつ、無対価組織再編成の追加要件のいずれかを満たした場合には、無対価であっても適格組織再編成とされます。適格組織再編成の場合には、税務上の簿価で資産・負債を引き継ぐことになるため、譲渡損益は認識しないことになり、課税は発生しません。

　なお、無対価組織再編成の追加要件については、*Q2*から*Q4*を参照してください。

3 完全支配関係法人間で行われる非適格組織再編の取扱い

　100％グループ内での非適格組織再編の取扱いについては、平成22年度税制改正により定められ、グループ内法人間でも資産譲渡取引の課税繰延べの制度に関連して見直しが行われました。

(1) 非適格合併

　非適格合併によりグループ内の合併法人に資産の移転が行われた場合は、移転資産の取得価額を被合併法人の簿価とするべく、合併法人において譲渡損益の修正を行うこととなります。

　また、非適格合併が行われた場合の合併法人が有する被合併法人株式（抱き合わせ株式）については、その合併法人において譲渡損益を計上しないこととされ、その譲渡損益に相当する金額を資本金等の額で調整することとされました。

(2) 非適格分社型分割

　非適格分社型分割により資産の移転が行われた場合には、移転法人は時価で資産を譲渡したものとして、譲渡損益調整資産に該当する資産については、譲渡損益の繰延べを行います。

(3) 非適格分割型分割

　分割対価として現物資産が交付される非適格分割型分割により資産の移転が行われた場合には、分割承継法人から分割法人の株主等に対して資産の譲渡が行われたものとみなして、譲渡損益の計算を行うこととされています。したがって、分割承継法人において譲渡損益の繰延べの処理を行います。

(4) 非適格株式交換

　グループ内法人間で非適格株式交換が行われた場合には、完全子法人における保有資産の時価評価は適用されないこととなりました。この場合には、時価評価の適用除外となるため、適格株式交換と同様の取扱いになります。

無対価吸収合併の会計と税務

Q2
無対価吸収合併の会計と税務について教えてください。

A
① 無対価合併の種類としては3種類あります。第1に親会社が100％子会社を吸収合併する場合、第2に100％子会社同士の兄弟合併の場合、第3に合併契約で無対価を合意した場合です。
② 完全親子間および完全子会社間の無対価合併は、共通支配下取引となり、合併存続会社は合併消滅会社の資産・負債を帳簿価額で引き継ぎます。
③ 無対価合併の場合は合併比率を定める必要がなく、資本金の増加もありません。
④ 無対価合併は原則として非適格合併になりますが、適格合併の要件を満たし、かつ、無対価適格合併の追加要件を満たす場合には、適格合併となり、税務上の簿価で資産・負債を引き継ぐこととなります。この場合、課税は発生しません。
⑤ 平成22年度税制改正により、100％グループ内の非適格合併の場合は、合併法人へ譲渡される譲渡損益調整資産についても譲渡損益課税が繰り延べられることになりました。

１ 無対価吸収合併の種類と特徴

　会社法の施行に伴い、対価の支払いを伴わない合併、すなわち無対価合併が法令上明確化され（会749①、計規36②）、実務上多く行われています。
　特に、合併会社が被合併会社の発行済株式の全部を保有している場合、すなわち、完全親会社が完全子会社を吸収合併する場合には、会社法上、合併会社が保

有する被合併会社株式に対して合併対価資産を割り当てることができないため（会749①三）、無対価合併を行うことになります。また、100％子会社同士の合併を行う場合には、合併会社の株主と被合併会社の株主が同一であることから、対価を交付してもしなくても合併後の資本関係は変わらないため、実務上無対価合併が行われています。さらに、債務超過等の理由で合併消滅会社の株式に価値がない場合等の理由により合併契約で無対価を合意した場合には、無対価になります。

株式交付に限らず、合併対価を交付する場合には、割当比率（合併比率）を定める必要がありますが、無対価合併の場合は合併比率を定める必要がなく、資本金の増加もありません。

2 無対価合併の会計処理

（1）完全親子会社間の吸収合併

完全親子会社間の吸収合併は共通支配下取引であるため、企業結合会計基準により、合併存続会社は合併消滅会社の資産・負債を帳簿価額で引き継ぐことになります。そして、子会社から受け入れた資産から負債を控除した金額と合併存続親会社が保有する合併消滅子会社の株式（＝抱き合わせ株式）の適正な帳簿価額との差額は、損益計算書の特別損益に「抱き合わせ株式消滅差益（または差損）」として計上します。

完全親子会社間の吸収合併の場合は、合併により交付できないのは合併新株に限らず、現金や社債も交付できないので、自動的に無対価になります。

（2）完全子会社間の吸収合併

完全子会社間の吸収合併の場合も、共通支配下関係の会社間の合併であるため、企業結合会計基準により、合併存続会社は合併消滅会社の資産・負債を帳簿価額で引き継ぐことになります。

完全親子会社関係にある子会社同士の吸収合併においては、対価の支払いの有無が会計処理に大きな影響を与えることは適当ではないと考え、吸収合併存続会社が吸収合併消滅会社の株主に対価を支払わなかった場合には、吸収合併消滅会社の株主資本の額を引き継ぐこととされています（企業結合等適用指針437－2）。

なお、会社法上、吸収合併存続会社が、合併に際して株式を発行していない場合には、資本金および準備金を増加させることは適当ではないと解されます。したがって、会計上は、吸収合併消滅会社の株主資本の各項目を原則として引き継ぐこととしたうえで、増加すべき払込資本の内訳項目は、会社法の規定に従い、吸収合併消滅会社の資本金および資本準備金はその他資本剰余金として引き継ぎ、利益準備金はその他利益剰余金として引き継ぎます。

　完全子会社間の吸収合併の場合は株式を割り当て、合併後に合併存続会社が株式を併合し、合併前の株数に戻せば最初から無対価で合併するのと同様の結果となります。したがって、現在では実務上、子会社同士の合併では無対価合併が普及していますが、自動的に無対価になるわけではなく、無対価にするか否かは任意です。

3 無対価合併の税務上の取扱い

　会社法施行時においては、当該無対価合併が行われた場合に、税務上、適格要件を満たすものと判断できるのか否かが条文上明らかではありませんでした。
　しかし、平成22年度税制改正に伴い、原則として、無対価合併が行われた場合には、非適格合併になりますが、適格合併の要件を満たし、かつ、無対価適格合併の追加要件のいずれかを満たす場合には、適格合併になることが明文化されました（法令4の3②、③）。
　適格合併の場合は税務上の簿価で資産・負債を引き継ぐことになるため、譲渡損益は認識しないことになり、課税は発生しません。なお、適格合併に該当する場合には、利益積立金の引継ぎが強制され、非適格合併の場合には、その引継ぎは認めていません（法令9①二）。

(1) 適格合併の要件
① 100％グループ内の場合（法法2十二の八イ）
　被合併法人と合併法人の間に完全支配関係がある場合において、次の要件を満たした場合には、適格合併に該当します。

a	金銭等不交付要件	被合併法人の株主に合併法人株式または合併親法人株式（合併法人の100％親会社の株式）のいずれか一方の株式以外の資産が交付されないこと
b	株式継続保有要件	イ：親子会社関係の場合 　　該当なし ロ：兄弟会社関係の場合 　　合併後も一の者と合併法人との間に一の者による完全支配関係が継続することが見込まれていること（法令4の3②二）

② 50％超100％未満グループ内の場合（法法2十二の八ロ）

　被合併法人と合併法人との間に支配関係がある場合において、次の要件を満たした場合には、適格合併に該当します。

a	金銭等不交付要件	被合併法人の株主に合併法人株式または合併親法人株式のいずれか一方の株式以外の資産が交付されないこと
b	従業者引継要件	被合併法人の合併直前の従業者のうち、その総数のおおむね80％以上に相当する数の者が、合併後に合併法人の業務に従事することが見込まれていること
c	事業引継要件	被合併法人の合併前に営む主要な事業が合併法人において合併後に引き続き営まれることが見込まれていること
d	株式継続保有要件	イ：親子会社関係の場合 　　該当なし ロ：兄弟会社関係の場合 　　合併後も一の者と合併法人との間に一の者による支配関係が継続することが見込まれていること（法令4の3③二）

（2）無対価適格合併の追加要件

① 100％グループ内の場合

a	当事者間の完全支配関係がある場合	合併法人が被合併法人の発行済株式の全部を直接に保有している場合

b	同一の者による完全支配関係がある場合	イ：合併法人が被合併法人の発行済株式の全部を直接に保有している場合 ロ：一の者が被合併法人および合併法人の発行済株式の全部を直接に保有している場合 ハ：合併法人および合併法人の発行済株式の全部を直接に保有する者が被合併法人の発行済株式の全部を直接に保有している場合 ニ：被合併法人および被合併法人の発行済株式の全部を直接に保有する者が合併法人の発行済株式の全部を直接に保有している場合

② 50％超100％未満グループ内の場合

a	当事者間の支配関係がある場合	イ：合併法人および合併法人の発行済株式の全部を直接に保有する者が被合併法人の発行済株式の全部を直接に保有している場合 ロ：被合併法人および被合併法人の発行済株式の全部を直接に保有する者が合併法人の発行済株式の全部を直接に保有している場合
b	同一の者による支配関係がある場合	イ：合併法人が被合併法人の発行済株式の全部を直接に保有している場合 ロ：一の者が被合併法人および合併法人の発行済株式の全部を直接に保有している場合 ハ：合併法人および合併法人の発行済株式の全部を直接に保有する者が被合併法人の発行済株式の全部を直接に保有している場合 ニ：被合併法人および被合併法人の発行済株式の全部を直接に保有する者が合併法人の発行済株式の全部を直接に保有している場合

4 100％グループ内非適格合併における課税の繰延べ

　平成22年税制改正によって、グループ法人税制が導入されたことに伴い、100％グループ内の法人間における資産の譲渡損益の繰延べが認められました。これと整合性を図るため、非適格合併により完全支配関係にある合併法人へ譲渡される譲渡損益調整資産についても、譲渡損益課税が繰り延べられることになりました（法法61の13①）。すなわち、100％グループ内の合併においては、適格、非適格

にかかわらず、課税が発生しないことになります。

　非適格合併によりグループ内の合併法人に資産の移転が行われた場合は、移転資産の取得価額を被合併法人の簿価とするべく、合併法人において譲渡損益の修正を行うこととなります。

　また、非適格合併が行われた場合の合併法人が有する被合併法人株式（抱き合わせ株式）については、その合併法人において譲渡損益を計上しないこととされ、その譲渡損益に相当する金額を資本金等の額で調整することとされました。

無対価吸収分割の会計と税務

Q3
無対価吸収分割の会計と税務について教えてください。

A
① 無対価分割を行った場合には、分割型分割として取り扱われる場合と分社型分割として取り扱われる場合とがあります。
② 完全子会社から完全親会社への吸収分割においては、利益剰余金を承継会社である完全親会社へ引き継ぐことはできません。
③ 完全子会社が他の完全子会社に対する吸収分割および完全親会社から完全子会社への吸収分割においては、利益剰余金を承継会社に引き継ぐことができます。

1 分割型分割と分社型分割の定義

　平成22年度税制改正により、無対価分割を行った場合における法人税法上の取

扱いが明確化され、分割型分割および分社型分割の定義が以下のように改められました。

(1) 分割型分割（法法2十二の九）

① 分割の日において当該分割に係る分割対価資産（分割により分割法人が交付を受ける分割承継法人株式その他の資産をいう）のすべてが分割法人の株主に交付される場合の当該分割

② 分割対価資産が交付されない分割で、その分割の直前において、分割承継法人が分割法人の発行済株式の全部を保有している場合または分割法人が分割承継法人株式を保有していない場合の当該分割

(2) 分社型分割（法法2十二の十）

① 分割の日において当該分割に係る分割対価資産が分割法人の株主に交付されない場合の当該分割（分割対価資産が交付されるものに限る）

② 分割対価資産が交付されない分割で、その分割の直前において、分割法人が分割承継法人株式を保有している場合（分割承継法人が分割法人の発行済株式の全部を保有している場合を除く）の当該分割

2 無対価会社分割の種類

1のように、無対価会社分割を行った場合には、①100％子会社から100％親会社に対する分割、②100％兄弟会社に対する分割、③分割会社が分割承継会社の発行済株式を保有していない分割について、分割型分割として取り扱われることとなりました。また、①100％親会社から100％子会社に対する分割、②分割会社が分割承継法人の発行済株式の一部を保有している分割（分割承継会社が分割会社の発行済株式の全部を保有している場合を除く）について、分社型分割として取り扱われることになりました。

3 会計処理

　無対価会社分割のうち、実務上多く取り扱われているものは、完全親子関係の①親会社の事業を子会社に移転する場合、②子会社の事業を他の子会社に移転する場合、③子会社の事業を親会社に移転する場合です。よって、以下これらについて説明します。

(1) 親会社（吸収分割会社）の事業を完全子会社（吸収分割承継会社）に移転する場合

　吸収分割会社である親会社は、「親会社が子会社に分割型の会社分割により事業を移転する場合の会計処理」に準じて、追加取得したものとみなされる子会社株式の取得原価を、移転事業に係る株主資本相当額に基づいて算定し、受け取ったとみなされる子会社株式の取得原価により株主資本を変動させます。変動させる株主資本の内訳は、取締役会等の意思決定機関において定められた額（自己株式等適用指針10）とします（企業結合等適用指針203－2（2）①、233、226、446）。

　吸収分割承継会社である完全子会社では、親会社から受け入れる事業の資産を分割期日の前日に付された適正な帳簿価額により計上するとともに、親会社で変動させた株主資本の額を会社計算規則第38条第2項に基づき、資本金および資本準備金はその他資本剰余金として引き継ぎ、利益準備金はその他利益剰余金として引き継ぎます。

(2) 子会社（吸収分割会社）の事業を他の子会社（吸収分割承継会社）に移転する場合

① 吸収分割会社の会計処理

　吸収分割会社は、「子会社が他の子会社に分割型の会社分割により事業を移転する場合の会計処理」に準じて、追加取得したものとみなされる他の子会社株式の取得原価を、移転事業に係る株主資本相当額に基づいて算定し、受け取ったとみなされる他の子会社株式の取得原価により株主資本を変動させます。変動させる株主資本の内訳は、取締役会等の意思決定機関において定められた額（自己株

式等適用指針10）とします（企業結合等適用指針203－2（2）②、255、233、226、446）。

② 吸収分割承継会社の会計処理

吸収分割承継会社では、他の子会社から受け入れる事業の資産を分割期日の前日に付された適正な帳簿価額により計上するとともに、他の子会社で変動させた株主資本の額を会社計算規則第38条第2項に基づき、資本金および資本準備金はその他資本剰余金として引き継ぎ、利益準備金はその他利益剰余金として引き継ぎます。

③ 吸収分割会社の親会社の会計処理

当該会社分割により、子会社の事業が無対価で他の子会社に移転するため、親会社では、吸収分割承継会社の株式と吸収分割会社の株式とが実質的に引き換えられたものとみなした会計処理を行います。会計処理としては、交換損益は認識せず、吸収分割承継会社の取得原価は、会社分割直前の吸収分割会社の株式の適正な帳簿価額のうち、合理的に按分する方法によって算定します（企業結合等適用指針203－2（2）②、294、295、274、248）。

（3）完全子会社（吸収分割会社）の事業を親会社（吸収分割承継会社）に移転する場合

① 吸収分割承継会社の会計処理

親会社は、「子会社が親会社に分割型の会社分割により事業を移転する場合の会計処理」に準じた会計処理を行います。

親会社が子会社から受け入れる資産および負債は、分割期日の前日に付された適正な帳簿価額により計上します（企業結合等適用指針203－2（2）③、218(1)）。親会社は、子会社から受け入れた事業資産について、親会社が会社分割直前に保有していた子会社株式の適正な帳簿価額のうち、受け入れた資産および負債と引き換えられたものとみなされる額との差額を特別損益に計上します（企業結合等適用指針203－2（2）③、218（2）、206（2）①ア）。

② 吸収分割会社の会計処理

吸収分割会社である子会社は、取得したとみなされる親会社株式の取得原価を移転事業に係る株主資本相当額に基づいて算定し、受け取ったとみなされる親会

社株式の取得原価により株主資本を変動させます。変動させる株主資本の内訳は、取締役会等の意思決定機関において定められた額（自己株式等適用指針10）とします（企業結合等適用指針203－2（2）③、221、226）。

4 税務処理

　無対価会社分割が行われた場合には、原則として非適格会社分割になりますが、会社分割の適格要件を満たし、かつ、無対価適格会社分割の追加要件のいずれかを満たす場合には、適格会社分割になります。

(1) 分社型会社分割
① 分社型会社分割の適格要件
　a　100％グループ内の適格分社型分割（法法2十二の十イ、十二の十一イ）
　　　分割法人と分割承継法人との間に完全支配関係がある場合において、次の要件を満たした場合には、適格分社型分割に該当します。

イ	金銭等不交付要件	分割法人に分割承継法人株式または分割承継親法人株式（分割承継法人の100％親会社の株式）のいずれか一方の株式以外の資産が交付されないこと
ロ	株式継続保有要件	i　親子会社関係の場合 　分割後に、分割法人と分割承継法人との間に、当事者間の完全支配関係が継続することが見込まれていること（法令4の3⑥一）。 ii　兄弟会社関係の場合 　分割後に、分割法人と分割承継法人との間に、同一の者による完全支配関係が継続することが見込まれていること（法令4の3⑥二）。

　b　50％超100％未満グループ内の適格分社型分割（法法2十二の十イ、十二の十一ロ）
　　　分割法人と分割承継法人との間に支配関係がある場合において、次の要件

を満たした場合には、適格分社型分割に該当します。

イ	金銭等不交付要件	分割法人の株主に分割承継法人株式または分割承継親法人株式のいずれか一方の株式以外の資産が交付されないこと
ロ	主要資産等引継要件	分割事業に係る主要な資産および負債が分割承継法人に移転していること
ハ	従業者引継要件	分割法人の分割直前の分割事業に係る従業者のうち、その総数のおおむね80％以上に相当する数の者が、その分割後に分割承継法人の業務に従事することが見込まれていること
ニ	事業継続要件	分割事業が、その分割後に分割承継法人において引き続き営まれることが見込まれていること
ホ	株式継続保有要件	ⅰ：親子会社関係の場合 　分割後に、分割法人と分割承継法人との間に、当事者間の支配関係が継続することが見込まれていること（法令4の3⑦一）。 ⅱ：兄弟会社関係の場合 　分割後に、分割法人と分割承継法人との間に、同一の者による支配関係が継続することが見込まれていること（法令4の3⑦二）。

② 無対価適格分社型会社分割の追加要件
　a　100％グループ内の場合

イ	当事者間の完全支配関係がある場合	分割法人が分割承継法人の発行済株式の全部を直接に保有している場合
ロ	同一の者による完全支配関係がある場合	分割法人が分割承継法人の発行済株式の全部を直接に保有している場合

　b　50％超100％未満グループ内の場合

イ	当事者間の支配関係がある場合	分割法人が分割承継法人の発行済株式の全部を直接に保有している場合

| □ | 同一の者による支配関係がある場合 | 分割法人が分割承継法人の発行済株式の全部を直接に保有している場合 |

(2) 分割型会社分割

① 分割型会社分割の適格要件

　a　100％グループ内の適格分割型分割

　　　分割法人と分割承継法人との間に完全支配関係がある場合において、次の要件を満たした場合には、適格分割型分割に該当します（法法十二の九イ、十二の十一イ）。

イ	金銭等不交付要件	分割法人の株主に分割承継法人株式または分割承継親法人の株式のいずれか一方の株式以外の資産が交付されないこと
ロ	按分型要件	分割承継法人株式または分割承継親法人株式が、分割法人の株主の有する分割法人株式の数の割合に応じて交付されること
ハ	株式継続保有要件	ⅰ：親子会社関係の場合 　　分割後に、分割法人と分割承継法人との間に当事者間の完全支配関係が継続することが見込まれていること（法令4の3⑥一）。 ⅱ：兄弟会社関係の場合 　　分割後に、分割法人と分割承継法人との間に、同一の者による完全支配関係が継続することが見込まれていること（法令4の3⑥二）。

　b　50％超100％未満グループ内の適格分社型分割

　　　分割法人と分割承継法人との間に支配関係がある場合において、次の要件を満たした場合には、適格分割型分割に該当します。

イ	金銭等不交付要件	分割法人の株主に分割承継法人株式または分割承継親法人株式のいずれか一方の株式以外の資産が交付されないこと

ロ	主要資産等引継要件	分割により分割事業に係る主要な資産および負債が分割承継法人に移転していること
ハ	従業者引継要件	分割法人の分割直前の分割事業に係る従業者のうち、その総数のおおむね80％以上に相当する数の者が、その分割後に分割承継法人の業務に従事することが見込まれていること
ニ	事業継続要件	分割事業が、その分割後に分割承継法人において引き続き営まれることが見込まれていること
ホ	株式継続保有要件	ⅰ：親子会社関係の場合 　分割後に、分割法人と分割承継法人との間に、当事者間の支配関係が継続することが見込まれていること（法令4の3⑦一）。 ⅱ：兄弟会社関係の場合 　分割後に、分割法人と分割承継法人との間に、同一の者による支配関係が継続することが見込まれていること（法令4の3⑦二）。

② 無対価適格分割型会社分割の追加要件

　a　100％グループ内の場合

イ	当事者間の完全支配関係がある場合	分割承継法人が分割法人の発行済株式の全部を直接に保有している場合
ロ	同一の者による完全支配関係がある場合	ⅰ：分割承継法人が分割法人の発行済株式の全部を直接に保有している場合 ⅱ：一の者が分割法人および分割承継法人の発行済株式の全部を直接に保有している場合 ⅲ：分割承継法人および分割承継法人の発行済株式の全部を直接に保有する者が、分割法人の発行済株式の全部を直接に保有している場合

b 50％超100％未満グループ内の場合

イ	当事者間の支配関係がある場合	ⅰ：分割承継法人が分割法人の発行済株式の全部を直接に保有している場合 ⅱ：分割承継法人および分割承継法人の発行済株式の全部を直接に保有する者が分割法人の発行済株式の全部を直接に保有している場合
ロ	同一の者による支配関係がある場合	ⅰ：分割承継法人が分割法人の発行済株式の全部を直接に保有している場合 ⅱ：一の者が分割法人および分割承継法人の発行済株式の全部を直接に保有している場合 ⅲ：分割法人および分割承継法人の発行済株式の全部を直接に保有する者が分割法人の発行済株式の全部を直接に保有している場合

4 100％グループ内非適格会社分割における課税の繰延べ

　100％グループ内での非適格組織再編の取扱いについては、平成22年度税制改正により創設された、グループ内法人間での資産譲渡取引の課税繰延べの制度に関連して見直しが行われました。

（1）非適格分社型分割
　非適格分社型分割により資産の移転が行われた場合には、移転法人は時価で資産を譲渡したものとして、譲渡損益調整資産に該当する資産については、譲渡損益の繰延べを行います。

（2）非適格分割型分割
　分割対価として現物資産が交付される非適格分割型分割により資産の移転が行われた場合には、分割承継法人から分割法人の株主等に対して資産の譲渡が行われたものとみなして、譲渡損益の計算を行うこととされています。したがって、分割承継法人において譲渡損益の繰延べの処理を行います。

無対価株式交換の会計と税務

Q4
無対価株式交換の会計と税務について教えてください。

A
① 株式交換は、登記を伴わないことがあり、また、債権者保護手続きをしないことも多いため、組織再編の中では最も手続きが軽いものであると考えられます。
② 株式交換の会計処理としては、株主資本等の内訳を引き継ぐ会計処理はない点が挙げられます。
③ 税務上無対価株式交換が法令上明確化されましたが、実務上はまだあまり行われていません。

1 無対価株式交換

　無対価株式交換とは、その株式交換が株式交換完全子法人の株主に株式交換完全親法人の株式その他の資産が交付されないものをいいます（法令4の3⑭一）。
　株式交換は、登記を伴わないことがあり、また、債権者保護手続きをしないことも多いため、組織再編の中では最も手続きが軽いものであると考えられます。そして株式交換の中でも、無対価株式交換は最も軽いものといえます。

2 無対価株式交換の会計処理

　無対価合併や無対価会社分割の場合は、会社計算規則や企業結合等適用指針において会計処理が規定されています。しかし、無対価株式交換については、平成22年税制改正において、上記1のように法人税法上に規定されましたが、株式交

換完全子会社の会計処理については、会社計算規則や企業結合等適用指針においても規定がありません。したがって、現段階では、無対価会社分割に準じて会計処理することになると思われますが、今後明確化されることを期待したいところです。

なお、株式交換完全親会社については、変動する株主資本等の額をその他資本剰余金に計上します（計規39②但書）。

3 無対価株式交換の税務上の取扱い

無対価株式交換が行われた場合には、原則として非適格株式交換になりますが、株式交換の適格要件を満たし、かつ、無対価適格株式交換の追加要件のいずれかを満たす場合には、適格株式交換になります。

（1）適格株式交換の要件
① 100％グループ内の場合（法法2十二の十六イ）

株式交換完全親法人と株式交換完全子法人との間に完全支配関係がある場合において、次の適格要件を満たした場合には、適格株式交換になります。

a	金銭等不交付要件	株式交換完全子法人の株主に株式交換完全親法人または株式交換完全支配親法人（株式交換完全親法人の100％親会社）のいずれか一方の株式以外の資産が交付されないこと
b	株式継続保有要件	イ：親子会社関係の場合 　株式交換後に、株式交換完全親法人が株式交換完全子法人の発行済株式等の全部を保有する関係が継続することが見込まれること（法令4の3⑭一） ロ：兄弟会社関係の場合 　株式交換後も、株式交換完全子法人と株式交換完全親法人の間に同一の者による完全支配関係が継続することが見込まれること（法令4の3⑭二）

② 50％超100％未満グループ内の場合（法法２十二の十六ロ）

株式交換完全親法人と株式交換完全子法人との間に支配関係がある場合において、次の適格要件を満たした場合には、適格株式交換に該当します。

a	金銭等不交付要件	株式交換完全子法人の株主に株式交換完全親法人または株式交換完全支配親法人（株式交換完全親法人の100％親会社）のいずれか一方の株式以外の資産が交付されないこと
b	従業者引継要件	株式交換完全子法人の株式交換の直前の従業者のうち、その総数のおおむね80％以上に相当する数の者が、株式交換後に株式交換完全子法人の業務に従事することが見込まれていること
c	事業継続要件	株式交換完全子法人の株式交換前に営む主要な事業が、株式交換後に株式交換完全子法人において引き続き営まれることが見込まれていること
d	株式継続保有要件	イ：親子会社関係の場合 　株式交換後も、株式交換完全子法人と株式交換完全親法人との間に当事者間の支配関係が継続することが見込まれていること（法令４の３⑮一） ロ：兄弟会社関係の場合 　株式交換後も、株式交換完全子法人と株式交換完全親法人との間に当事者間の支配関係が継続することが見込まれていること（法令４の３⑮二）

（2）無対価適格株式交換の追加要件

① 100％グループ内の場合

a	当事者間の完全支配関係がある場合	無対価株式交換を行った場合には、100％グループ内の適格株式交換には該当しない。
b	同一の者による完全支配関係がある場合	イ：一の者が株式交換完全親法人および株式交換完全子法人の発行済株式の全部を直接に保有している場合 ロ：株式交換完全親法人および株式交換完全親法人の発行済株式の全部を直接に保有する者が株式交換完全子法人の発行済株式の全部を直接に保有している場合

② 50％超100％未満グループ内の場合

a	当事者間の支配関係がある場合	株式交換完全親法人および株式交換完全親法人の発行済株式の全部を直接に保有する者が株式交換完全子法人の発行済株式の全部を直接に保有している場合
b	同一の者による支配関係がある場合	イ：株式交換完全親法人および株式交換完全親法人の発行済株式の全部を直接に保有する者が株式交換完全子法人の発行済株式の全部を直接に保有している場合 ロ：一の者が株式交換完全親法人および株式交換完全子法人の発行済株式の全部を直接に保有している場合

4 非適格株式交換等に係る株式交換完全子法人等の有する資産の時価評価損益

　平成22年度の税制改正により、平成22年10月1日以後に行われる株式交換から、適格要件を満たさない場合であっても、株式交換の直前に株式交換完全子法人と株式交換完全親法人との間に完全支配関係がある場合には、非適格株式交換に係る株式交換完全子法人等の有する資産の時価評価損益の計上は行わないこととされました。

3 子会社の清算手続き

子会社の清算手続き
(残余財産の分配がある場合)

Q1
当社は子会社の清算を行おうとしています。清算により残余財産の分配が見込まれています。清算のための手続きと子会社における税務処理を教えてください。

A
平成22年度税制改正において、残余財産確定事業年度の確定申告が従来の財産法から損益法に変更されました。

1 清算手続きの意義

　企業グループ再編手続きとしての会社法における清算の意義は、当該会社に帰属していたすべての権利義務を消滅させることにあります。このため、清算の過程においてグループ内の企業に事業譲渡等により引き継がれた権利義務以外は、清算の結了によりグループ内から消滅します。

　企業グループ再編の手法として清算を選択した場合、必須の手続きは会社法における手続きと、登記および税務の手続きとなります。子会社の清算を行う場合、最短で2か月+αで行うことが可能ですが、このためには事前の準備が重要です。各手続きの概略は、以下の通りです。

【清算手続きの概要】

会社法	登　記	税　務	適用要件等
取締役会決議 招集通知発送			議決権を有する総株主の同意あれば不要
株主総会解散決議	解散および清算人の登記 登記官における職権抹消	会社解散届	
債権申出の公告 知れたる債権者への通知 解散日の財産目録と貸借対照表の作成と承認		解散事業年度の確定申告	官報に公告を行うには、事前の申し込みが必要。債権申し出の期間は最低2か月必要で短縮はできない。
清算事務		清算事業年度の確定申告	清算事業年度の確定申告は解散の日から1年以内に残余財産が確定すれば不要
清算結了による決算報告の作成と株主総会における承認	清算結了登記	残余財産確定事業年度の確定申告	債権申し出期間を経過しないと登記は受理されない。
		清算結了届	清算結了届には閉鎖登記簿謄本の添付が必要。謄本の交付には登記申請から1週間程度はかかる。

2 会社法の手続き

　清算における会社法の手続きは、平成18年会社法改正により見直しが行われています。その趣旨は旧商法において取扱いが解釈に委ねられていた事項を明確にする他、清算手続きの簡素化により清算中の無用なコストを削減し、債務の弁済実施及び残余財産の確保を図ることにあります。現行の手続きの理解のために必要と思われる改正内容は、以下の通りです。

【平成18年会社法改正における手続きの留意事項】

簡素化された事項	改正前	改正後
裁判所の監督の廃止	解散の事由及びその年月日ならびに清算人の氏名および住所を裁判所に届けることを要した（旧商法418）。財産目録および貸借対照表を裁判所に提出しなければならなかった（旧商法419③）。	いずれも廃止
機関の簡素化	清算人の人数に関し1名でもよいのか明文上の規定がなかった。	定款に定めがない限り清算人は1名でよいことを明文化した（会477①、②）（注）。
公告回数の圧縮	債権申し出の公告に関し3回要するとしていた（旧商法421①）。	1回で済むこととした（会499①）。
清算関係資料の保存者の選任の簡素化	清算結了後の清算関係資料の保存者選任の申立てを裁判所にしなければならないとしていた（旧商法429）。	清算人が清算結了後の清算資料の保存者であることを原則とした上で、裁判所は、利害関係者の申立により、清算人に代わって清算資料を保存するものを選任できるとした（会508）。

注：公開会社又は大会社であった場合は監査役を設置（会477④）

（1）解散決議の株主総会

　株式会社は株主総会の決議により解散し（会471三）、その決議は特別決議によることが必要です（会309②十一）。当該株主総会において決議すべき事項は会社を解散することと、清算人を選任することです。ただし、解散前の取締役全員が清算人に就任し代表取締役が代表清算人に就任する場合（法定清算人）には選任は不要です。なお、清算業務を効率的に実施するには清算人を1人とすることが効果的です。また、株主総会の決議内容は議事録として作成する必要があります。

　法務省はホームページ（http://www.moj.go.jp/ONLINE/COMMERCE/11-1.html）において清算人が1人の場合の「株式会社解散及び清算人選任登記申請書」に添付する「臨時株主総会議事録」のひな形の一例を公表しています。

（2）債権申出の公告

公告は官報に行います（会499①）。公告の記載例を全国官報販売協同組合はホームページ（http://www.gov-book.or.jp/asp/Koukoku/GenkouItemEntryTop/?op=1&id=4&pid=1）において公表しています。

解散公告は解散後遅滞なくするとされています。また、株式会社の解散公告は1回行えばよいことになっています（会499①）。

なお、公告の期間は最短で2か月必要ですが、これは公告を掲載した翌日から起算します。解散の決議をした後、公告を行うことが遅れれば清算の結了も遅れます。希望日に官報の掲載を行うには事前の申込みが必要であり、日程の確認を早い時点で行う必要があります。

（3）知れたる債権者への通知

清算人は知れたる債権者（会社が把握している債権者）に対して各自に債権を申し出るように催告することが義務付けられています。なお、知れたる債権者に対して行った催告の結果、債権者より申し出がなくても、清算から除斥することはできず、債務の返済が免除されるわけではありません。また、申出期間は2か月を下ることはできません（会499①）。

（4）清算開始時の財産目録と貸借対照表の作成および承認

清算人は、就任後遅滞なく解散日における清算会社の財産の状況を調査し、財産目録と貸借対照表を作成し、株主総会の承認を受ける必要があります（会492①、③）。財産目録は会社法施行規則第144条、清算開始時貸借対照表の作成は同145条の定めるところにより作成することとされています（会492①）。

財産目録の作成においては、処分価格を付すことが困難な場合を除き財産に対し解散日の処分価格を付します。そしてこの財産目録の価格をもって清算株式会社の会計帳簿における取得価額とします（会施規144②）。財産目録は「資産」、「負債」、「正味財産」に区分して表示しなければなりません。また、「資産」、「負債」はその内容を示す適当な名称を付した項目に細分することができます（会施規144③）。

この財産目録に基づき、清算貸借対照表が作成されます（会施規145②）。清算

貸借対照表は「資産」、「負債」、「純資産」に区分して表示しなければなりません。また、「資産」、「負債」はその内容を示す適当な名称を付した項目に細分することができます（会施規145③）。

なお、清算貸借対照表には処分価格を付すことが困難な資産がある場合には、当該資産に係る財産評価の方針を注記しなければなりません（会施規145④）。

（5）処分価格の算定

処分価格をどのように算定するか明文上の規定はありませんが、会計制度委員会研究報告第11号「継続企業の前提が成立していない会社等における資産及び負債の評価について」では「4．対象会社における資産及び負債の評価（1）解散会社の場合②会計上の考え方」において、以下のように考えるとしています。

> ……解散会社は、清算手続において財産を換価処分する過程にあるため、解散会社の資産に付すべき評価額は、基本的には事業の清算を仮定した処分価額を付すことになると考えられる。また、負債については、基本的に債権調査により確定された評価額や清算業務に必要な費用の合理的な見積額をもって計上することになると考えられる。なお、キャッシュ・フローを伴わない項目（繰延資産、経過勘定など）は、貸借対照表に計上されないこととなる。

同報告における処分価格の例示において、資産に関しては、売却可能価額から売却費用や処分費用を控除するもの等としています。また、負債に関しては借入金については解散日までの経過利息、退職金については解散日現在での会社都合による要支給額を未払金として計上する等としています。

（6）清算事務

清算人の職務権限は清算事務に限られます。清算事務とは会社法においては現務の結了、債権の取立ておよび債務の弁済、残余財産の分配が規定されています（会481）。清算事務はこれらに限定されませんが、清算を目的とする行為に限定され、事業活動の継続はできません。したがって、解散時に保有する在庫を販売により処分することはできますが、解散前に受注していない商品を解散後に仕入れることは、目的の範囲外となります。

ところで、清算事務を短期に終了させるためには、事前の準備が重要です。例えば、不動産を保有している場合、売却に手間取れば清算事務は長期化します。清算においては、以下のような事項の検討が必要と思われます。

【清算事務における留意事項】

①	従業員の問題： 子会社を清算し従業員を解雇する場合、親会社としての責任に言及されることも想定する。
②	取引先の問題： 会社の清算は仕入先や外注先のみならず、販売先にも影響を与えるため、今後のグループ企業全体への関わりに配慮する。
③	各種契約の問題： リース契約や不動産賃貸借契約の解約等も約款を事前に検討し、解約に伴い発生する義務を確認しておく。
④	その他： 上記以外にも、解散において生じると思われる事象をシミュレーションすることにより対処法を決定しておく。いずれにしても清算の共通的手続きは法定されているが、各社ごとの個別事情への対処は自ら行わなければならず、経理、法務のみならず総務、人事、営業等各部門の関与が望まれる。

（7）清算結了による決算報告の作成と株主総会における承認

　清算株式会社は、清算事務が終了したときは、遅滞なく会社法施行規則第150条に定めるところによる決算報告を作成し、株主総会の承認を受けなければなりません（会507①、③）。

【決算報告に記載すべき事項】

①	債権の取立て、資産の処分その他の行為によって得た収入の額
②	債務の弁済、清算に係る費用の支払いその他の行為による費用の額
③	残余財産の額（支払税額がある場合には、その税額および当該税額を控除した後の財産の額）
④	１株当たりの分配額（種類株式発行会社にあっては、各種類の株式１株当たりの分配額）

①と②に関しては適切な項目に区分することができます。また、④に関しては残余財産の分配を完了した日と、残余財産の全部または一部が金銭以外の財産である場合には当該財産の種類および価格を注記しなければなりません。
　法務省はホームページ（http : //www.moj.go.jp/ONLINE/COMMERCE/11-1.html）において「株式会社清算結了登記申請書」に添付する「株主総会議事録」と「決算報告書」のひな形の一例を公表しています。
　なお、清算関係資料の保存者は法人を選任することができるので、親会社を選任することも可能です。

3 登記における手続き

（1）解散および清算人の登記

　解散の日から2週間以内に本店所在地において、解散の登記を行わなければなりません（会926）。また、清算人の登記も解散の日から2週間以内に本店所在地において清算人の氏名等を登記しなければなりません（会928）。登記の申請においては定款、株主総会議事録等の添付が必要になります。

（2）登記官における職権抹消

　解散の登記がなされたとき、以下の事項に関しては、登記官は職権で抹消しなければならないとされています（商業登記規則72、59）。したがって、清算業務に会計監査人や会計参与は関わりを持ちません。

【職権により抹消される登記事項】

①	取締役会設置会社である旨の登記ならびに取締役、代表取締役および社外取締役に関する登記
②	特別取締役による議決の定めがある旨の登記および特別取締役に関する登記
③	会計参与設置会社である旨の登記および会計参与に関する登記
④	会計監査人設置会社である旨の登記および会計監査人に関する登記
⑤	委員会設置会社である旨の登記ならびに委員、執行役および代表執行役に関する登記
⑥	支配人に関する登記

（3）清算結了登記

清算事務が終了し決算報告が株主総会の承認を受けた日から2週間以内に本店所在地に清算結了の登記をしなければなりません（会929）。登記の申請にあたっては株主総会議事録、決算報告書を添付します。

4 税務上の取扱い

（1）会社解散届

解散後、遅滞なく税務署および都道府県、市町村に対し届出を行なわなければなりません。届出にあたっては、解散登記後の登記事項証明書の添付が必要です。

（2）解散事業年度の確定申告

「解散事業年度の確定申告」を解散日後2か月以内に行わなければなりません。なお、申告期限1か月延長の特例の適用があります。この申告においては損益法により課税所得を計算しますが、以下の通り、通常の申告とは異なる適用がなされる事項があります。なお、会社法における財産目録および清算貸借対照表の作成は処分価格により作成しますが、法人税の申告においては処分価格による評価は認められず、取得価格により申告を行う必要があることに留意が必要です。

【通常の申告と異なる主な適用項目】

①	解散した場合のみなし事業年度： 　法人が事業年度の途中で解散した場合はみなし事業年度が適用され、期首から解散日までを事業年度として申告を行う（法法14①）。 　3月決算会社が7月31日に解散した場合には4月1日から7月31日までの4か月間が事業年度となる。
②	特別償却等の取扱い： 　法人が解散した場合には、各種特別償却および特別税額控除は適用されない（措法42の4、42の5等）とされるものがある。
③	圧縮特別勘定の取扱い： 　圧縮記帳の適用は認められるが、国庫補助金等（法法43）、保険差益（法法48）、収用等（措法64の2）、特定の資産の譲渡（措法65の8）に係る圧縮特別勘定の計上はできない。また、前期以前に計上した圧縮特別勘定は解散事業年度において全額取り崩

④	さなければならない。
	準備金の取扱い：
	租税特別措置法上の諸準備金はすべて設定が認められず、前期から繰り越された準備金残高は解散事業年度において全額取り崩さなければならない。
⑤	税額控除の取扱い： 所得税額の控除（法法68）、外国税額の控除（法法69）、仮装経理に基づく過大申告の場合の更正に伴う法人税額の特別控除（法法70）は適用があるが、試験研究を行った場合の法人税額の特別控除や、中小企業者等が機械等を取得した場合等の法人税額の特別控除等租税特別措置法に規定する税額控除は適用されない。
⑥	解散した場合の青色欠損金の繰戻し還付の特例： 法人が解散した場合には、青色欠損金の繰戻しによる還付について特例が適用される（法法80④、措法66の13）。これは、解散の事実が生じた日前1年以内に完了したいずれかの事業年度または解散の日の属する事業年度において生じた欠損金額の繰戻しによる法人税の還付の請求ができるとするもので、解散事業年度の前期において繰戻し還付を行ってない場合、解散事業年度において前期分の繰戻し還付が行える。

（3）清算事業年度の確定申告

　法人が解散した場合には、解散の日の翌日から始まる1年間を清算中の各事業年度として確定申告を行う必要があります（法法13①、14①一）。なお、残余財産が確定した場合には、後述する残余財産確定事業年度の確定申告を行うことになります。

　清算事業年度の確定申告においても、交際費や過大役員報酬の損金不算入の制度は適用されますが、圧縮記帳や租税特別措置法による準備金の適用はありません。なお、交際費は平成22年度改正により損金不算入となっています。

　また、清算中の法人は中間申告を行う必要はありません（法法71）。したがって、解散の日の翌日から1年以内に残余財産が確定すれば清算事業年度の確定申告を行う必要はありません。

（4）残余財産確定事業年度の確定申告

　平成22年度税制改正により抜本的な見直しがされました。すなわち財産法により課税所得を計算していたものを、損益法により課税所得を計算するものとしました。

その趣旨は、以下のように説明されています。

> 清算所得課税は、事業の継続不能による清算を前提としていたものと考えられますが、最近の解散は、法人の設立・改廃が活発になってきているなかで、会社の黒字清算や、法形式のみ解散の手続をとりつつ、他の法人において同一事業を継続して行うという事例も多く散見されているところです。
>
> このような場合、実際には事業を継続しているにもかかわらず、課税方式が転換し、経済実態に合わない課税関係となっている場合もあったところ、解散の前後で課税方式が異ならないようにするべきではないかとの指摘があったところです。
>
> このため、組織再編成の活発化に対応しつつ、経済実態に即した課税を実現する観点から、今般、資本に関係する取引等に係る税制の見通しの一環として、解散の前後で課税関係が整合的になるよう、清算所得課税を通常の所得課税方式に移行することとされたものです。(「改正税法のすべて―平成22年度国税地方税の改正点の詳解―」276ページ、財団法人日本税務協会、平成22年)

この改正による残余財産確定事業年度の確定申告の概要は以下の通りです。なお、この改正は、平成22年10月1日以後の解散に適用され、平成22年9月30日以前の解散に関しては改正前の申告方式となります。適用の判断は解散日によってなされ、残余財産確定日ではありません。

【残余財産確定事業年度の確定申告】

項目	内容
課税所得の計算	損益法（課税所得＝総益金－総損金）（法法5） 注：改正前は財産法によっていた。財産法の計算法は以下の通り。課税所得＝（残余財産の額－（解散時の資本金等の額＋解散時の利益積立金額））
債務免除益の取扱い	債務免除益は益金となるため、所得金額を構成する。
残余財産が確定した場合の一括償却資産の損金算入	残余財産が確定した場合には、その残余財産の確定の日の属する事業年度末における一括償却資産の金額は、損金の額に算入する（法令133の2④）。
残余財産確定事業年度の貸倒引当金および返品調整引当金	残余財産の確定する日の属する事業年度においては、翌事業年度が存在しないため、貸倒引当金および返品調整引当金の繰入額の損金算入はできない（法法52①、53①）。

交際費、役員賞与、寄附金の損金不算入の適用	交際費、役員賞与、寄附金の損金不算入が適用される（措法61の4）。
受取配当金の益金不算入	受取配当金の益金不算入の制度は適用される（法法23）。
残余財産確定事業年度の事業税額の損金算入時期	残余財産の確定の日の属する事業年度の事業税額は、翌事業年度が存在しないため、その事業年度の損金の額に算入する（法法62の5⑤）。
適用される法人税率	解散し清算中の法人であっても、適用される法人税率は、各事業年度の所得に対する法人税率と同じ（法法66）。
所得税額の還付	納付すべき法人税額から控除し切れない所得税額は、還付する（法法78）。
申告期限	残余財産が確定した場合には、事業年度終了の日から翌日から1月以内。申告期限の延長の適用はない。 また、その翌日から1月以内に残余財産の最後の分配または引渡しが行われる場合にはその前日までに行う必要がある（法法74②）。

（5）清算結了届

　清算結了後、解散と同様に遅滞なく税務署および都道府県、市町村に対し届け出なければなりません。届出にあたっては、清算結了登記後の登記事項証明書の添付が必要です。

子会社の清算手続き（債務超過の場合）

Q2

当社は子会社の清算を行おうとしています。当該子会社は債務超過の状態です。清算のための手続きと税務上の取扱いを教えてください。

> **A**
> 特別清算の手続きを選択することにより、親会社の税務リスクを軽減できますが、手続きは煩雑なものとなります。

1 会社法の手続き

　清算手続きには通常清算（会475〜509）と特別清算（会510〜574）があります。通常清算は裁判所の監督を受けずに行い、特別清算は裁判所の監督のもとに実施されます。債務超過の場合であっても、債務免除が見込まれるのであれば通常清算の手続きによることも可能ですが、特別清算を選択する理由の一つとして税務リスク軽減を目的とする場合があります。

　子会社が債務超過の場合、親会社においては清算損失が発生しますが、法人税基本通達9−1−9（上場有価証券等以外の有価証券の発行法人の資産状態の判定）および同9−6−1（金銭債権の全部または一部の切捨てをした場合の貸倒れ）には特別清算における清算損失の取扱いが明示されています。また、実在性のない資産のある場合にも、特別清算における取扱いが公表されています。

　このため、税務上の取扱いに関し当局の見解が公表されている手続きを採用することにより親会社の税務リスクを軽減することができ、対税型の特別清算とも呼ばれます。さらに、裁判所の監督下において実施されるため、手続きの透明性が確保されます。

　債務者が親会社のみであるときに特別清算手続きを選択した場合の会社法上の手続きの概要は、以下の通りです。

【特別清算手続きの概要】

手続き	内容
① 会社の解散	特別清算の申立ては清算中の会社でなければできないので解散の決議を行う必要がある。この手続きは通常清算と同様。
② 特別清算の開始申立て	本店所在地を管轄する地方裁判所に清算人の他、債権者、監査役、株主が行うことができる（会511）。

3 子会社の清算手続き

③	費用の予納決定	申立人は裁判所の定める手続き費用を予納する必要がある（会888③）。予納額は清算会社の内容等を考慮して定めるとされている（会社非訟事件等手続規則21①）。
④	特別清算の開始命令	裁判所は申立て内容を審理し、特別清算によって清算を結了する見込みがない場合等の事由がある場合を除き、特別清算開始の命令を行う。この後は特別清算の申立てを取り下げることはできない（会510、513、514）。
⑤	登記の嘱託	特別清算開始の命令があったとき、裁判所は会社の本店所在地の登記所に対してその旨の登記を嘱託する。したがって、清算中の会社が行う必要はない（会938①一）。
⑥	清算事務に関する裁判所による監督の実施	特別清算手続きにおいても、債権者保護手続き（公告、催告）や財産目録の作成の他、現務の結了等の清算事務は、通常清算と同様に行われるが、裁判所の監督権が行使される（会519）。裁判所へは株主総会で承認を得た財産目録の提出（会521）が必要となる。更に裁判所は清算人に対して、清算事務の遂行状況の定期的報告を求める。また、財産の処分、借財、訴えの提起、和解、仲裁合意、権利の放棄、その他裁判所の指定する行為は裁判所の許可が必要となる（会535）。 債務の返済において、債権申し出期間内の弁済が禁止（会500①）されるのは通常清算と同様だが、特別清算においては申し出期間経過後においても、裁判所の認可を受けた協定に従って行われるのが原則となる。なお、子会社を特別清算する場合には親会社との個別和解によることとなる。
⑦	個別和解の認可	清算会社の債務の処理方法に関する債権者との合意を協定という。複数の債権者に対し債務を弁済する場合には、裁判所に協定の認可の申立て（会568）を行い、認可決定（会569①）後に協定に従った債務の弁済を行い、特別清算を結了する。 子会社が特別清算を行う場合に、親会社が子会社のすべての債務を肩代わりするときは、弁済を受けられない親会社が債権を放棄することにより、他のすべての債権者に弁済を行うことが可能となる。したがって債権者間の合意ではなく、親会社と子会社との間で個別に和解することにより特別清算を結了することができる。なお、個別和解は裁判所の許可を要する。（会535①四）。このため、個別和解型の特別清算とも呼ばれる。
⑧	和解の履行・特別清算の結了	裁判所が認可した和解内容を履行し特別清算業務を結了させる。

| ⑨ | 終結決定 | 裁判所は特別清算が結了したときは、清算人、監査役、債権者、株主、調査委員の申立てにより特別清算の終結決定を行う（会573①）。裁判所は特別清算終結の決定をしたときは、直ちに公告を行わなければならない（会902①）。この公告から２週間を経過すると特別清算終結の決定は確定し効力を生じる（会902②、③）。特別清算が確定すると裁判所はその旨の登記の嘱託（会938①三）を行う。したがって、これらの公告、登記を清算会社が行う必要はない。 |

　特別清算の手続きは裁判所の監督のもとに行われるので、通常清算に比べ煩雑な手続きとなり、通常は弁護士の関与も必要となります。通常清算は最短で解散から清算結了まで、２か月＋αで可能でしたが、特別清算の場合にはそれ以上の期間が必要となります。手続きを計画通りに進めるためには、事前の準備が重要です。

❷ 税務上の取扱い

　子法人における税務上の取扱いは通常の清算と同様ですが、対税型の特別清算において行われる親法人の債務免除に関しては注意が必要です。平成22年度税制改正により残余財産確定事業年度の確定申告においても損益法により課税所得を計算することとなりました。このため、債務免除益は益金となり、課税所得が発生する場合もあり得ます。この事態に対処し、課税所得が発生しないように残余財産がないと見込まれる場合には、期限切れ欠損金を損金の額に算入することとしました（法法59③）。

（１）期限切れ欠損金の計算

　平成23年12月２日に公布・施行された「経済社会の構造の変化に対応した税制の構築を図るための所得税法等の一部を改正する法律」において欠損金の繰越控除が見直されました。
　① 中小法人等以外の法人は控除限度額が平成24年４月１日以後開始される事業年度から、繰越控除前の所得金額の80％となりました。
　② 繰越欠損金の繰越期間が平成20年４月１日以後終了した事業年度において

は9年間となりました。3月決算会社の場合には平成21年3月期に生じた欠損金の期限切れが平成28年8月期から平成30年3月期に延長となります。

以下の設例に関しては、控除限度額は100％の会社を前提とし、期限切れ延長の影響が生じるのが平成28年以降のため、欠損金の繰越期間を7年としています。

【設例】

> 当期欠損2,000の状態が10年間継続し清算した場合の期限切れ欠損金の計算は以下の通りです。なお、資本金等は0と仮定、均等割は無視し、欠損金の繰越期間は7年としています。なお、申告書の様式は簡略化しました。

【第1年度における申告書の記載】

別表四

区 分	総額	留保	社外流出
当期利益または当期欠損の額	▲2,000	▲2,000	
加算項目：交際費	300		300
減算項目：受取配当金益金不算入	150		150
所得金額または欠損金額	▲1,850	▲2,000	150

別表五（一）

区 分	期首現在利益積立金額	減	増	差引翌期首現在利益積立金額
繰越損益金	0	0	▲2,000	▲2,000
差引合計額	0	0	▲2,000	▲2,000

別表七（一）

事業年度	区 分	控除未済欠損金額	当期控除額	翌期繰越額
×年×月期		0	0	0
当期分	欠損金額	1,850		1,850
合計				1,850

【第１年度の状態が10年継続し、清算した場合の各項目の金額】

① 期首利益積立金額　　　　　〔▲2,000×10年＝▲20,000〕
　※これは申告調整項目に留保項目がないため、決算書上の欠損金額に同じです。

② 繰り越された青色欠損金　　〔1,850× 7 年＝12,950〕
　※欠損金の繰越は 7 年間で打切りとなります。

③ 債務免除益　　　　　　　　〔2,000×10年＝20,000〕
　※資本金等を 0 と想定し欠損金に相当する部分は親会社からの借入により補てんしたとします。

④ 期限切れ欠損金　　　　　　〔20,000－12,950＝7,050〕
　※「期首利益積立金額－繰り越された青色欠損金＝期限切れ欠損金」（法令118）

⑤ 課税所得　　　　　　　　　〔20,000－（12,950＋7,050）＝ 0 〕
　※残余財産確定年度に債務免除益以外の損益項目はないと想定します。
　「債務免除益－（繰り越された青色欠損金＋期限切れ欠損金）＝課税所得」

【残余財産確定事業年度の申告書の記載】

別表四

区　　分	総　額	留　保	社外流出
当期利益または当期欠損の額	20,000	20,000	
加算項目：			
減算項目：			
差引計	20,000		
欠損金の当期控除額（注）	▲20,000		▲20,000
所得金額又は欠損金額	0	20,000	0

（注）別表七（一）当期控除額12,950と別表七（二）当期控除額7,050を合算

別表五（一）

区　　分	期首現在利益積立金額	減	増	差引翌期首現在利益積立金額
繰越損益金	▲20,000	▲20,000	20,000	0
差引合計額	▲20,000	▲20,000	20,000	0

別表七（一）

事業年度	区　分	控除未済欠損金額	当期控除額	翌期繰越額
×年×月期	青色欠損金	1,850	1,850	
<略>				
×年×月期	青色欠損金	1,850	1,850	0
計		12,950	12,950	0
当期分	欠損金額			
合計				0

別表七（二）Ⅲ（民事再生等評価換えが行われる場合以外の場合の再生等欠損金の損金算入及び解散の場合の欠損金の損金算入に関する明細書）

債務の免除を受けた金額		繰り越された欠損金額(注2)	20,000
私財提供を受けた額		欠損金当期控除額	12,950
		差引欠損金額等	7,050
		所得金額(注3)	20,000
債務免除等計(注1)		当期控除額(注4)	7,050

(注1) 残余財産がないと見込まれる場合には、記入しません。
(注2) 別表五（一）期首現在利益積立金額の差引合計額より転記
(注3) 別表四の差引計より転記
(注4) 差引欠損金額等（7,050）、所得金額（20,000）のうち少ない金額

（2）実在性のない資産がある場合の取扱い

　実在性のない資産とは、貸借対照表に計上されてはいるが、実際には存在しない資産を意味します。粉飾決算等の不正行為等により発生しますが、この資産を税務上処理しないと清算業務は結了しません。

　従来の財産法による課税所得計算では、実在性のない資産をゼロとして評価し処理すれば債務超過の場合に課税所得は発生しませんでした。損益法による計算の場合、実在性のない資産をどのように取り扱うか疑問のあるところですが、国税庁はホームページに「平成22年度税制改正に係る法人税質疑応答事例（グループ法人税制その他の資本に関係する取引等に係る税制関係）問11　実在性のない資産の取扱い」を公表し、特別清算で手続きを行う等一定の条件を満たす場合に

は実在性のない資産を処理することにより生じる損失を欠損金とすることを認めています（http://www.nta.go.jp/shiraberu/zeiho-kaishaku/joho-zeikaishaku/hojin/101006/pdf/11.pdf）。

（3）平成23年度税制改正

　平成23年度改正において、マイナスの資本積立金等の額も期限切れ欠損金と同様とされました（法令118）。この趣旨は、自己株式取得によりマイナスの資本金等の額が生じている法人が解散をした際に債務免除益が欠損金を超過する場合もあることからの改正です。この改正は平成23年4月1日以後に開始する事業年度の所得に対する法人税について適用されるので、注意を要します。

【設例】

現金	600	負債	100
		資本金	10
		剰余金	490

自己株式を490で取得 →

現金	110	負債	100
		資本金	10
		剰余金	490
		自己株式	▲490

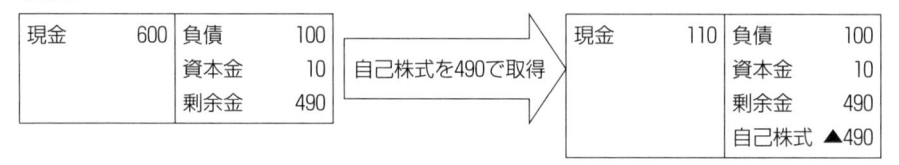

　自己株式を取得後490の損失が発生し解散した場合、以下の状態となります。

現金	0	負債	480
		資本金	10
		剰余金	0
		自己株式	▲490

　この場合債務免除益480に見合う欠損金がなく、改正前の取扱いでは繰越欠損金が、不足する場合には、課税所得が発生することになります。

子会社の清算における親会社の処理

Q3
当社は上場していますが、子会社を清算することとなりました。親会社における会計処理、税務処理および情報開示を教えてください。

A
平成22年度税制改正において、完全支配関係にある子会社に関しては、株式消滅損に関して損金処理せず、子会社の未処理欠損金を親会社が引き継ぐこととなりました。

1 会計処理

子会社の清算に伴い、清算損失や、残余財産の分配等に関する会計処理が発生します。会計基準等においては子会社の清算に関し、以下の取扱いが公表されています。

(1) 税効果会計

会社清算決定における税効果会計の取扱いに関し、子会社への投資に係る将来減算一時差異については、原則として、連結手続き上、親会社において繰延税金資産を計上しないとしていますが、次の要件のいずれも満たす場合においては繰延税金資産を計上するものとしています（連結税効果実務指針32）。

① 将来減算一時差異が、予測可能な将来、税務上の損金算入が認められる評価減の要件を満たすか、または予測可能な将来、第三者への投資の売却によって解消される可能性が高いこと

② 繰延税金資産の計上につき、連結税効果実務指針41の回収可能性に係る判断要件が満たされること

（2）連結の範囲

　清算株式会社のように、継続企業と認められない企業であっても、その意思決定機関を支配していると認められる場合には、子会社に該当し、原則として連結の範囲に含められることとなります（詳細は第2章1 *Q1*）。

❷ 税務上の取扱い

（1）完全支配関係にある子法人の場合

　親法人における税務上の取扱いは平成22年度税制改正により、子法人が完全支配関係にあるか否かにより異なることとなりました。

① 子法人株式消滅損益の取扱い

　完全支配関係にある場合には、債務超過の場合を含め、取得価格を下回る分配が行われた場合でも、子法人株式の消滅損を損金として認識することはできません。また、取得価格を上回る分配が行われた場合においても益金として認識はしません（法法61の2⑯）。いずれの場合も、税務上の処理は以下の算式により資本金等の増加あるいは減少として処理します。

> 子法人株式の帳簿価格＋みなし配当金額－交付金銭等の額＝資本金等の増減額

※　資本金等を超える分配額がみなし配当金

　計算結果がプラスであれば資本金等の額が減少し、マイナスのときは増加します。清算により剰余金の分配が行われた場合には、負債利子の額を控除せず全額を益金不算入の処理を行うことになります。この取扱いは、平成22年10月1日以後の解散から適用されます。

② 未処理欠損金の引継ぎ

　子法人株式の消滅損益を認識しないかわりに、内国法人による完全支配関係がある子法人が解散し、その残余財産が確定した場合には、その解散した法人と完全支配関係があり、かつ、その解散した法人の発行済株式を保有する法人は、解散した法人の未処理欠損金を自らの各事業年度において生じた欠損金額とみなすことにより引継ぎ可能となりました（法法57②）。この制度も平成22年10月1日以後の解散から適用されます。

3 子会社の清算手続き

　この制度の適用により完全支配関係にある子法人の残余財産が確定した場合、その確定日の翌日前9年以内に開始した各事業年度の未処理欠損金額を、親法人において子法人残余財産確定日の翌日の属する事業年度に引継ぎを行います。

　なお、平成23年12月に欠損金の繰越控除に関し改正が実施され（58ページ参照）欠損金の繰越期間が7年から9年に延長されましたが、対象となるのが平成20年4月1日以後終了した事業年度であるため下記設例に延長の影響はありません。

【設例】

子会社　3月決算（解散によるみなし事業年度8月1日～翌7月31日）	
親会社　3月決算	
A：解散日	平成23年7月31日
B：残余財産確定日	平成24年10月31日
C：Bの翌日	平成24年11月1日
D：Bの日翌日前7年以内の日	平成17年11月1日
E：D以降開始される事業年度	平成19年3月期
F：親会社のCの属する事業年度	平成25年3月期

【子会社の事業年度との対応関係】

18/3	19/3	20/3	21/3	22/3	23/3	23/7	24/7	24/10	—
D	E					A		B	C

親会社においてC（平成24年11月1日）の属する事業年度は平成25年3月期

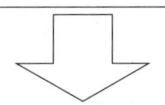

⬇

この場合、子法人の平成18年4月1日開始される事業年度即ち平成19年3月期からの未処理欠損金を親法人が平成25年3月期において引き継ぐことにとなります。なお、子会社において発生した平成24年8月1日から平成24年10月31日に発生した欠損金額は親会社において発生したものとみなされます。

　なお、設立時から完全支配関係にある場合を除き、子法人との支配関係（50%超の持株関係）が、親法人の当該残余財産確定日の翌日の属する事業年度開始前5年以内に生じている場合には、親法人との間で支配関係となった事業年度前に生じた欠損金額を控除することはできません。

③ 評価損計上の否認

　平成23年度税制改正において、完全支配関係がある清算中の内国法人、解散をすることが見込まれる内国法人の株式等に係る評価損（評価換えによる評価損（法法33②））の計上を認めないこととされました（法法33⑤、法令68の3）。この改正は、平成23年6月30日以後に行う評価換えについて適用されます（改正法附則12）。

　この改正の趣旨は、残余財産が確定する前に評価損を計上したときには、評価損と繰越欠損金額の引継ぎにより、損失の二重計上が可能となってしまうという問題に対処することにあります。

（2）完全支配関係にない子法人の場合

　完全支配関係にない子法人の場合は従来通り子法人株式の消滅損益を認識することになります。評価損の取扱いも同様です（法法33②）。また、分配が行われた場合には子法人の資本金等の金額を超える分配額はみなし配当として処理され、受取配当金の益金不算入の対象となります。

3 情報開示

　会社を清算した場合、上場会社においては各種の情報開示が必要となります。なお、以下の開示例は同一事案によるものです。

（1）東京証券取引所における開示例

　東京証券取引所は、上場会社に対し一定事実の決定、発生等に関し情報の開示を求めています。なお、開示においては、東京証券取引所が公開している開示様式例において、「会社情報適時開示ガイドブック上の『開示事項及び開示・記載上の注意』を必ず参照してください」としています。

【開示例】

・開示日 　平成21年4月30日	・開示事項 　連結子会社の解散および特別損失の発生に関するお知らせ
・開示内容 　①解散の理由　②当該連結子会社の概要　③解散の日程　④当社業績への影響　⑤その他	

・開示日 　平成21年4月30日	・開示事項 　業績予想の修正に関するお知らせ
・開示内容 　①当期の連結業績予測数値の修正　②当期の個別業績予想数値の修正　③修正の理由	

・開示日 　平成23年3月31日	・開示事項 　子会社の清算結了に関するお知らせ
・開示内容 　①清算結了日　②当該子会社の概要　③今後の見通し	

（2）金融商品取引法における開示例

① 有価証券報告書における開示

平成21年3月期
事業の状況における記載
×××事業を行っているＳ社について〜〈略〉〜このような経営環境の中で、事業を継続することは極めて困難であると判断し、平成21年4月30日開催の当社取締役会において同社を解散することを決議した。解散に伴う特別損失は、当連結会計年度の業績に反映している。
財政状態及び経営成績の分析における記載
当連結事業年度の特別損益は〜〈略〉〜当連結会計年度においてＳ社の解散決議に伴う事業整理損が×，×××万円あった〜〈略〉〜ことによるものである。
連結損益計算書関係の注記
事業整理損は、Ｓ社の解散決議に伴うたな卸資産整理損評価損×，×××百万円、貸倒引当金繰入額×××百万円、減損損失×××百万円等である。 　なお、減損損失の内容は次の通りである。

場　　所	用　　途	種　　類	金額（百万円）
Ｓ社 （Ｈ県Ｍ市）	×××製造設備	建物及び構築物 機械装置及び運搬具 土地 その他	×××

　当社グループは、事業用資産については管理会計上の区分を基準に主として事業所単位ごとに、遊休資産、賃貸資産および処分予定資産については物件単位ごとにグルーピングを行っている。上記資産はＳ社の解散決議に伴い、帳簿価格を回収可能価額まで減額し、当該減少額を事業整理損に含めて計上している。
　なお、回収可能価額は、正味売却価額により測定しており、土地・建物及び構築物は主として不動産鑑定評価価額に基づき評価し、機械装置及び運搬具は売却見込み額により評価している。その他売却が困難な資産についてはゼロ評価している。

損益計算書関係の注記
子会社整理損は、Ｓ社の解散決議に伴い計上したものであり、その内訳は次の通りである。 　　　関係会社株式評価損　　　　　×,×××百万円 　　　関係会社貸倒引当金繰入額　　×,×××百万円 　　　合計　　　　　　　　　　　×,×××百万円

平成22年3月期
連結財務諸表作成のための基本となる重要な事項
連結の範囲に関する事項
Ｓ社および同社の子会社1社ならびにＤ社については、当連結会計年度より会社清算に伴い連結の範囲から除外している。（注）

注：本事例における選択した法律手続き等の個別事情は不詳です。清算会社であっても、意思決定機関を支配している場合には子会社に該当し、原則として連結の範囲に含められることにご留意ください。

② 臨時報告書における開示例

平成23年4月5日提出	提出理由：特定子会社の異動（注）
報告内容 （1）当該異動に係る特定子会社の名称、住所、代表者の氏名、資本金、事業の内容　〈略〉 （2）当該異動の前後における当社の所有に係る当該特定子会社の議決権の数及び当該特定子会社の総株主等の議決権に対する割合　〈略〉 （3）当該異動の理由及びその年月日	

① 異動の理由
　当該特定子会社は、平成23年3月31日をもって清算を結了したため、当社の特定子会社に該当しないこととなりました。
② 異動の年月日
　平成23年3月31日

注：子会社であっても特定子会社（開示府令19⑩）に該当しない場合には提出は不要です。

(3) 事業報告における開示例

平成21年3月期
企業集団の概況（1）事業の経過および成果
本年4月30日開催の当社取締役会においてS社を解散することを決議いたしました。解散に伴う損失は、当連結会計年度の業績に反映しております。
（個別財務諸表）関連当事者との取引に関する注記
【取引内容（資金の貸付）等を注記し、以下の説明を付加しています。】 S社への貸付金に対し、当事業年度において貸倒引当金および貸倒引当金繰入額×,×××百万円を計上しております。

第2章
連結決算個別問題

1 連結範囲に関する事項

連結の範囲

Q1
連結の範囲について教えてください。

A
① 原則、すべての子会社を連結範囲に含めなければなりません。
② 支配が一時的であると認められる子会社は連結の範囲に含めません。
③ 連結の範囲に含めることによって利害関係人の判断を著しく誤らせるおそれがあると認められる子会社は、連結範囲に含めません。
④ 重要性の乏しい子会社は連結の範囲から除外することができます。

1 連結の範囲

親会社は、原則としてすべての子会社を連結の範囲に含めなければならないとされています。ただし、以下の記載事項に該当する子会社は連結の範囲に含めてはならないとされています。
① 支配が一時的であると認められる子会社
② 連結することにより利害関係利害関係者の判断を著しく誤らせるおそれのある企業

また、重要性の乏しい子会社については、連結の範囲から除外することができるとされています。

2 支配が一時的であると認められる子会社

　連結財務諸表会計基準第14項（1）では、子会社のうち、支配が一時的であると認められる企業は、連結の範囲に含めないものとしています。これは、当連結会計年度において支配に該当しているものの、直前連結会計年度において支配に該当しておらず、かつ、翌連結会計年度以降相当の期間にわたって支配に該当しないことが確実に予定されている場合をいいます。

　例えば、直前連結会計年度末において、所有する議決権が100分の50以下で支配に該当しておらず、かつ、翌連結会計年度以降その所有する議決権が相当の期間にわたって100分の50以下となり支配に該当しないことが確実に予定されている場合は、当連結会計年度における支配が一時的であると認められます。

【支配が一時的であると認められる例】

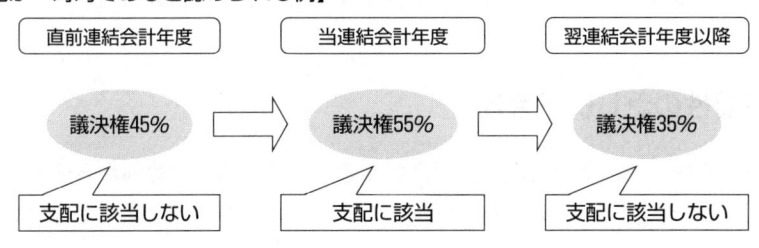

直前連結会計年度	当連結会計年度	翌連結会計年度以降
議決権45%	議決権55%	議決権35%
支配に該当しない	支配に該当	支配に該当しない

<コメント>
当連結会計年度のみ議決権所有割合が50％を超えている場合、当連結会計年度の支配は一時的であると認められます。
その結果、当該子会社は連結の範囲に含まれないこととなります。

　また、議決権の過半数を占めていないが、支配に該当している場合の議決権の一時的所有やその他の支配の要件の一時的充足についても同様に取り扱うこととされています（子会社等範囲決定適用指針18）。

3 連結の範囲に含めることにより利害関係利害関係者の判断を著しく誤らせるおそれのある企業

　連結財務諸表会計基準第14項（2）では、支配が一時的であると認められる企業以外の企業であって、子会社のうち、連結することにより利害関係者の判断を著しく誤らせるおそれのある企業は、連結の範囲に含めないものとしていますが、一般に、それは限定的であると考えられます。

　なお、他の企業が子会社に該当しても、例えば、当該子会社がある匿名組合事業の営業者となり、当該匿名組合の事業を含む子会社の損益のほとんどすべてが匿名組合員に帰属し、当該子会社およびその親会社には形式的にも実質的にも帰属せず、かつ、当該子会社との取引がほとんどない場合には、当該子会社を連結することにより利害関係者の判断を著しく誤らせるおそれがあると認められるときに該当するものと考えられます（子会社等範囲決定適用指針19）。

4 重要性の乏しい子会社

　子会社であって、その資産、売上高等を考慮して、連結の範囲から除いても企業集団の財政状態、経営成績及びキャッシュ・フローの状況に関する合理的な判断を妨げない程度に重要性の乏しいものは、連結の範囲に含めないことができるとされています（連結財務諸表会計基準脚注3）。

　連結の範囲に係る重要性については、後述します（*Q5*参照）。

5 子会社に該当しない会社

　連結財務諸表会計基準第7項では、更生会社、破産会社その他これらに準ずる企業であって、かつ、有効な支配従属関係が存在しないと認められる企業は、子会社に該当しないものとするとされています。このため、民事再生法の規定による再生手続開始の決定を受けた会社、会社更生法の規定による更生手続き開始の決定を受けた株式会社、破産法の規定による破産手続き開始の決定を受けた会社その他これらに準ずる企業であって、かつ、有効な支配従属関係が存在しないと

認められる企業である場合には、子会社に該当しないことになります。
　一方、清算株式会社のように、継続企業と認められない企業であっても、その意思決定機関を支配していると認められる場合には、子会社に該当し、原則として連結の範囲に含められることとなります（子会社等範囲決定適用指針20）。

持分法適用の範囲

Q2

持分法適用の範囲について教えてください。

A

① 原則、非連結子会社、関連会社への投資については持分法を適用します。
② 財務等への影響が一時的であると認められる関連会社は含めません。
③ 利害関係人の判断を著しく誤らせるおそれがあると認められる非連結子会社関連会社は、範囲に含めません。
④ 重要性の乏しい非連結子会社、関連会社は持分法の範囲から除外することができます。

1 適用範囲

非連結子会社および関連会社に対する投資については、原則として持分法を適用することとされています（持分法会社基準6）。

2 影響が一時的であると認められる関連会社

子会社の場合と同様に、財務および営業または事業の方針の決定に対する影響

が一時的であると認められる関連会社に対する投資については、持分法を適用しないものとされています。これは、当連結会計年度において財務および営業または事業の方針の決定に対して重要な影響を与えているものの、直前連結会計年度において重要な影響を与えておらず、かつ、翌連結会計年度以降相当の期間にわたって重要な影響を与えないことが確実に予定されている場合が該当します。

例えば、直前連結会計年度末において、所有する議決権が100分の20未満で重要な影響を与えておらず、かつ、翌連結会計年度以降その所有する議決権が相当の期間にわたって100分の20未満となり重要な影響を与えないことが確実に予定されている場合は、影響が一時的であると認められます。

また、議決権の100分の20以上を所有していないが、重要な影響を与えている場合の議決権の一時的所有やその他の影響を与えている要件の一時的充足についても同様に取り扱うこととされています。

3 持分法を適用することにより利害関係者の判断を著しく誤らせるおそれのある関連会社

子会社の場合と同様に、持分法を適用することにより利害関係者の判断を著しく誤らせるおそれのある関連会社（非連結子会社を含む）に対する投資については、持分法を適用しないものとされていますが、一般に、それは限定的であると考えられます。

4 重要性の乏しい関連会社

持分法の適用により、連結財務諸表に重要な影響を与えない場合には、持分法の適用会社としないことができます。

5 関連会社に該当しない企業

持分法会計基準5－2では、更生会社、破産会社その他これらに準ずる企業であって、かつ、当該企業の財務および営業または事業の方針の決定に対して重要

な影響を与えることができないと認められる企業は、関連会社に該当しないものとされています。このため、民事再生法の規定による再生手続き開始の決定を受けた会社、会社更生法の規定による更生手続き開始の決定を受けた株式会社、破産法の規定による破産手続き開始の決定を受けた会社その他これらに準ずる企業であって、かつ、当該企業の財務および営業または事業の方針の決定に対して重要な影響を与えることができないと認められる企業である場合には、関連会社に該当しないこととなります。

一方、清算株式会社のように、継続企業と認められない企業であっても、その財務および営業または事業の方針の決定に対して重要な影響を与えることができると認められる場合には、関連会社に該当することとなります。

子会社の範囲

Q3

子会社の範囲について教えてください。

A

① 意思決定機関を支配し、有効な支配従属関係があるかどうかで判断します。
② 議決権の所有割合は所有名義にかかわらず、自己の計算において所有しているか否かで判断します。
③ 他の子会社の議決権の過半数を自己の計算において所有していなくても子会社となることがあります。
④ 更生会社、民事再生会社等であっても有効な支配従属関係があるかどうか検討する必要があります。

⑤ 子会社の範囲には、会社、組合その他これらに準ずる事業体が含まれます。
⑥ 投資事業組合等の会社に準ずる事業体には特別な取扱いがあります。

1 親会社および子会社の定義

親会社および子会社については、連結財務諸表会計基準において次の通り定義されています。

> 「親会社」とは、他の企業の財務及び営業又は事業の方針を決定する機関（株主総会その他これに準ずる機関をいう。以下「意思決定機関」という。）を支配している企業をいい、「子会社」とは、当該他の企業をいう。親会社及び子会社又は子会社が、他の企業の意思決定機関を支配している場合における当該他の企業も、その親会社の子会社とみなす。

2 判定基準

親会社として判定される基準としては、以下の基準が示されています。（連結財務諸表会計基準7（1）（2）、7－2）

> （1）他の企業（更生会社、破産会社その他これらに準ずる企業であって、かつ、有効な支配従属関係が存在しないと認められる企業を除く。下記（2）及び（3）においても同じ。）の議決権の過半数を自己の計算において所有している企業
> （2）他の企業の議決権の100分の40以上、100分の50以下を自己の計算において所有している企業であって、かつ、次のいずれかの要件に該当する企業
> 　① 自己の計算において所有している議決権と、自己と出資、人事、資金、技術、取引等において緊密な関係があることにより自己の意思と同一の内容の議決権を行使すると認められる者及び自己の意思と同一の内容の議決権を行使することに同意している者が所有している議決権とを合わせて、他の企業の議決権の過半数を占めていること

②　役員若しくは使用人である者、又はこれらであった者で自己が他の企業の財務及び営業又は事業の方針の決定に関して影響を与えることができる者が、当該他の企業の取締役会その他これに準ずる機関の構成員の過半数を占めていること
③　他の企業の重要な財務及び営業又は事業の方針の決定を支配する契約等が存在すること
④　他の企業の資金調達額（貸借対照表の負債の部に計上されているもの）の総額の過半について融資（債務の保証及び担保の提供を含む。以下同じ。）を行っていること（自己と出資、人事、資金、技術、取引等において緊密な関係のある者が行う融資の額を合わせて資金調達額の総額の過半となる場合を含む。）
⑤　その他他の企業の意思決定機関を支配していることが推測される事実が存在すること
（3）自己の計算において所有している議決権（当該議決権を所有していない場合を含む。）と、自己と出資、人事、資金、技術、取引等において緊密な関係があることにより自己の意思と同一の内容の議決権を行使すると認められる者及び自己の意思と同一の内容の議決権を行使することに同意している者が所有している議決権とを合わせて、他の企業の議決権の過半数を占めている企業であって、かつ、上記（2）の②から⑤までのいずれかの要件に該当する企業

　上記にかかわらず、特別目的会社（資産の流動化に関する法律（平成10年法律第105号）第2条第3項に規定する特定目的会社および事業内容の変更が制限されているこれと同様の事業を営む事業体をいう。以下同じ）については以下のように定められています。

……適正な価額で譲り受けた資産から生ずる収益を当該特別目的会社が発行する証券の所有者に享受させることを目的として設立されており、当該特別目的会社の事業がその目的に従って適切に遂行されているときは、当該特別目的会社に資産を譲渡した企業から独立しているものと認め、当該特別目的会社に資産を譲渡した企業の子会社に該当しないものと推定する。

関連会社の範囲

Q4
関連会社の範囲について教えてください。

A
① 財務および営業または事業の方針の決定に対して、重要な影響を与えることができるかどうかで判断します。
② 議決権の所有割合は所有名義にかかわらず、自己の計算において所有しているか否かで判断します。
③ 他の会社等の議決権の20％以上を自己の計算において所有していなくても関連会社となることがあります。
④ 更生会社、民事再生会社等であっても重要な影響を与えるかどうか検討する必要があります。
⑤ 関連会社の範囲には、会社、組合その他これらに準ずる事業体が含まれます。

1 関連会社の定義

「関連会社」とは、企業（当該企業が子会社を有する場合には、当該子会社を含む）が、出資、人事、資金、技術、取引等の関係を通じて、子会社以外の他の企業の財務および営業または事業の方針の決定に対して重要な影響を与えることができる場合における当該子会社以外の他の企業をいいます（持分法会計基準5）。

ここで、「子会社以外の他の企業の財務および営業または事業の方針の決定に対して重要な影響を与えることができる場合」とは、下記の（1）～（3）に該当する場合を指します。

ただし、財務上または営業上もしくは事業上の関係からみて子会社以外の他の企業の財務および営業または事業の方針の決定に対して重要な影響を与えることができないことが明らかであると認められるときは、該当しないことになります。
(1) 子会社以外の他の企業（更生会社、破産会社その他これらに準ずる企業であって、かつ、当該企業の財務および営業または事業の方針の決定に対して重要な影響を与えることができないと認められる企業を除く。下記(2)および(3)においても同様）の議決権の100分の20以上を自己の計算において所有している場合
(2) 子会社以外の他の企業の議決権の100分の15以上、100分の20未満を自己の計算において所有している場合であって、かつ、次のいずれかの要件に該当する場合
　① 役員もしくは使用人である者、またはこれらであった者で自己が子会社以外の他の企業の財務および営業または事業の方針の決定に関して影響を与えることができる者が、当該子会社以外の他の企業の代表取締役、取締役またはこれらに準ずる役職に就任していること
　② 子会社以外の他の企業に対して重要な融資（債務の保証および担保の提供を含む）を行っていること
　③ 子会社以外の他の企業に対して重要な技術を提供していること
　④ 子会社以外の他の企業との間に重要な販売、仕入その他の営業上または事業上の取引があること
　⑤ その他子会社以外の他の企業の財務および営業または事業の方針の決定に対して重要な影響を与えることができると推測される事実が存在すること
(3) 自己の計算において所有している議決権（当該議決権を所有していない場合を含む）と、自己と出資、人事、資金、技術、取引等において緊密な関係があることにより自己の意思と同一の内容の議決権を行使すると認められる者および自己の意思と同一の内容の議決権を行使することに同意している者が所有している議決権とを合わせて、子会社以外の他の企業の議決権の100分の20以上を占めているときであって、かつ、上記(2)の①から⑤までのいずれかの要件に該当する場合

連結の範囲に係る重要性の基準

Q5
重要性の基準について教えてください。

A
① 重要性の判断は、量的側面、質的側面の両方を考慮します。
② 重要性の判断基準については、毎期首尾一貫していなければなりません。
③ 連結の判断基準は、資産基準、売上高基準、利益基準、利益剰余金基準となります。
④ 持分法の判断は、利益基準、利益剰余金基準となります。

1 連結の範囲に係る重要性の判断基準

　通常、該当要件の影響割合が所定の基準値より低くなれば、それで重要性は乏しいと判断されます。しかし、「企業集団の財政状態及び経営成績に関する合理的な判断を妨げない程度」に係る重要性は、必ずしも量的要件だけで判断できるわけではありません。連結の範囲は全部の子会社を連結するのが原則であって、量的な重要性が乏しいという判断だけで連結の範囲から除外することができない子会社も存在する可能性があります。したがって、連結の範囲に関する重要性は、企業集団の財政状態および経営成績を適正に表示する観点から量的側面と質的側面の両面で並行的に判断されるべきであると考えられます。

　なお、重要性の乏しい会社を連結の範囲から除外する場合、重要性の判断基準は、毎期首尾一貫していなければならないことに留意が必要です。

2 連結の範囲から除外できる重要性の乏しい子会社について（具体的な量的判断基準）

　連結の範囲から除いても、企業集団の財政状態及び経営成績に関する合理的な判断を妨げない程度に重要性が乏しい子会社かどうかは、企業集団における個々の子会社の特性ならびに、少なくとも①資産、②売上高、③利益および④利益剰余金の4項目に与える影響（量的基準）をもって判断すべきものと考えられます。

　上掲4項目に与える具体的な影響度合は、次の算式で計算された割合をもって基本的に判断することになりますが、その算式を適用する場合には、後述の留意事項を十分に勘案する必要があります。

(1) 資産基準

$$\frac{\text{非連結子会社の総資産額の合計額}}{\text{連結財務諸表提出会社の総資産額および連結子会社の総資産額の合計額}}$$

(2) 売上高基準

$$\frac{\text{非連結子会社の売上高の合計額}}{\text{連結財務諸表提出会社の売上高および連結子会社の売上高の合計額}}$$

(3) 利益基準

$$\frac{\text{非連結子会社の当期純損益の額のうち持分に見合う額の合計額}}{\text{連結財務諸表提出会社の当期純損益の額および}\atop\text{連結子会社の当期純損益の額のうち持分に見合う額の合計額}}$$

（4）利益剰余金基準

$$\frac{\text{非連結子会社の利益剰余金のうち持分に見合う額の合計額}}{\text{連結財務諸表提出会社の利益剰余金の額および}\\\text{連結子会社の利益剰余金の額のうち持分に見合う額の合計額}}$$

※「利益剰余金」とは、「利益準備金及びその他利益剰余金」のほか、法律で定める準備金で利益準備金に準ずるものとされています。以下同様。

　上掲算式を適用するに際しての留意事項は、次の通りです。
① a「支配が一時的であるため連結の範囲に含めない子会社」および b「利害関係者の判断を著しく誤らせるおそれがあるため連結の範囲に含めない子会社」に該当し、連結の範囲に含めないこととなる子会社は、上掲算式に含めません（連結財務諸表原則第三の一の4、連結財務諸表会計基準14）。
② 上掲算式における非連結子会社の選定にあたっては、資産や売上等の額の小さいものから機械的に順次選定するのではなく、個々の子会社の特性や上記算式で計量できない要件も考慮するものとします。例えば、以下のような子会社は原則として非連結子会社とすることはできません。
　a 連結財務諸表提出会社の中・長期の経営戦略上の重要な子会社
　b 連結財務諸表提出会社の一業務部門、例えば製造、販売、流通、財務等の業務の全部または重要な一部を実質的に担っていると考えられる子会社（なお、地域別販売会社、運送会社、品種別製造会社等の同業部門の複数の子会社は、原則としては、その子会社群全体を1社として判断するものとする）
　c セグメント情報の開示に重要な影響を与える子会社
　d 多額な含み損失や発生の可能性の高い重要な偶発事象を有している子会社
③ 資産基準における総資産額の合計額は連結財務諸表提出会社、連結子会社および非連結子会社間（以下、「会社間」）における債権と債務および資産に含まれる未実現損益の消去後の金額によることを原則とします。また、売上高基準における売上高の合計額は会社間の取引の消去後の金額に、利益基準における当期純損益の額の合計額は会社間の取引による資産に含まれる未実現損益の消去後における金額によることを原則とします。

また、利益剰余金基準における利益剰余金の合計額は、資産基準および利益基準の適用に当たって消去された未実現損益を修正した後の金額によることを原則とします。

④　総資産の額および利益剰余金の額は、連結決算日における各会社の貸借対照表のものによるものとします。ただし、子会社の事業年度の末日が連結決算日と異なる場合においてその差異が３か月を超えないときは、当該子会社の総資産の額および利益剰余金の額は当該事業年度の末日のものによることができます。

⑤　売上高および当期純損益の額は、連結会計年度に対応した各会社の事業年度に係る損益計算書のものによるものとします。ただし、子会社の事業年度の末日が連結決算日と異なる場合においてその差異が３か月を超えないときは、当該子会社の売上高および当期純損益の額は、当該事業年度に係るものによることができます。

⑥　利益基準における連結財務諸表提出会社、連結子会社および非連結子会社の当期純損益の額が事業の性質等から事業年度ごとに著しく変動する場合等は、当期純損益の額について最近５年間の平均を用いる等適宜な方法で差し支えないものとします。

❸ 持分法の適用範囲から除外できる重要性の乏しい非連結子会社等について

　持分法の適用範囲から除いても連結財務諸表に重要な影響を与えない非連結子会社および関連会社（以下、「非連結子会社等」）かどうかは、企業集団における個々の非連結子会社等の特性ならびに、少なくとも利益および利益剰余金に与える影響をもって判断すべきものと考えられます。

　利益および利益剰余金に与える影響度合は、次の算式で計算された割合をもって基本的には判断するものとしますが、その算式を適用する場合には後掲の留意事項を十分に勘案する必要があります。

（１）利益基準

> 持分法非適用の非連結子会社等の当期純損益の額のうち持分に見合う額の合計額
> ―――――――――――――――――――――――――――――――
> 連結財務諸表提出会社の当期純損益の額、連結子会社の当期純損益の額のうち持分に見合う額ならびに持分法適用の非連結子会社等の当期純損益の額のうち持分に見合う額の合計額

（２）利益剰余金基準

> 持分法非適用の非連結子会社等の利益剰余金の額のうち持分に見合う額の合計額
> ―――――――――――――――――――――――――――――――
> 連結財務諸表提出会社の利益剰余金の額、連結子会社の利益剰余金の額のうち持分に見合う額ならびに持分法適用の非連結子会社等の利益剰余金の額のうち持分に見合う額の合計額

　上掲の算式を適用するに際しての留意事項は、次の通りです。
① 子会社等範囲決定適用指針第25項（影響が一時的であるため持分法を適用しない関連会社）および第26項（利害関係者の判断を著しく誤らせるおそれがあるため持分法を適用しない関連会社）に該当し、持分法を適用しないこととなる非連結子会社等は、上掲算式に含めません。
② 上掲算式における持分法非適用の非連結子会社等の選定にあたっては、利益や剰余金の額の小さいものから機械的に順次選定するのではなく、個々の非連結子会社等の特性や上掲算式で計量できない要件も非連結子会社の選定（連結の範囲の量的判断基準で記載の算式を適用するに際しての留意事項②）に準じて考慮するものとします。
③ 利益基準における当期純損益の額は連結財務諸表提出会社、連結子会社および非連結子会社等間の取引による資産に含まれる未実現損益の消去後における金額によることを原則とします。また、利益剰余金基準における利益剰余金の合計額は、利益基準の適用にあたって消去された未実現損益を修正した金額によることを原則とします。
④ 利益基準における連結財務諸表提出会社の当期純損益の額は、連結決算日に係る損益計算書のものによるものとし、連結子会社および非連結子会社等の当期純損益の額は連結会計年度に対応した各会社の事業年度に係る損益計算書によるものとします。ただし、連結子会社の事業年度の末日が連結決算日と異な

る場合においてその差異が3か月を超えないときは、当該連結子会社の当期純損益の額は、当該事業年度に係るものによることができるものとし、非連結子会社等の事業年度の末日が連結決算日と異なる場合には、当該非連結子会社等の当期純損益の額は連結決算日の最近の事業年度に係るものによるものとします。

⑤ 利益剰余金基準における利益剰余金の額は、連結決算日における各会社の貸借対照表によるものとします。ただし、連結子会社の事業年度の末日が連結決算日と異なる場合においてその差異が3か月を超えないときは、当該連結子会社の利益剰余金の額は当該事業年度の末日に係るものによることができるものとします。また、非連結子会社等の事業年度の末日が連結決算日と異なる場合には、当該非連結子会社等の利益剰余金の額は連結決算日の最近の事業年度の末日のものによるものとします。

⑥ 利益基準における連結財務諸表提出会社、連結子会社および非連結子会社等の当期純損益の額が事業の性質等から事業年度ごとに著しく変動する場合等は、当期純損益の額について最近5年間の平均を用いる等適宜な方法で差し支えないものとします。

2 決算日に関する事項

決算期の異なる子会社

Q1
子会社の決算日が親会社と異なる場合の取扱いを教えてください。

A
① 原則として、連結決算日に正規の決算に準ずる合理的な手続きにより決算を行わなければなりません。
② 決算日の差異が3か月を超えない場合には異なる決算日の財務諸表を連結に使用することができます（この場合、連結会社間の重要な不一致の調整が必要）。

1 決算期の異なる子会社がある場合の取扱いについて

　子会社の決算日が連結決算日と異なる場合には、子会社は、連結決算日に正規の決算に準ずる合理的な手続きにより決算を行うこととされています（連結財務諸表会計基準16）。
　しかし、子会社の決算日と連結決算日の差異が3か月を超えない場合には、子会社の正規の決算を基礎として連結決算を行うことができます。ただし、この場合には、子会社の決算日と連結決算日が異なることから生じる連結会社間の取引に係る会計記録の重要な不一致について、必要な整理を行う必要があります。

2 決算日に関する事項

【設例】

前提条件	・親会社（P会社）：3月決算 ・子会社（S社）：12月決算（P社と3か月のズレが生じている） ・連結グループとして、金額的に重要な不一致である
発生事象	・P社は、×2年1月にS社に対して、資金の貸付を行っている ・金額は10億円である

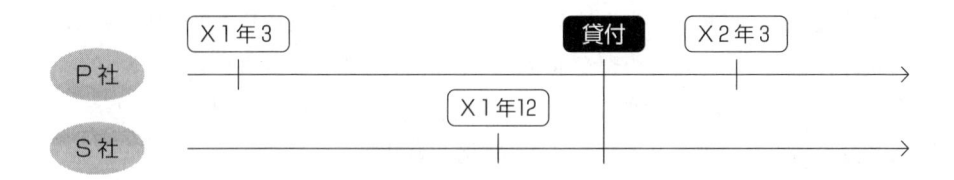

```
P社  ─┤X1年3├──────────────┤貸付├──┤X2年3├────→
                    ┤X1年12├
S社  ─────────────────┼──────────┼──────────→
```

この場合、P社は、X2年3月期に貸付けを実行しているため、期末の貸借対照表には、貸付金が計上されています。

一方で、S社では、借入がX2年12月期月で処理されるため、P社からの借入金は、連結上利用されるX1年12月期の貸借対照表には計上されません。

その結果、連結財務諸表作成のため、単純に両社の貸借対照表の合算を行った場合、連結子会社であるS社に対する貸付金は貸借対照表に計上されますが、P社からの借入金は計上されないため、連結処理として債権債務の相殺消去が行えないことになります。

この取引は、連結グループ内の取引であり、連結グループ外へは資金が流出していないにもかかわらず、あたかも外部へ貸付けを行っているかのようになってしまいます。

そのため、連結グループ内の債権債務の消去が適切に行えるよう、調整のための仕訳を行う必要があります。

【連結調整のための仕訳】　　　　　　　　　　　　　　　　　　　　　　単位：百万円

（借方）現金及び預金	1,000	（貸方）借入金	1,000

上掲の仕訳を行うことで、連結貸借対照表に借入金が計上されることになり、貸付金と借入金の相殺仕訳が行えるようになります。

❷ 決算日を変更する場合の取扱いについて

　子会社の決算日が異なる場合、子会社の決算日を親会社と合わせることも考えられます。
　上掲❶設例と同様に、親会社が3月決算会社、子会社が12月決算会社である時の決算日を統一する場合の留意事項としては、次のような事項があります。
(1) 連結子会社の決算日の変更は、会計方針の変更に該当しません。そのため、遡及適用の必要はありません（過年度遡及会計基準）。
(2) 日本の会社法では、15か月決算が可能となっています。しかし、海外では、12月超の決算が認められない国があることから、留意が必要です。また、税務上は、12か月で一旦申告が必要であることにも留意が必要です。
(3) 連結子会社の決算日の変更により、連結子会社の事業年度の月数が連結子会社の月数と異なる場合の処理については、①剰余金で調整する方法と②損益計算書を通して調整する方法のいずれの方法も認められると考えられます。
(4) 連結子会社の決算期が変更されたこと等により、当該連結子会社の事業年度の月数が連結会計年度の月数と異なる場合には、その旨およびその内容を連結財務諸表に注記することが必要になります（連結財規ガイドライン3－3）。

決算日の異なる持分法適用会社

Q2
　持分法適用会社の決算日が親会社と異なる場合の取扱いを教えてください。

A

① 持分法適用会社の直近の財務諸表を使用します（子会社連結と異なり3か月ルールはありません）。
② ただし、重要な差異については調整（修正または注記）が必要となります。

持分法適用会社の決算日が異なる場合の取扱いについて

　持分法の適用にあたっては、親会社は、持分法適用会社の直近の財務諸表を使用することになります。

　しかし、親会社と持分法適用会社の決算日に差異があり、その差異の期間内に重要な取引または事象が発生しているときには、必要な修正または注記を行うことになります。

　すなわち、その差異の期間内に発生した取引または事象のうちその影響を持分法適用会社の当期の損益または純資産に反映すべきもので、かつ連結上重要なものについては修正を行います。また、持分法適用会社の次期以後の財政状態及び経営成績に影響を及ぼすもので、かつ連結上重要なものについては注記を行います（持分法実務指針4）。

仮決算の実務

Q3
仮決算を実施する場合の、留意点を教えてください。

A

① 正規の決算と著しく相違しないと考えられる場合には、簡便的な処理が認められています。
② 実地棚卸の省略、減価償却費、経過勘定項目、引当金、法人税等が簡便的な処理として考えられます。

1 仮決算を実施する場合の留意点について

子会社が仮決算を行う場合は、連結決算日に正規の決算に準ずる合理的な手続きにより決算を行うこととされています（連結財務諸表会計基準16）。

しかし、連結財務諸表に重要な影響を与えない範囲において、仮決算を行う場合、簡便的な処理も認められています（連結財務諸表会計基準注1）。

2 簡便的な処理について

簡便的な処理としては、次のような処理が考えられます。

(1) 実地棚卸の省略

棚卸資産の実地棚卸を省略し、帳簿記録に基づいて在庫金額とすることができると考えられます。

(2) 減価償却費

直前の正規の決算期間から資産構成内容に著しい差異がないと認められる場合には、子会社が正規の決算手続きにより計上した減価償却費に、連結決算日と子会社決算日の差異期間に対応する減価償却費の月割計上額を加減した金額をもって、仮決算における減価償却費とみなすことができると考えられます。

(3) 経過勘定項目

経過勘定項目(前払費用・前受収益・未払費用・未収収益)について、その金額に重要性

がないと認められる場合には、直前の子会社年度決算において計上した当該経過勘定項目の金額をもって、仮決算における計上額とみなすことができると考えられます。

（4）引当金

　貸倒引当金・退職給付引当金等について、直前の子会社年度決算において用いた引当金設定の基礎とした事項に著しい変化がないと認められる場合には、直前の年度決算における計上額、もしくは年度決算で用いた見積根拠を仮決算時点にそのまま適用して算出した金額をもって、仮決算における計上額とみなすことができると考えられます。

（5）税金費用

　税金費用（法人税・住民税・事業税）については、仮決算によって算出された利益に合理的な方法により算出した金額を仮決算において計上することが認められると考えられます。

3 親子会社、関連会社間会計方針と開示

会計方針の統一

Q1
日本の会計基準においても親子会社間、関連会社間の会計方針は統一する必要があるでしょうか。必要な場合、その概要について教えてください。

A
① 国内子会社は、同一環境下で行われた同一の性質の取引等について原則として統一する必要があります。
② 在外子会社は、原則統一ですが、重要な6項目の修正を前提として、国際財務報告基準または米国会計基準の採用が暫定的に認められています。

1 会計方針の統一の問題とは

　国際会計基準（IFRS）導入の話題が一般的になり、脚光を浴びたのが「会計方針の統一」です。IFRSでは国際会計基準（IAS）第27号「連結及び個別財務諸表」にて、連結グループ会計方針を統一すべき旨、すなわち、連結財務諸表は同様の状況における類似する取引およびその他の事象に関して、統一した会計方針を用いて作成しなければならない旨が明示されています。また、IAS第28号「関連会社に対する投資」において、持分法を適用する関連会社についても、連結子会社と同様の取扱いが求められています。この「会計方針の統一」が、これまで

連結グループ内の会計方針について、必ずしも厳格に統一されていなかった多くの日本企業において、連結グループ全体での会計方針の統一は実務上の大きな課題のひとつともいわれています（有限責任監査法人トーマツIFRSサービスセンター「IFRS導入への道」『企業会計』、2010年4月号、中央経済社）。

一方で、日本基準において、同様に会計方針の統一はしなくてもよいのか、という点が、会計方針の統一の問題です。

2 国内子会社の取扱い

平成9年連結原則以前の連結原則では、子会社が採用する会計処理の原則および手続きは、「できるだけ」親会社に統一することとされていました。親会社と各子会社は、それぞれの置かれた環境のもとで経営活動を行っているため、連結会計において親会社と各子会社の会計処理を画一的に統一することは、かえって連結財務諸表が企業集団の財政状態、経営成績及びキャッシュ・フローの状況を適切に表示しなくなるという考えにもとづくものでした。

他方、同一の環境下にあるにもかかわらず、同一の性質の取引等について連結会社間で会計処理が異なっている場合には、その個別財務諸表を基礎とした連結財務諸表が企業集団の財政状態、経営成績及びキャッシュ・フローの状況の適切な表示を損なうという観点から、平成9年連結原則では、同一環境下で行われた同一の性質の取引等については、「原則として」会計処理を統一することが適当であるとされました（企業会計基準委員会「企業会計基準第22号　連結財務諸表に関する会計基準17、57項」平成20年12月26日（平成23年3月25日改正））。すなわち、平成9年以降、日本の会計基準においても、「原則として」会計処理は統一する必要があるとされているのです。

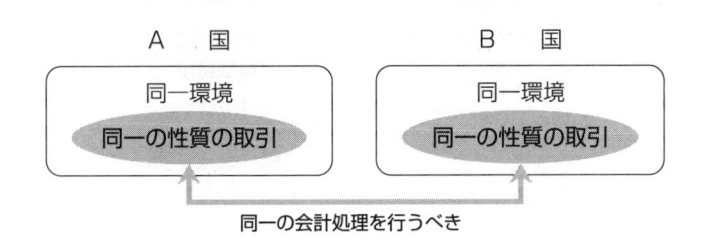

```
     A 国              B 国
  ┌────────┐      ┌────────┐
  │ 同一環境 │      │ 同一環境 │
  │ ╱同一の性質の取引╲ │ ╱同一の性質の取引╲ │
  └────┬───┘      └────┬───┘
       └──────┬────────┘
         同一の会計処理を行うべき
```

この場合の「原則として」は、統一しないことに合理的な理由がある場合または重要性がない場合を除いて、統一しなければならないことを意味します。
　連結原則においては、「同一環境下で行われた同一の性質の取引等について、親会社及び子会社が採用する会計処理の原則及び手続は、原則として統一しなければならない」とされていますが、同一環境下で行われた同一の性質の取引等に該当するか否かの識別は、営業目的に直接関連する取引は、事業の種類別セグメント単位等ごとに判断します。例えば、売上高の計上基準については、事業の種類別セグメント単位等ごとに識別を行います。また、営業目的に直接関連しない取引については、それぞれの取引目的等ごとに判断します。一方、計上基準について事業の種類別セグメント単位等または取引目的等に必ずしも直接関連を有しないと考えられるため、各連結会社の状況を踏まえて、企業集団全体として判断することとなります。
　ここで、資産の評価基準、同一の種類の繰延資産の処理方法、引当金の計上基準および営業収益の計上基準については、統一しないことに合理的な理由がある場合または重要性がない場合を除いて、親子会社間で統一すべきものとされています。
　一方で、資産の評価方法および固定資産の減価償却の方法については、本来統一することが望ましいが、事務処理の経済性等を考慮し、必ずしも統一を要しないものとされています（監査・保証実務委員会報告第56号「親子会社間の会計処理の統一に関する当面の監査上の取扱い２、３」）。

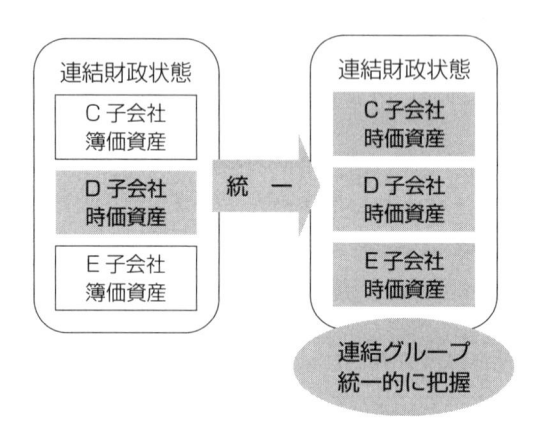

3 在外子会社の取扱い

　在外子会社の会計方針についても、同一環境下で行われた同一の性質の取引等について、親会社および子会社が採用する会計処理の原則および手続きは、原則として統一しなければならない点は同様です。

　しかし、従来実務上の実行可能性等を考慮し、在外子会社の財務諸表が、所在地国において公正妥当と認められた会計基準に準拠して作成されている場合、連結決算手続き上これを利用することができるものとされていた点や、近時、国際的な会計基準間の相違点が縮小傾向にあるため、国際財務報告基準または米国会計基準に準拠した財務諸表を基礎としても、企業集団の財務状況の適切な表示を損なうものではなく、実務上の実行可能性も高いという見方により、国際財務報告基準または米国会計基準に準拠して作成された財務諸表を利用することができるものとしました。

　しかし、以下の6項目については、当該修正額に重要性が乏しい場合を除き、連結決算手続き上、当期純利益が適切に計上されるよう当該在外子会社の会計処理を修正しなければならないとされています（連結財務諸表実務対応報告）。

- のれんの償却
- 退職給付会計における数理計算上の差異の費用処理
- 研究開発費の支出時費用処理
- 投資不動産の時価評価及び固定資産の再評価
- 少数株主損益の会計処理
- 明らかに合理的でないと認められるその他の会計処理

セグメント情報

Q2
新しいセグメント会計基準により、セグメント情報の活用方法はどのように変わったのでしょうか。

A
セグメントの考え方は、事業別や地域別といった定型的な区分から、経営者が管理する区分へと変化しました。これにより、得られる情報は拡大しているといえます。

❶ 新しいセグメント会計基準とは

　連結財務諸表はグループ全体の財政状態、経営成績を把握するうえで有用ですが、その中に含まれている情報についてはグループ全体の情報からは理解することができません。

　そのため、セグメント情報は、複数事業や複数拠点で事業を営む会社の、事業ごとの財政状態、経営成績や拠点ごとのポートフォリオ等を把握し、将来の成長性や企業の強み、弱みを理解に資する情報として重要な位置付けにあります。

　従来、セグメント情報は、「事業の種類別セグメント情報」「所在地別セグメント情報」および「海外売上高」という3種類の定型的な情報が提供されてきました。これは、すべての企業に共通の区分であり、企業間の比較可能性を確保するという観点からは有用でした。一方で、経営者が資源配分の意思決定や業績評価を行う事業の構成単位とは異なるため、経営者の視点での業績評価が困難である点が問題とされてきました。

　そこで、新しいセグメント会計基準のもとでは、次の特徴を有する「マネジメント・アプローチ」の導入を行うこととなりました（セグメント会計基準46）。

(1) 企業の組織構造、すなわち、最高経営意思決定機関が経営上の意思決定を行い、また、企業の業績を評価するために使用する事業部、部門、子会社又は他の内部単位に対応する企業の構成単位に関する情報を提供すること
(2) 最高経営意思決定機関が業績を評価するために使用する報告において、特定の金額を配分している場合にのみ、当該金額を構成単位に配分すること
(3) セグメント情報を作成するために採用する会計方針は、最高経営意思決定機関が資源を配分し、業績を評価するための報告の中で使用するものと同一にすること

このマネジメント・アプローチには次の利点があります（同47）。

(1) 財務諸表利用者が経営者の視点で企業を見ることにより、経営者の行動を予測し、その予測を企業の将来キャッシュ・フローの評価に反映することが可能になる。
(2) 当該セグメント情報の基礎となる財務情報は、経営者が利用するために既に作成されており、企業が必要とする追加的費用が比較的少ない。
(3) 実際の企業の組織構造に基づく区分を行うため、その区分に際して恣意性が入りにくい。

また、注記が拡充され、関連情報の開示が求められている点も特徴です。関連情報とは、①製品およびサービスに関する情報、②地域に関する情報、③主要な顧客に関する情報です。

2 マネジメント・アプローチを利用したセグメント情報の活用

(1) セグメント情報の意味の変化

　従来、セグメント情報は、「売上高、売上総損益、営業損益、経常損益その他の財務情報を事業の種類別、親会社及び子会社の所在地別の区分単位（セグメント）に分割したもの」と定義され、基本的に全社（全グループ）の売上、営業損益等を事業の種類や所在地別に区分して表示する意味を有していました。

　一方、マネジメント・アプローチを利用したセグメント情報の意味は、経営者

が企業を事業の構成単位に分割した方法を基礎としてセグメントを定義し、この単位での売上や営業損益を表示するという変更が行われました。

すなわち、連結財務諸表を分割したという考えではなく、経営者の管理単位の積上げと考えることで、必ずしも連結財務諸表とセグメント情報が当然には整合しなくなったという変化が生じています（齋藤宗孝「マネジメント・アプローチ採用」で見直したい新セグメント情報の経営管理上の着眼点」旬刊経理情報、2008年5月、No.1182、21ページ）。

経営者は、一般に公正妥当と認められる会計基準にしたがって、財務報告を行う一方で、企業を運営していくうえで必要な「管理のための情報」を有しています。マネジメント・アプローチとは端的にいうと、この経営者の目線での情報を開示を行う手法であり、投資家にとっては経営者と同じ目線での情報を得られるという意味に重要な変化があるのです。

（2）情報の活用

① 事業セグメント

経営者と同じ視線での区分、つまり管理会計上の区分での開示情報は、収益を稼得し、費用が発生する構成単位であり、経営者が、当該構成単位に配分すべき資源に関する意思決定や評価を行う単位について分離された財務情報として作成されます。この情報は、経営者が資源配分を行うための情報としての意味を持つため、経営者が何を重視するのかを理解するための重要な情報が得られます。

ここで重要なのは、マネジメント・アプローチで開示されるセグメント利益は、一般に公正妥当と認められる会計基準に基づく利益である必要がないという点にあります。すなわち、管理上の情報を活用しての開示が可能である点で重要な情報となっています。

② 関連注記

新しいセグメント基準では、
　a．製品およびサービスに関する情報
　b．地域に関する情報
　c．主要な顧客に関する情報
の開示が求められています。

この点は、国際会計基準での開示を踏まえたコンバージェンスの一環として、開示の拡充が行われたものであり、実務では当該開示に対応するための情報収集が多大な負担となること等が議論になってきました。

　しかし、情報の利用者にとっては、従来開示されてこなかった連結ベースでの主要な顧客の情報が開示されることで、企業の取引傾向やリスクを把握できます。

　例えば、特定の取引先への依存や、取引先選定の志向に関する情報を把握できることで、将来の収益性やリスクの評価に役立てられます。

（3）事例の紹介

【事例】

(旧セグメント情報)

前連結会計年度（自　平成21年4月1日　至　平成22年3月31日）　　　（百万円）

	即席めん及び付随する事業	その他の事業	計	消去又は全社	連結
Ⅰ　売上高及び営業損益 売上高					
（1）外部顧客に対する売上高	331,396	39,781	371,178	—	371,178
（2）セグメント間の内部売上高又は振替高	—	8,842	8,842	(8,842)	—
計	331,396	48,623	380,020	(8,842)	371,178
営業費用	306,727	45,264	351,992	(8,155)	343,836
営業利益	24,669	3,358	28,028	(686)	27,341
Ⅱ　資産、減価償却費、減損損失及び資本的支出					
資産	181,505	29,513	211,018	197,392	408,410
減価償却費	7,863	1,178	9,042	535	9,577
減損損失	63	85	149	266	416
資本的支出	15,178	2,847	18,026	421	18,447

2　各事業の主な製品
　（1）即席めん及び付随する事業……即席袋めん、カップめん、チルド食品、冷凍食品

(2) その他の事業……菓子、飲料、外食事業

(新セグメント情報)

前連結会計年度（自　平成21年４月１日　至　平成22年３月31日）

| | 報告セグメント |||||| その他 | 合計 |
	日清食品	明星食品	低温事業	米州地域	中国地域	計		
売上高								
外部顧客への売上高	190,984	44,389	49,585	28,459	18,309	331,728	39,450	371,178
セグメント間の内部売上高又は振替高	1,111	1,213	530	－	313	3,169	15,012	18,181
計	192,096	45,603	50,115	28,459	18,622	334,897	54,462	389,359
セグメント利益	24,241	2,745	1,725	1,723	1,746	32,181	2,951	35,133
セグメント資産	128,022	48,826	26,320	11,843	27,412	242,425	56,337	298,762
その他の項目								
減価償却費	5,081	1,006	800	588	399	7,876	1,700	9,577
持分法適用会社への投資額	－	－	－	－	－	－	7,197	7,197
有形固定資産及び無形固定資産の増加高	10,943	826	1,120	1,245	938	15,075	3,436	18,511

(出典：日清食品有価証券報告書)

　上掲に事例として紹介した日清食品ホールディングス(株)の例では、平成22年３月期までは、事業別セグメントとして、「即席めん及び付随する事業」と「その他の事業」に区分し開示を行ってきました。

　一方で、平成23年３月期は、報告セグメントとして、「日清食品」「明星食品」「低温事業」「米州地域」「中国地域」というセグメンテーションを行いました。

　これにより、日清食品の経営者は、「即席めん及び付随する事業」という管理区分ではなく、上掲報告セグメントでの管理を行っているという経営者の目線に立って数値を把握できます。また、従来、「即席めん及び付随する事業」の営業利益率は7.4％、ROA（セグメント利益ベース）は13.6％とその収益源泉は見えにくかったのですが、新しい報告セグメントでは、日清食品のセグメント利益率

12.7％が他の事業に比べ著しく、ROA（セグメント利益ベース）18.9％がグループ全体の数値を牽引しているという収益性や、セグメント資産を1割近く増加させている米州地域への投資傾向等が読み取れます。

| | 報告セグメント ||||| 計 | その他 | 合計 | 調整額 | 連結財務諸表計上額 |
	菓子	冷菓	食品	牛乳・乳製品	畜産加工品					
売上高										
外部顧客への売上高	77,461	63,399	24,257	83,073	31,071	279,264	4,784	284,048	－	284,048
セグメント間の内部売上高又は振替高	－	－	－	75	221	296	4,602	4,899	△4,899	－
計	77,461	63,399	24,257	83,148	31,292	279,560	9,386	288,947	△4,899	284,048
セグメント利益又は損失(△)	2,873	4,108	519	1,111	146	8,758	△122	8,636	1,361	9,997
セグメント資産	32,907	13,465	6,024	30,615	10,621	93,634	809	94,443	99,610	194,055
その他の項目										
減価償却費	3,032	2,131	242	3,345	640	9,390	102	9,492	1,484	10,976
セグメント利益率	3.7％	6.5％	2.1％	1.3％	0.5％					

（出典：江崎グリコ(株)2011年3月期有価証券報告書）

江崎グリコ(株)は、従来単一のセグメントとして、セグメント情報を開示してきませんでしたが、マネジメント・アプローチで、「菓子」「冷菓」「食品」「牛乳・乳製品」「畜産加工品」に報告セグメントを分けています。

この区分により、最大の売上高である「牛乳・乳製品」の利益率は低く、「冷菓」が高い利益率でグループ内で最大の利益を稼得している等の情報が新しく得られます。

関係会社と関連当事者

Q3
関係会社との取引と関連当事者との取引についての違いと、取扱いを教えてください。

A
関係会社と関連当事者の定義は異なるので、対象となる範囲と開示の方法が異なります。

1 定義

　関係会社と関連当事者は、名称は似ていますが、定義としては異なります。
　会社法上では、「関係会社」は、「当該株式会社の親会社、子会社及び関連会社並びに当該株式会社が他の会社等の関連会社である場合における当該他の会社等をいう」（会規2三㉒、112四では、重要な子会社の役員は含まれないということに留意する必要がある）と定義されます。

【関係会社の範囲（例）】

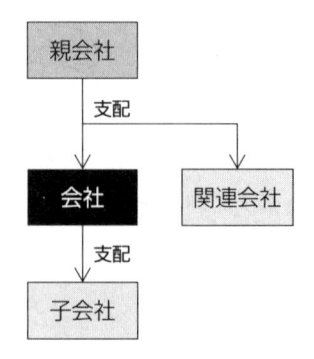

```
        親会社
          │支配
    ┌─────┴─────┐
    ↓           ↓
   会社       関連会社
    │支配
    ↓
   子会社
```

財務諸表等規則における「関係会社」とは、財務諸表提出会社の親会社、子会社及び関連会社並びに財務諸表提出会社が他の会社等の関連会社である場合における当該他の会社等をいいます。

　「関連当事者」とは、ある当事者が他の当事者を支配しているか、または、他の当事者の財務上及び業務上の意思決定に対して重要な影響力を有している場合の当事者等をいい、次に掲げる者をいいます(関連当事者開示会計基準5三(3))。

---

① 親会社
② 子会社
③ 財務諸表作成会社と同一の親会社をもつ会社
④ 財務諸表作成会社が他の会社の関連会社である場合における当該他の会社（以下「その他の関係会社」という。）並びに当該その他の関係会社の親会社及び子会社
⑤ 関連会社及び当該関連会社の子会社
⑥ 財務諸表作成会社の主要株主及びその近親者
⑦ 財務諸表作成会社の役員及びその近親者
⑧ 親会社の役員及びその近親者
⑨ 重要な子会社の役員及びその近親者
⑩ ⑥から⑨に掲げる者が議決権の過半数を自己の計算において所有している会社及びその子会社
⑪ 従業員のための企業年金（企業年金と会社の間で掛金の拠出以外の重要な取引を行う場合に限る。）

　なお、連結財務諸表上は、連結子会社を除き、個別財務諸表上は、重要な子会社の役員及びその近親者並びにこれらの者が議決権の過半数を自己の計算において所有している会社およびその子会社を除きます。

【関連当事者の例】

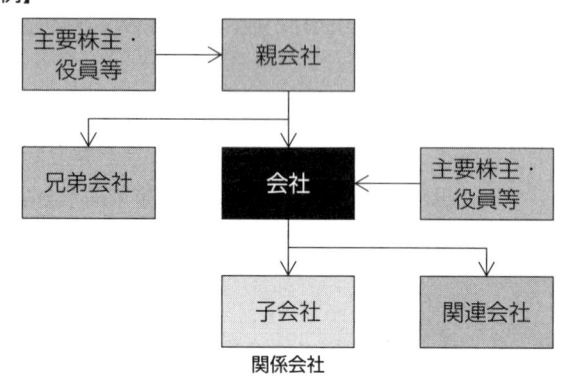

```
主要株主・役員等 → 親会社
                ↓
兄弟会社 ← 会社 ← 主要株主・役員等
         ↓
      子会社  関連会社
      関係会社
```

2 開示

　関係会社の債権債務は、貸借対照表の注記として開示されます。

【会社法計算書類の記載例】

関係会社に対する金銭債権及び金銭債務（区分表示したものを除く）
短期金銭債権　XXX　百万円
長期金銭債権　XXX　百万円
短期金銭債務　XXX　百万円
長期金銭債務　XXX　百万円

【有価証券報告書の記載例】

当事業年度
（平成 XX 年 3 月 31 日）
※1（関係会社に対する資産及び負債） 区分掲記されたもの以外で各科目に含まれているものは、次のとおりです。 　　支払手形　　　XXX,XXX 　　買掛金　　　　XXX,XXX 　　　…

　重要な関連当事者との取引は、関連当事者情報として、開示されます。

【記載例】

<会社法計算書類の記載例>
1. 親会社及び法人主要株主等

種類	会社等の名称	議決権等の所有（被所有）割合	関連当事者との関係	取引の内容	取引金額（注2）	科目	期末残高
親会社	A社	被所有 直接 100%	製品販売	製品XX販売（注1）	XXX	売掛金	XXX

取引条件及び取引条件の決定方針等
(注1) 価格その他の取引条件は、市場実勢を勘案して当社が希望価格を提示し、価格交渉の上で決定しております。
(注2) 取引金額には消費税等を含めておりません。期末残高には消費税等を含めております。

2. 子会社及び関連会社等
　　・・・
3. 兄弟会社等
　　・・・

<有価証券報告書の記載例>
【関連当事者情報】
(省略)
当事業年度（自　平成XX年4月1日　至　平成XX年3月31日）
1. 関連当事者との取引

種類	会社等の名称又は氏名	所在地	資本金又は出資金（百万円）	事業の内容又は職業	議決権等の所有（被所有）割合(%)	関連当事者との関係	取引の内容	取引金額（百万円）	科目	期末残高（百万円）
関連会社	○○	△△	XXX	■■	(所有)直接40%	商品仕入、役員の兼任	資金の貸付	XXX	長期貸付金	XXX

2. 親会社又は重要な関連会社に関する注記
　　該当事項はありません。

包括利益情報

Q4
包括利益の導入により、開示情報はどのように変わったのでしょうか。

A
包括利益が開示されることにより、企業の業績を利益だけではなく、包括利益(純資産の変動)でも見ることができるようになります。

1 包括利益とは

「包括利益」とは、ある企業の特定期間の財務諸表において認識された純資産の変動額のうち、当該企業の純資産に対する持分所有者との直接的な取引によらない部分をいいます。当該企業の純資産に対する持分所有者には、当該企業の株主のほか当該企業の発行する新株予約権の所有者が含まれ、連結財務諸表においては、当該企業の子会社の少数株主も含まれます(包括利益表示会計基準4)。

包括利益を表示する目的は、期中に認識された取引および経済的事象(資本取引を除く)により生じた純資産の変動を報告することです。

包括利益の表示によって提供される情報は、投資家等の財務諸表利用者が企業全体の事業活動について検討するのに役立つことが期待されるとともに、貸借対照表との連携(純資産と包括利益とのクリーン・サープラス関係)を明示することを通じて、財務諸表の理解可能性と比較可能性を高め、また、国際的な会計基準とのコンバージェンスにも資するものです(同21)。

これは、企業の業績を収益と費用の差額で考える損益計算書的な見方として考えるか、資産と負債の差額、つまりは株主価値の増減として考えるかの議論に端を発する差異であるため、企業活動の重要な指標が一つ加わるという意味での導入とは異なる大きな意味を有すると考えられます。

ただし一方で、当期利益という考え方も経営指標として重要な指標であり、包括利益の表示の導入は、包括利益を企業活動に関する最も重要な指標として位置づけることを意味するものではなく、当期純利益に関する情報と併せて利用することにより、企業活動の成果についての情報の全体的な有用性を高めることを目的とすると位置付けられています。

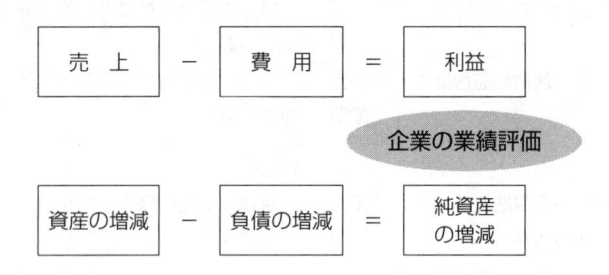

```
売 上  －  費 用  ＝  利 益
                     企業の業績評価

資産の増減 － 負債の増減 ＝ 純資産の増減
```

2 包括利益の利用

企業の業績を株主資本の変動と考えるとしても、株主資本の変動の要因には様々なものがあるため、「認識された純資産の変動額のうち、当該企業の純資産に対する持分所有者との直接的な取引によらない部分」を業績と考えるのかについて包括利益の表示に関する基準を設けています。

具体的な算定方法としては、少数株主損益調整前当期純利益に、その他有価証券差額金、繰延ヘッジ損益、為替換算調整勘定等を加減して算定します。

【連結財務諸表における表示例】

【2計算書方式】			【1計算書方式】		
＜連結損益計算書＞			＜連結損益及び包括利益計算書＞		
売上高		10,000	売上高		10,000
--------------			--------------		
税金等調整前当期純利益		2,200	税金等調整前当期純利益		2,200
法人税等		900	法人税等		900
少数株主損益調整前当期純利益		1,300	少数株主損益調整前当期純利益		1,300
少数株主利益		300	少数株主利益（控除）		300
当期純利益		1,000	当期純利益		1,000

<連結包括利益計算書>				
少数株主損益調整前当期純利益	1,300	少数株主利益（加算）	300
その他の包括利益：		少数株主損益調整前当期純利益	1,300
その他有価証券評価差額金	530	その他の包括利益：	
繰延ヘッジ損益	300	その他有価証券評価差額金	530
為替換算調整勘定	△180	繰延ヘッジ損益	300
持分法適用会社に対する持分相当額	50	為替換算調整勘定	△180
		持分法適用会社に対する持分相当額	50
その他の包括利益合計	700	その他の包括利益合計	700
包括利益	2,000	包括利益	2,000
（内訳）		（内訳）	
親会社株主に係る包括利益	1,600	親会社株主に係る包括利益	1,600
少数株主に係る包括利益	400	少数株主に係る包括利益	400

（出典：企業会計基準委員会「企業会計基準第25号」「包括利益の表示に関する会計基準」）

　つまり、包括利益が導入されることで、企業は期間利益だけではなく、過去の投資（有価証券や子会社）への投資の成果（公正価値の増減）および繰延ヘッジや為替といったリスクへの対応結果も業績として評価対象となります。

　これにより、経営者は、単年度の期間損益を追求するだけではなく、投資意思決定やリスク対応の意思決定の成果が求められるようになります。すなわち、作成側の包括利益の活用方法としては、企業の業績評価の最重要項目である利益に加え、投資意思決定の管理やリスク対応への意思決定の管理を行うための指標としての利用が考えられます。一方、投資家にとっては、企業の意思決定とリスクを正確に把握できるという意味で、有用であると考えられます。

　包括利益は開示書類上、連結損益計算書および連結包括利益計算書を表示する形式（2計算書方式）ならびに当期純利益および包括利益を一つの計算書（連結損益及び包括利益計算書）で表示する形式（1計算書方式）の二つの開示方法が認められています。なお、連結包括利益計算書を作成する場合、連結包括利益計算書が監査対象外であることが明らかになるよう記載することが適当であるとされています（監査・保証実務委員会報告第75号「監査報告書作成に関する実務指針」）。

4 のれん、負ののれん

のれんの定義

Q1
のれん、負ののれんの定義について教えてください。また、その発生パターンについて教えてください。

A
のれんとは、企業買収や事業取得において、取得した資産負債の純額と取得するために支払った金額の差額です。

■1 のれんの定義

のれんとは、企業が他の企業やその一部の事業を取得した場合に、取得原価(支出額)が取得した資産・負債に配分された純額を超過する額をいい、取得原価(支出額)より、取得した資産・負債に配分された純額が少ない場合の差額を負ののれんといいます(企業結合会計基準31)。

■2 発生パターン

のれんは、ある事業を高く買ったのか、または安く買ったのかにより生じる差額であるため、借方ののれん(のれん)は、一般的に、取得した企業・事業の超過収益力の対価と考えられており、一方、貸方ののれん(負ののれん)は、取得した企業・事業に将来にわたり期待した利益が見込めないか、または損失が発生すると予測されることから、①当該純損益見込額等を補填するために減額して株

式の取得価額を決定した場合、②投資先の資産を時価未満の価額で取得した場合、③投資先の負債を時価超の価額で引き受けた場合等に発生します。

なお、他の会社の株式を取得し子会社とした場合に、連結会社の投資とこれに対応する連結子会社の純資産の相殺消去の結果生じた差額（連結調整勘定）についてものれんといいます（連結財務諸表原則第四、三2）。

のれんの償却および減損

Q2
のれん、負ののれんの償却方法および減損処理について教えてください。

A
のれんは、適切な償却期間にわたって償却されます。また、減損会計の対象となり、通常単独で減損の対象とはなりません。

１ のれんの償却方法

のれんは、その効果の発現する期間にわたって償却して、投資の実態を適切に反映させる必要があるため、取得した企業・事業の実施に基づいた適切な償却期間（20年以内）において定額法またはその他合理的な方法により償却しなければなりません（企業結合会計基準32）。

原則として発生年度での一括償却は認められません。ただし、個別にみて発生したのれんの金額に重要性が乏しい場合に限り、当該のれんが生じた期の損益として処理することができます（同32）。

のれんの償却開始時期は、企業結合日、支配獲得日（支配獲得後に株式の追加

取得により発生した場合は当該追加取得日）となります（企業結合等適用指針76等）。

　負ののれんが生じると見込まれる場合、資産および負債の把握漏れであるおそれがあるため、すべての識別可能資産および負債が把握されているか、また、それらに対する取得原価の配分が適切に行われているかどうかを見直します。この見直しを行っても、なお取得原価が受け入れた資産および引き受けた負債に配分された純額を下回り、負ののれんが生じる場合には、当該負ののれんが生じた事業年度の利益として処理します。負ののれんが生じると見込まれたときにおける取得原価が受け入れた資産および引き受けた負債に配分された純額を下回る額に重要性が乏しい場合には、当該下回る額を当期の利益として処理することができます。

2 のれんの減損

　のれんは、貸借対照表に計上される資産であるため、「固定資産の減損に係る会計基準」（以下「減損会計基準」）および企業会計基準委員会が公表した企業会計基準適用指針第6号「固定資産の減損に係る会計基準の適用指針（以下「減損適用指針」）の適用対象となります。

　減損会計は、原則として、資産をグルーピングして減損の判定を行います。そのため、通常、取得した会社ないし事業との差額概念であるのれんが単独で資産グループとなることがないため、のれんが単独で減損対象とはならないと考えられます。

　のれんは、のれんを含むより大きな単位で減損の兆候を把握し、減損損失の認識の判定を行い、減損損失を測定します。

（1）減損の兆候

　減損会計基準によれば、以下の事象が生じた場合に減損の兆候があるとしています。

① 資産または資産グループが使用されている営業活動から生ずる損益またはキャッシュ・フローが、継続してマイナスとなっているか、あるいは、継続し

てマイナスとなる見込みであること
② 資産または資産グループが使用されている範囲または方法について、当該資産または資産グループの回収可能価額を著しく低下させる変化が生じたか、あるいは、生ずる見込みであること
③ 資産または資産グループが使用されている事業に関連して、経営環境が著しく悪化したか、あるいは、悪化する見込みであること
④ 資産または資産グループの市場価格が著しく下落したこと

このうち、のれんを含む大きなグループに減損の兆候がある場合に、減損損失を認識するかどうかの判定を行います。

（2）減損損失の認識の判定

減損損失の認識の判定の段階では、のれんを含まない各資産グループにおいて算定された減損損失控除前の帳簿価額にのれんの帳簿価額を加えた金額と、割引前将来キャッシュ・フローの総額とを比較します。

（3）減損損失の測定

減損損失の測定は、資産グループごとに行いますが、より大きな単位で行うため、のれんを含まない各資産グループにおいて集計された減損損失控除前の帳簿価額に、のれんの帳簿価額を加えた金額を、より大きなグルーピング単位の回収可能価額まで減額します。のれんを加えることによって算定される減損損失の増加額は、原則としてのれんに配分します。

5 自己株式

連結子会社が保有する親会社株式

> **Q1**
> ① 親会社株式を保有している連結子会社の会計処理を教えてください。
> ② 連結子会社が保有していた親会社株式を売却した場合の連結上の処理を教えてください。
>
> **A**
> ① 連結子会社が保有する親会社株式は、親会社が保有している自己株式と合わせ、純資産の部の株主資本から控除されます。
> ② 連結子会社で認識した売却損益は、連結上、自己株式処分差損益として取り扱い、その他資本剰余金に加減算します。

❶ 親会社株式を保有している連結子会社の連結上の処理

　現行会計基準では、自己株式の取得は、株主に対する会社財産の払戻しの性格を有するとみて、その取得価額をもって純資産の部の株主資本から控除されます（自己株式等会計基準7）。

　連結子会社が保有する親会社株式に関しても、企業集団で考えた場合、親会社が保有する自己株式と同様の性格を持つため、連結財務諸表上、親会社が保有している自己株式と合わせて、純資産の部の株主資本から控除されます。なお株主資本から控除する金額は、親会社株式の親会社持分相当額とし、少数株主持分から控除する金額は、少数株主持分相当額とします（自己株式等会計基準15）。

2 連結子会社が保有している親会社株式を売却した場合の連結上の処理

連結子会社が保有している親会社株式を売却した場合、その親会社株式の売却損益は、連結財務諸表上では、親会社における自己株式処分差額の会計処理と同様に取り扱い、自己株式処分差益は、その他資本剰余金に計上し、自己株式処分差損は、その他資本剰余金から減額します。

なお、少数株主持分相当額は、少数株主利益（または損失）に加減します（自己株式等会計基準16、9、10）。

【設例】

- 親会社P社は、連結子会社S社の株式の75％を保有しています。
- X1年3月31日（決算日）に、S社の保有するP社株式の帳簿価額は100、時価は160です。税率は40％として税効果会計を適用します。
- X1年12月10日に、S社はP社株式全株を180で市場売却し、売却益80を計上しました。
- X2年3月31日（決算日）に、S社はP社株式売却益80に対応する税金32を計上しました。

＜X1年3月期＞

① X1年3月31日　S社によるP社株式の期末時価評価（S社個別財務諸表）

（借方）P社株式	60	（貸方）繰延税金負債	24
		その他有価証券評価差額金	36

② X1年3月31日　連結修正仕訳（P社連結財務諸表）

（借方）繰延税金負債	24	（貸方）P社株式	60
その他有価証券評価差額金	36		

（借方）自己株式（注1）	75	（貸方）P社株式	100
少数株主持分	25		

116

(注1) 連結財務諸表上、自己株式として控除する金額
　　　＝S社のP社株式取得価額100×P社のS社保有比率75％＝75

＜X2年3月期＞

① X1年4月1日　S社によるP社株式の評価差額期首洗替（S社個別財務諸表）

（借方）繰延税金負債	24	（貸方）P社株式	60
その他有価証券評価差額金	36		

② X1年12月10日　S社によるP社株式の売却（S社個別財務諸表）

（借方）現金預金	180	（貸方）P社株式	100
		その他有価証券売却益	80

③ X2年3月31日　S社によるP社株式売却益に対応する税金の計上（S社個別財務諸表）

（借方）法人税等	32	（貸方）未払法人税等	32

④ X2年3月31日　有価証券売却益計上に関する連結修正仕訳（P社連結財務諸表）

（借方）その他有価証券売却益（注2）	60	（貸方）法人税等	24
		資本剰余金（注3）	36

(注2) 個別財務諸表計上売却益80×P社のS社保有比率75％＝60
(注3) 連結財務諸表上、資本剰余金（自己株式処分差益）として処理する金額＝48（P社株式売却益80
　　　－対応する税金32）×P社のS社保有比率75％＝36

（借方）少数株主損益（注4）	12	（貸方）少数株主持分	12

(注4) 連結財務諸表上、少数株主損益として処理する金額
　　　＝48（P社株式売却益80－対応する税金32）×少数株主持分比率25％＝12

連結子会社が保有する当該連結子会社の自己株式

Q2
連結子会社が、当該連結子会社の自己株式を、①少数株主から取得した場合および②少数株主へ売却処分した場合の連結上の処理を教えてください。

A
① 連結子会社が当該連結子会社の自己株式を少数株主から取得した場合、親会社による少数株主からの子会社株式の追加取得に準じて処理されます。
② 連結子会社が当該連結子会社の自己株式を少数株主へ売却処分した場合、親会社による子会社株式の一部売却に準じて処理されます。

1 連結子会社が自己株式を取得した場合の連結上の処理

　連結子会社が、当該連結子会社の自己株式を少数株主から取得した場合、親会社の当該連結子会社に対する持分比率が増加することから、親会社による子会社株式の追加取得に準じて処理します（自己株式等適用指針17）。この場合、自己株式の取得の対価と少数株主持分の減少額との差額は、のれん（または負ののれん）として処理します（同18）。

2 連結子会社が自己株式を少数株主へ売却処分した場合の連結上の処理

　連結子会社が、当該連結子会社の自己株式を少数株主に売却処分した場合、親会社の当該連結子会社に対する持分比率が減少することから、親会社による子会社株式の一部売却に準じて処理します（自己株式等適用指針17）。すなわち、少数株主からの払込みにより、親会社の持分比率が減少するため、連結子会社によ

る少数株主への第三者割当増資に準じて処理されます（同19）。

【設例】

- X1年3月31日（P社、S社ともに決算日）に、親会社P社は、S社の株式の75%を9,000で取得し、S社を連結子会社としました。X1年3月31日時点のS社の資本金は10,000、利益剰余金は2,000で、発行済株式数は200株とします。S社の資産、負債に土地等時価評価すべきものはありません。
- X2年3月31日（決算日）に、S社は、少数株主より自社の自己株式8株を、448の価額で取得しました。X2年3月期のS社の利益は0であり、剰余金の配当等は行っていません。連結財務諸表上、発生した負ののれんは、即時償却します。
- X3年3月31日（決算日）に、S社は自社の自己株式8株を第三者に対し処分しました。その際の処分価格は、512でした。X3年3月期のS社の利益は0であり、剰余金の配当等は行っていません。

＜X1年3月期＞
① X1年3月31日　親会社P社によるS社株式の取得（P社個別財務諸表）

（借方）S社株式	9,000	（貸方）現金預金	9,000

② X1年3月31日　連結修正仕訳（P社連結財務諸表）

（借方）資本金	10,000	（貸方）S社株式	9,000
利益剰余金	2,000	少数株主持分（注1）	3,000

（注1）少数株主持分＝（資本金10,000＋利益剰余金2,000）×25％＝3,000

＜X2年3月期＞
① X2年3月31日　S社による自己（S社）株式の取得（S社個別財務諸表）

（借方）自己株式	448	（貸方）現金預金	448

② X2年3月31日　連結修正仕訳（P社連結財務諸表）
　a 開始仕訳（X1年3月期連結修正仕訳の引継ぎ）

（借方）資本金	10,000	（貸方）S社株式	9,000
利益剰余金	2,000	少数株主持分	3,000

b 持分比率・持分額の変動

X2年3月31日の、S社による自己（S社）株式取得により、親会社P社および少数株主のS社持分比率、持分額の変動は次の通りとなります。

（S社持分比率・持分額の変動）

	所有者	取得前	取　得　後
持分比率	P社	75%	150株÷(200株－8株)＝78.125%
	少数株主	25%	(50株－8株)÷(200株－8株)＝21.875%
持分額	P社	9,000	(12,000－448)×78.125%＝9,025
	少数株主	3,000	(12,000－448)×21.875%＝2,527

このS社による自己株式の少数株主からの取得は、持分比率に応じた資本払戻しと、P社による少数株主からの追加取得とに分解して考えることができます。

（ア）まず、従来の持分比率で　P社（75%）、少数株主（25%）に、448の払戻しを行ったと考えます。

（借方）S社株式（注2）	336	（貸方）自己株式（S社）	448
少数株主持分（注3）	112		

（注2）P社持分払戻相当額＝448×75%＝336
（注3）少数株主持分減少額＝448×25%＝112

（イ）次に、P社は、（ア）の取引で払い戻された資本をもって、少数株主持分を追加取得したと考えます。

（借方）少数株主持分（注4）	361	（貸方）S社株式	336
		負ののれん（注5）	25

（注4）少数株主持分の減少比率＝25%（取得前比率）－21.875%（取得後比率）＝3.125%
　　　少数株主持分減少額＝(12,000－448)×3.125%＝361
（注5）負ののれん＝361－336＝25

（ウ）発生した負ののれんは、与件より即時償却します。

（借方）負ののれん	25	（貸方）負ののれん償却益	25

なお前掲a、bの連結修正仕訳をまとめると、次のようになります。

(借方) 資本金	10,000	(貸方) S社株式	9,000
利益剰余金	2,000	少数株主持分	2,527
		自己株式（S社）	448
		負ののれん償却益	25

＜X3年3月期＞

① X3年3月31日　S社による自己株式の売却処分（S社個別財務諸表）

(借方) 現金預金	512	(貸方) 自己株式	448
		資本剰余金（自己株式処分差益）	64

② X3年3月31日　連結修正仕訳（P社連結財務諸表）

　a　開始仕訳

(借方) 資本金	10,000	(貸方) S社株式	9,000
利益剰余金	2,000	少数株主持分	2,527
		自己株式（S社）	448
		利益剰余金期首残高	25

　b　持分比率・持分額の変動

　　X3年3月31日の、S社による自己株式売却処分により、親会社P社および少数株主のS社持分比率、持分額の変動は次の通りとなります。

（S社持分比率・持分額の変動）

	所有者	売却前	売却後
持分比率	P社	78.125%	150株÷200株＝75%
	少数株主	21.875%	50株÷200株＝25%
持分額	P社	9,025	(12,000−448+512)×75%＝9,048
	少数株主	2,527	(12,000−448+512)×25%＝3,016

　このS社による自己株式の少数株主への売却処分は、S社が処分した自己株式を、いったん持分比率に応じてP社と少数株主で取得して、P社はその取得金額で少数株主へ当該自己株式を売却したものと考えることができます。

（ア）まず自己株式売却前の持分比率に応じて、P社、少数株主が自己（S社）株式を取得したものとします。

（借方）自己株式（S社）	448	（貸方）S社株式（注6）	400
資本剰余金	64	少数株主持分（注7）	112

（注6）P社持分＝512×78.125％＝400
（注7）少数株主持分＝512×21.875％＝112

（イ）次に（ア）のP社の取得金額で、少数株主に3.125％の持分を売却したと考えます。

（借方）S社株式	400	（貸方）少数株主持分（注8）	377
		持分変動損益（注9）	23

（注8）少数株主持分の増加＝（12,000－448＋512）×3.125％＝377
（注9）持分変動損益＝売却後P社持分9,048－売却前P社持分9,025＝23［利益（貸方）計上］

持分法適用会社が保有する親会社株式等

Q3

① 持分法適用会社が親会社株式等（当該会社に対して持分法を適用する親会社または投資会社の株式）を保有する場合の、会計処理を教えてください。

② 持分法適用会社が保有していた親会社株式等を売却処分した場合の連結上の処理を教えてください。

A

① 持分法適用会社が親会社株式等を保有する場合、持分相当額を自己株式として純資産の部から控除し、当該会社に対する投資勘定を同額減額

します。

② 持分法適用会社の親会社株式等売却損益は、その他資本剰余金に加減し、当該会社に対する投資勘定を同額加減します。

１ 持分法適用会社が保有する親会社株式等

　持分法適用対象となっている子会社および関連会社が、親会社株式等（子会社においては親会社株式、関連会社においては当該会社に対して持分法を適用する投資会社）を保有する取引は、連結子会社の場合と同様に、資本の払戻しの性格を持つ資本取引であると考えられます。よって、親会社株式等の親会社等の持分相当額は、自己株式として純資産の部の株主資本から控除し、当該会社に対する投資勘定を同額減額します（自己株式等会計基準17）。

２ 持分法適用会社による親会社株式の売却処分

　持分法適用対象となっている子会社及び関連会社における親会社株式等の売却損益は、親会社における自己株式処分差額の会計処理と同様、その他資本剰余金に加減し、当該会社に対する投資勘定を同額加減します(自己株式等会計基準18、9、10)。

【設例】（Q1の【設例】におけるP社のS社に対する保有比率を75％→25％に変更した設例）

- P社は、関連会社A社の株式の25％を保有し、持分法適用対象会社としています。
- X1年3月31日（決算日）に、A社の保有するP社株式の帳簿価額は100、時価は160です。税率は40％とします。
- X1年12月10日に、A社はP社株式全株を180で市場売却し、売却益80を計上しました。
- X2年3月31日（決算日）に、A社はP社株式売却益80に対応する税金32を計上しました。

<X1年3月期>
① X1年3月31日　A社によるP社株式の期末時価評価（A社個別財務諸表）

（借方）P社株式（その他有価証券）	60	（貸方）繰延税金負債	24
		その他有価証券評価差額金	36

② X1年3月31日　連結修正仕訳（P社連結財務諸表）

　A社が保有するP社株式は、企業集団で考えた場合、自己株式であり、有価証券評価差額の計上による、A社個別財務諸表での純資産の増加は、持分法的適用に際して、連結財務諸表上、A社に対する投資勘定の増加に反映させません。

　A社個別財務諸表上の投資会社P社株式簿価のうち、P社持分相当額は自己株式として計上し、同額をA社投資勘定から減額します。

（借方）自己株式（注1）	25	（貸方）A社株式	25

（注1）個別財務諸表計上P社株式簿価100×P社のA社保有比率25％＝25

<X2年3月期>
① X1年4月1日　A社によるP社株式の評価差額期首洗替（A社個別財務諸表）

（借方）繰延税金負債	24	（貸方）P社株式（その他有価証券）	60
その他有価証券評価差額金	36		

② X1年12月10日　A社によるP社株式の売却（A社個別財務諸表）

（借方）現金預金	180	（貸方）P社株式（その他有価証券）	100
		その他有価証券売却益	80

③ X2年3月31日　A社によるP社株式売却益に対応する税金の計上（A社個別財務諸表）

（借方）法人税等	32	（貸方）未払法人税等	32

④ X2年3月31日　連結修正仕訳（P社連結財務諸表）
a 有価証券売却益計上の持分法適用仕訳

| （借方）A社株式 | 12 | （貸方）持分法投資損益（注2） | 12 |

（注2）個別財務諸表計上税引後売却益（80－32）×P社のA社保有比率25％＝12

b 資本取引として扱うため、自己株式売却差益に振替

| （借方）持分法投資損益 | 12 | （貸方）資本剰余金（自己株式売却差益） | 12 |

持分法適用会社が保有する当該持分法適用会社の自己株式

Q4

持分法適用会社が、当該持分法適用会社の自己株式を、①他の株主から取得した場合および②他の株主へ売却処分した場合の連結上の処理を教えてください。

A

① 持分法適用会社が当該持分法適用会社の自己株式を他の株主から取得した場合、投資会社による持分法適用株式の追加取得に準じて処理されます。

② 持分法適用会社が当該持分法適用会社の自己株式を他の株主へ売却処分した場合、投資会社による持分法適用会社株式の一部売却に準じて処理されます。

1 持分法適用会社が自己株式を取得した場合の連結上の処理

　持分法適用会社が、当該持分法適用会社の自己株式を少数株主から取得した場合、（当該会社に対して持分法を適用している）投資会社の当該持分法適用会社に対する持分比率が増加することから、投資会社による持分法適用会社株式の追加取得に準じて処理します（自己株式等適用指針21）。この場合、自己株式の取得の対価と他の株主持分の減少額との差額は、のれん（または負ののれん）として処理します（同21、18）。

2 持分法適用会社が自己株式を他の株主へ売却処分した場合の連結上の処理

　持分法適用会社が、当該持分法適用会社の自己株式を親会社等以外の株主に売却処分した場合、投資会社の当該持分法適用会社に対する持分比率が減少することから、投資会社による持分法適用会社株式の一部売却に準じて処理します（自己株式等適用指針21）。すなわち、他の株主からの払込みにより、投資会社の持分比率が減少するため、持分法適用会社による他の株主への第三者割当増資に準じて処理されます（同19）。

【設例】（Q2【設例】におけるP社のS社に対する保有比率を75％→25％に変更した設例）

> ・X1年3月31日(P社、A社ともに決算日)に、P社は、A社の株式の25％を3,000で取得し、A社を持分法適用会社としました。X1年3月31日時点のA社の資本金は10,000、利益剰余金は2,000で、発行済株式数は200株とします。A社の資産、負債に土地等時価評価すべきものはありません。
> ・X2年3月31日（決算日）に、A社は、他の株主より自社の自己株式8株を、448の価額で取得しました。X2年3月期のA社の利益は0であり、剰余金の配当等は行っていません。
> ・X3年3月31日（決算日）に、A社は自社の自己株式8株を第三者に対し処分し

ました。その際の処分価格は、512でした。X3年3月期のA社の利益は0であり、剰余金の配当等は行っていません。
・連結財務諸表上、発生した負ののれんは、即時償却します。

<X1年3月期>
① X1年3月31日　P社によるA社株式の取得（P社個別財務諸表）

| (借方) A社株式 | 3,000 | (貸方) 現金預金 | 3,000 |

② X1年3月31日　持分法適用仕訳（P社連結財務諸表）
仕訳なし。

<X2年3月期>
X2年3月31日　持分法適用仕訳（P社連結財務諸表）
　a　X2年3月31日の、A社による自己（A社）株式取得により、P社およびその他の株主のA社持分比率、持分額の変動は次の通りとなります。
（A社持分比率・持分額の変動）

	所有者	取得前	取 得 後
持分比率	P社	25%	50株÷（200株－8株）＝26.042%
	他の株主	75%	（150株－8株）÷（200株－8株）＝73.958%
持分額	P社	3,000	（12,000－448）×26.042%＝3,008
	他の株主	9,000	（12,000－448）×73.958%＝8,544

　このように、A社による自己株式の他の株主からの取得により、P社持分は8（＝3,008－3,000）増加しますが、これは「負ののれん」として処理します。

| (借方) A社株式 | 8 | (貸方) 負ののれん | 8 |

発生した負ののれんは、与件より即時償却します。

| (借方) 負ののれん | 8 | (貸方) 負ののれん償却益 | 8 |

＜X3年3月期＞
X3年3月31日　持分法適用仕訳（P社連結財務諸表）
　a　開始仕訳

| （借方）A社株式 | 8 | （貸方）利益剰余金期首残高 | 8 |

　b　X3年3月31日の、A社による自己株式売却処分により、P社および他の株主のA社持分比率、持分額の変動は次の通りとなります。
（A社持分比率・持分額の変動）

	所有者	売却前	売却後
持分比率	P社	26.042%	50株÷200株＝25%
	他の株主	73.958%	150株÷200株＝75%
持分額	P社	3,008	（12,000－448＋512）×25%＝3,016
	他の株主	8,544	（12,000－448＋512）×75%＝9,048

　このように、A社による自己株式の他の株主への売却処分により、P社持分は8（＝3,016－3,008）増加しますが、これは持分変動損益として処理します。

| （借方）A社株式 | 8 | （貸方）持分変動損益 | 8 |

6 債務超過子会社・関連会社の取扱い

連結子会社の債務超過転落

Q1
連結子会社が債務超過となった場合の、連結上の会計処理を教えてください。

A
① 原則として、連結子会社の債務超過額（少数株主が負担する額を超える額）は親会社負担になります。
② 連結子会社に対し、個別で貸倒引当金、債務保証損失引当金等を設定している場合、当該引当金等は連結修正仕訳で戻し処理する必要があります。

◼ 子会社の欠損の負担

　会社法の「株主有限責任の原則」（会104）からいえば、各々の株主の責任は、形式的には、各出資額を限度とするはずであり、ある会社が債務超過となっても、株主はそれ以上の責任を負いません。
　他方で、債務超過会社の親会社に関しては、実際には当該子会社の債務に債務保証等を締結していることも多く、あるいは明示的な債務保証契約等を締結していなかったとしても、当該子会社の経営悪化に責任があるということで、その債務を肩代わりし、出資額以上の責任を負わざるをえない事例が多いものです。
　そこで連結会計上も、子会社に欠損が生じた場合、少数株主は出資額（株主間

に欠損の負担の合意がある場合は、その合意に基づく額）までしか負担せず、当該少数株主持分に、出資比率に基づき割り当てられる額が、当該出資額（株主間に欠損の負担の合意がある場合は、その合意に基づく額）を超える場合は、当該超過額は、親会社の持分で負担するものとされています。

なお親会社が、少数株主が負担すべき額を超える額を負担した場合、その後当該子会社に利益が計上されたときには、親会社が負担した欠損額が回収されるまで、その利益の金額を、親会社の持分に加算します（連結財務諸表会計基準27、資本連結実務指針50）。

2 債務超過子会社に対する貸倒引当金、債務保証損失引当金

債務超過の連結子会社に対し個別決算で貸倒引当金、債務保証損失引当金等を設定している場合、連結決算では、個別の数値が取り込まれているため、当該引当金等は戻し処理する必要があります。

【設例】

- 親会社Ｐ社は、連結子会社Ｓ社の株式の75％（簿価750）を保有しています。
- Ｓ社はＸ１年３月期に業績が急激に悪化し、債務超過に陥りました。Ｓ社のＸ１年３月期末貸借対照表は次の通りでした。

Ｓ社貸借対照表（Ｘ１年３月31日）

資産	2,000	負債	5,000
		資本金	1,000
		利益剰余金	▲4,000

- Ｓ社のＸ１年３月期の当期純損失は4,100でした。前期末の利益剰余金は＋100です。
- Ｐ社は、Ｘ１年３月期の個別決算で、投資額750全額に関して全額を減損処理（評価減を計上）し、またＳ社に対する貸付金800全額に、貸倒引当金を計上しました。
- Ｓ社の少数株主は、出資額までしかＳ社の債務に責任を負わず、残りの債務はＰ

社が全て、債務保証をしていることから、P社は債務保証損失引当金1,200（＝純資産▲3,000＋貸倒引当金800＋株式評価減750＋少数株主負担分250）を計上しました。
・P社の株式評価減、引当金の計上には、すべて税効果会計の適用がないものとします。

<X1年3月期>
① X1年3月31日　P社によるS社株式の評価減、S社向け貸倒引当金、債務保証損失引当金の計上（P社個別財務諸表）

（借方）子会社株式評価減	750	（貸方）S社株式	750
貸倒引当金繰入額	800	貸倒引当金	800
債務保証損失引当金繰入額	1,200	債務保証損失引当金	1,200

② X1年3月31日　連結修正仕訳（P社連結財務諸表）
　a 開始仕訳

（借方）資本金	1,000	（貸方）S社株式	750
		少数株主持分	250
利益剰余金期首残高	25	少数株主持分（注）	25

（注）少数株主持分増加額＝前期末利益剰余金100×少数株主持分比率25％＝25

　b 当期純損益の少数株主持分への按分
　　当期純損失は4,100であり、出資比率（25％）に従うと少数株主の損失割当額は1,025となりますが、少数株主は出資額までしか損失負担をしないので、少数株主持分残高（＝250＋25＝275）までのみを少数株主の負担額とします。

（借方）少数株主持分	275	（貸方）少数株主損益	275

　c 子会社株式評価減の取消
　　個別財務諸表の合算により、S社の財務状況の悪化は、取り込まれているので、評価減は取り消します。

| (借方) S社株式 | 750 | (貸方) 子会社株式評価減 | 750 |

d 子会社に対する貸付金とその貸倒引当金の消去

| (借方) 借入金 | 800 | (貸方) 貸付金 | 800 |
| 貸倒引当金 | 800 | 貸倒引当金繰入額 | 800 |

e 子会社に対する債務保証損失引当金の消去

　個別財務諸表の合算により、S社債務は取り込まれているので、債務保証損失引当金の計上は取り消します。

| (借方) 債務保証損失引当金 | 1,200 | (貸方) 債務保証損失引当金繰入額 | 1,200 |

持分法適用会社の債務超過

Q2
持分法適用会社が債務超過となった場合の、会計処理を教えてください。

A
① 持分法による投資額がゼロとなるところまで、持分比率に応じて、負担するのが原則です。ただし、持分法適用会社に対する契約関係やその他の事情によって、投資会社が負担する債務超過額の範囲が異なってくる場合があります。
② 債務超過に陥っている持分法適用会社の債権に対して、貸倒引当金や債務保証損失引当金が設定されている場合、持分法適用上、原則として当該引当金を戻し入れる必要があります。

1 債務超過額の負担範囲

　持分法を適用した関連会社の欠損を負担する責任が投資額の範囲に限られている場合、投資会社は、持分法による投資価額がゼロとなるところまで負担します。

　ただし、他の株主との間で損失分担契約がある場合、持分法適用会社に対して貸付金や債務保証がある場合等には、投資会社が負担することになると考えられる割合に応じた額を、投資会社の持分に負担させます。特に、関連会社の他の株主に資産がなく、投資会社のみが借入金に債務保証を行っている場合のように、事実上、投資会社が当該関連会社債務超過額全額を負担する可能性が極めて高い場合は、当該債務超過額全額を、投資会社の持分が負担します（持分法実務指針20）。

　このように、持分法による投資価額がゼロになるところを超えて投資会社が関連会社の債務を負担する際、当該関連会社に貸付金等がある場合は貸付金を減額し、それでも負担額が超過する場合は当該金額を「持分法適用に伴う負債」等の適切な科目で負債に計上します（同21）。

2 債務超過の持分法適用会社に対する貸倒引当金、債務保証損失引当金

　投資会社の個別財務諸表で、債務超過に陥っている持分法適用会社の債権に対して貸倒引当金を設定している場合や、当該会社の債務に係る債務保証損失引当金を設定している場合、持分法適用上、原則として、これらの引当金は戻し入れる必要があります。ただし、戻入れ額が、「持分法適用に伴う負債」等で示される持分法上の債務超過負担額を上回っていないことを確認し、上回っている場合には、債務超過負担額を修正する、あるいは、引当金の一部または全部の戻入れ処理をしない等も含め、適切な処理を検討する必要があります。

【設例】（Q1【設例】を少数株主側からみた事例）

- I 社は、S 社の株式の25％（簿価250）を保有し、持分法を適用しています。
- S 社は X 1 年 3 月期に業績が急激に悪化し、債務超過に陥りました。S 社の X 1 年 3 月期末貸借対照表は次の通りでした。

S 社貸借対照表（X 1 年 3 月31日）

資産	2,000	負債	5,000
		資本金	1,000
		利益剰余金	▲ 4,000

- S 社の X 1 年 3 月期の当期純損失は4,100でした。前期末の利益剰余金は＋100です。
- I 社は、X 1 年 3 月期の個別決算で、投資額250全額に関して全額を減損処理（評価減を計上）しました。
- S 社の親会社である P 社は、S 社の他社に対する債務全額に関して、債務保証しています。

＜X 1 年 3 月期＞
① X 1 年 3 月31日　I 社による S 社株式の評価減（I 社個別財務諸表）

（借方）関連会社株式評価減	250	（貸方）S 社株式	250

② X 1 年 3 月31日　持分法適用仕訳（I 社連結財務諸表）
　a 開始仕訳

（借方）S 社株式（注）	25	（貸方）利益剰余金期首残高	25

(注) I 社持分増加額＝前期末利益剰余金100×I 社持分比率25％＝25

　b 当期純損益の按分

　　当期純損失は4,100であり、出資比率（25％）に従うと I 社の損失割当額は

1,025となりますが、S社の他社に対する債務はP社が債務保証しており、I社は出資額までしか損失負担をしないので、I社持分残高275（＝250＋25）までのみをI社の負担額とします。

| （借方）持分法投資損益 | 275 | （貸方）S社株式 | 275 |

c 関連会社株式評価減の取消

　bの仕訳により、S社株式価値の悪化は、取り込まれていますので、個別決算で処理した株式の評価減は、持分法適用に伴い、取り消します。

| （借方）S社株式 | 250 | （貸方）関連会社株式評価減 | 250 |

7 在外子会社

在外子会社の財務諸表項目の換算

Q1
在外子会社等の財務諸表項目の換算について教えてください。

A
① 損益計算書の換算
　親会社との取引以外の通常の取引は、期中平均相場で換算をし（決算時の為替相場を付すことも容認される）、親会社との取引は、親会社が用いる為替相場を用いて換算します。
② 株主資本等変動計算書の換算
　株式取得時の項目については、取得時の為替相場で換算し、株式の取得後に生じた項目については、それぞれ発生時の為替相場で換算を行います。
③ 貸借対照表の換算
　資産および負債は、決算時の為替相場を用いて換算します。純資産項目については、株主資本等変動計算書の換算と同様ですが、為替換算差額は為替換算調整勘定となります。

❶ 損益計算書の換算

　在外子会社の損益計算書を換算する場合、親会社との取引か否かで、その換算処理が異なります。

（1）通常の取引（親会社との取引以外）

　親会社との取引を除き、損益計算書を換算する場合、原則として期中平均相場で換算を行います。なお、期中平均相場の代わりに、決算時の為替相場を付すことも認められます（外貨会計基準三3）。
　期中平均相場には、収益および費用が帰属する月または半期等を算定期間とする平均相場を用いることができます（同注解12）。

（2）親会社との取引

　親会社との取引は、連結財務諸表の作成において相殺消去の対象となるため、親会社が用いる為替相場により換算します。この際に生じた換算差額は為替差損益として処理します（外貨会計基準三3）。

【損益計算書項目の換算のまとめ】

取 引 項 目	換算処理方法
通常の取引（親会社との取引以外）	原則：期中平均相場で換算 容認：決算時の為替相場で換算
親会社との取引	親会社が用いる為替相場により換算

2 株主資本等変動計算書の換算

（1）親会社による株式の取得時における項目

　親会社による株式の取得時における株主資本および評価・換算差額等に属する項目、ならびに子会社の資産および負債の評価差額については、株式取得時の為替相場による円換算額を付します（外貨実務指針36、純資産適用指針7）。

（2）親会社による株式の取得後に生じた項目

　親会社による株式の取得後に生じた株主資本に属する項目（配当金の支払い等）については、当該項目の発生時の為替相場による円換算額を付します（外貨実務指針36、純資産適用指針7）。
　在外子会社等の配当支払金に関しては、配当決議日に現地通貨により記録され

ている場合は、当該配当決議日の為替相場により円換算します(外貨実務指針44)。
　また、親会社による株式の取得後に生じた評価・換算差額等（その他有価証券評価差額金等）に属する項目については、基本的に決算時において洗い替えられるため、当該項目の発生時の為替相場は、決算時の為替相場が該当するものと考え、決算時の為替相場による円換算額を付します（外貨実務指針36、純資産適用指針7、27）。

（3）新株予約権

　新株予約権については、発生時の為替相場による円換算額を付します。ただし、新株予約権に係る為替換算調整勘定は、新株予約権に含めて表示されます。そのため、当該為替換算調整勘定を新株予約権に振り替えた後の円貨表示の新株予約権は、新株予約権の外貨額を決算時の為替相場により換算した額と同じになります。
　また、新株予約権が行使された場合には、行使時の為替相場により換算した円貨額をもって払込資本に振り替え、失効した場合には、失効時の為替相場により換算した円貨額をもって当期の損益に振り替えます。なお、行使時または失効時の為替相場については、期中平均相場によることも妨げないとされています（純資産適用指針7（3））。

【株主資本等変動計算書の換算のまとめ】

項　　　目	換算処理方法
親会社による株式の取得時における項目	株式取得時の為替相場による換算
親会社による株式の取得後に生じた項目	当該項目の発生時の為替相場による換算
当期純利益	損益計算書における処理方法による換算
支払配当金	配当決議日の為替相場により換算
評価・換算差額等（その他有価証券評価差額金等）	決算時の為替相場による換算
新株予約権	発生時の為替相場による換算

3 貸借対照表の換算

在外子会社の貸借対照表を換算する場合、以下の項目ごとに換算を行います。

(1) 資産および負債

資産および負債については決算時の為替相場で換算を行います（外貨会計基準三1）。

(2) 純資産

在外子会社の個別財務諸表上は、株主資本等変動計算書で計算された円換算額を計上します。

なお、親会社の連結財務諸表作成のための手続きにおいては、以下の換算が必要となります。

① 在外子会社の簿価修正に伴う資産、負債および評価差額

資本連結手続上、在外子会社の資産および負債の時価評価等によって生じた簿価修正額とそれに対応して計上した繰延税金資産および繰延税金負債は、在外子会社の個別財務諸表上の他の資産および負債と同様に、毎期決算時の為替相場により換算します。一方、評価差額の換算は、全面時価評価法により支配獲得時に一度だけ行うため、親会社持分と少数株主持分を合計した全体の持分に係る評価差額が支配獲得時の為替相場により換算されます（外貨実務指針37）。

② 少数株主持分

少数株主持分については、決算時の為替相場により換算を行います（純資産適用指針7（4））。

(3) 為替換算調整勘定

前述の過程により、貸借対照表において、資産および負債の換算レートと純資産の換算レートが異なるため、換算差額が生じます。当該換算差額は、為替換算調整勘定として純資産の部（評価・換算差額等）に計上されます（純資産会計基準8）。

第2章 連結決算個別問題

【貸借対照表の換算のまとめ】

項　　目	換算処理方法
資産および負債	決算時の為替相場で換算
純資産	株主資本等変動計算書の換算方法により換算
資本連結手続き上の在外子会社の資産および負債の時価評価等によって生じた簿価修正額（対応する繰延税金資産および繰延税金負債含む）	決算時の為替相場で換算
少数株主持分	決算時の為替相場で換算

【設例】

　X1年期首（為替相場100円）、P社はS社株式の80％を2,560千円で取得しました（のれんは生じない）。なお、S社の資産のうち土地（簿価20千ドル）の時価は40千ドルであり、実効税率は40％とします。

X1年期首：S社貸借対照表　　　　　　　　　　　　（千ドル）

資産	150	負債	130
		資本金	20

　X1年のS社の損益状況は以下の通りとします（期末日為替相場120円、期中平均相場110円）。
　売上　100、費用　80、純利益　20（親会社との取引はなし）

X1年期末：S社貸借対照表　　　　　　　　　　　　（千ドル）

資産	250	負債	150
		資本金	20
		利益剰余金	20
		有価証券評価差額金	10
		新株予約権	50

S社の換算後の貸借対照表は以下の通りとなります。

X1年期末：S社換算後の貸借対照表　　　　　　　　　　　　　（千円）

項目	外貨	レート	円貨	項　目	外貨	レート	円貨
資産	250	120	30,000	負債	150	120	18,000
				資本金	20	100	2,000
				利益剰余金	20	110	2,200
				有価証券評価差額金	10	120	1,200
				新株予約権	50	120（注）	6,000（注）
				為替換算調整勘定	－	－	600

（注）新株予約権については、発生時の為替相場による円換算額を付します。ただし、新株予約権に係る為替換算調整勘定は、新株予約権に含めて表示されるため、当該為替換算調整勘定を新株予約権に振り替えた後の円貨表示の新株予約権は、新株予約権の外貨額を決算時の為替相場により換算した額と同じになります。

連結財務諸表の作成のための仕訳は、以下の通りとなります。

＜評価差額の計上＞　　　　　　　　　　　　　　　　　　　（千ドル）

（借方）資産	20	（貸方）評価差額	12
		繰延税金負債	8

＜評価差額の計上＞　　　　　　　　　　　　　　　　　　　（千円）

（借方）資産	2,400（注1）	（貸方）評価差額	1,200（注2）
		繰延税金負債	960（注1）
		為替換算調整勘定	240（差額）

（注1）「×1年期末レート120」で換算
（注2）取得時（×1年期首）の為替相場100で換算

評価差額を計上した後の、修正後のS社貸借対照表は以下のようになります。

X1年期末：S社簿価修正後の貸借対照表　　　　　　　　　　　（千円）

項目	外貨	レート	円貨	項　目	外貨	レート	円貨
資産	270	120	32,400	負債	158	120	18,960
				資本金	20	100	2,000
				利益剰余金	20	110	2,200
				評価差額	12	100	1,200
				有価証券評価差額金	10	120	1,200
				新株予約権	50	120	6,000
				為替換算調整勘定	－	－	840

＜投資と資本の相殺＞　　　　　　　　　　　　　　　　　　　（千円）

（借方）資本金	2,000	（貸方）S社株式	2,560
評価差額	1,200	少数株主持分	640（注3）

（注3）（資本金20＋評価差額12）×100×20％＝640千円

＜当期純利益の振替え＞　　　　　　　　　　　　　　　　　　（千円）

（借方）少数株主損益	440	（貸方）少数株主持分	440

純利益20×期中平均相場110×20％＝440

＜為替換算調整勘定の振替え＞　　　　　　　　　　　　　　　（千円）

（借方）為替換算調整勘定	168	（貸方）少数株主持分	168

（600＋240）×20％＝168千円

在外子会社ののれんの会計処理

Q2
在外子会社ののれんの会計処理について教えてください。

A
① 支配獲得時の会計処理
　支配獲得時の前後いずれかの決算日（みなし取得日）に、外国通貨で把握します。
② （正の）のれんおよび償却額の会計処理・換算方法
　のれんの残高は決算時の為替相場で換算し、処理額は原則として期中平均相場により換算します。
③ 負ののれんの会計処理・換算方法
　取得時または発生時の為替相場で換算します。

❶ 支配獲得時の会計処理

　のれんは、子会社に対する投資と子会社の資本のうち親会社持分との消去差額です（連結財務諸表会計基準24）。
　子会社に対する投資が、受け入れた資産および引き受けた負債の親会社持分を上回る場合には、その超過額はのれんとして会計処理され、下回る場合には、その不足額は負ののれんとして会計処理されます。
　のれんは、原則として支配獲得時（みなし取得日を用いる場合には子会社の決算日（みなし取得日））に当該外国通貨で把握します（外貨実務指針40）。

❷ (正の) のれんおよび償却額の会計処理・換算方法

のれんは、資産に計上し、20年以内のその効果のおよぶ期間にわたって、定額法その他の合理的な方法により規則的に償却されます（企業結合会計基準32、企業結合等適用指針30）。

外国通貨で把握された（正の）のれんの期末残高については、決算時の為替相場により換算し、また、当該のれんの当期償却額については、原則として在外子会社の会計期間に基づく期中平均相場により他の費用と同様に換算します。

したがって、為替換算調整勘定はのれんの期末残高とのれん償却額の両方の換算から発生することになります（外貨実務指針40）。

❸ 負ののれんの会計処理・換算方法

負ののれんが生じた場合には、当該負ののれんが生じた事業年度の利益として処理します（企業結合会計基準33）。

外国通貨で把握された負ののれんの処理額は、取得時または発生時の為替相場で換算されます。したがって、負ののれんの処理からは為替換算調整勘定は発生しません（外貨実務指針40）。

【設例】

P社は、S社株式100％をX0年期末（為替相場100円）に、100千ドルで取得しました。

X0年期末：S社貸借対照表　　　　　　　　　　　　　　　　（千ドル）

資産	180	負債	100
		資本金	50
		利益剰余金	30

この場合、のれんは以下の通り、20（千ドル）と把握されます。

投資額100－（資本金50＋利益剰余金30）＝20（千ドル）

　こののれんを10年間で均等償却する処理を採用した場合、翌Ｘ１年期の期中平均相場が110円、期末相場が120円とすると、Ｘ１年期末ののれん残高およびＸ１年期に計上されるのれんの償却額は、以下のように換算されます。

＜Ｘ１年期末ののれん残高＞
　20（千ドル）×９年÷10年＝18（千ドル）
　18（千ドル）×期末相場120円＝2,160（千円）

＜Ｘ１年期に計上されるのれんの償却額＞
　20（千ドル）÷10年＝２（千ドル）
　２（千ドル）×期中平均相場110円＝220（千円）

　この結果、のれんの換算に係る為替換算調整勘定が以下の通り発生します。
　（2,160＋220）－20（千ドル）×取得時為替相場100＝380（千円）

在外子会社の持分変動があった場合の会計処理

Q3
在外子会社の持分変動があった場合の会計処理について教えてください。

A
① 追加取得の会計処理
　追加投資額も増加する追加持分も、追加取得時の為替相場で換算される

ため、為替換算調整勘定は計上されません。
② 売却による持分の減少時の会計処理
　為替換算調整勘定のうち持分比率の減少割合相当額を、株式売却損益として計上します。

1 追加取得の会計処理

　子会社株式を追加取得した場合には、追加取得した株式に対応する持分を少数株主持分から減額し、追加取得により増加した親会社の持分（以下「追加取得持分」）を追加投資額と相殺消去します。追加取得持分と追加投資額との間に生じた差額は、のれん（または負ののれん）として処理します（連結財務諸表会計基準28）。

　この場合、投資額も追加取得持分も追加取得時の為替相場で換算され、少数株主持分に含まれていた為替換算調整勘定相当額は親会社の投資と相殺されるため、為替換算調整勘定に計上されることはありません（外貨実務指針41）。

2 売却による持分の減少時の会計処理

　子会社株式を一部売却した場合（親会社と子会社の支配関係が継続している場合に限る）には、売却した株式に対応する持分を親会社の持分から減額し、少数株主持分を増額させます。売却による親会社の持分の減少額（以下「売却持分」）と投資の減少額との間に生じた差額は、子会社株式の売却損益の修正として処理されます。また、売却に伴うのれんの償却額についても同様に処理します（連結財務諸表会計基準29）。

　この場合、在外子会社等に対する投資持分から発生した未実現の為替差損益としての性格を有する為替換算調整勘定は、そのうち持分比率の減少割合相当額が部分的に実現したことになるため、その額を株式売却損益として計上します（外貨実務指針42）。

　連結修正手続きにおける具体的な会計処理は、個別損益計算書に計上された株式売却損益に含まれる為替差損益相当額を連結損益計算書においてもそのまま計

上するために、連結貸借対照表に計上されている為替換算調整勘定のうち売却持分相当額の取崩処理を行います（同42）。

【設例１】

P社は、X1年期末にS社株式（60％保有）を12千ドルで追加取得し、保有率を80％としました。なお、X1年期末のS社の時価は50千ドルでした。

X1年期末日の為替相場（1ドル＝100円）

＜追加取得に伴う持分変動の仕訳＞ （千円）

（借方）少数株主持分（注１）	1,000	（貸方）S社株式（注２）	1,200
のれん（差額）	200		

（注１）50千ドル×100×（80－60）％＝1,000千円
（注２）12千ドル×100＝1,200千円

【設例２】

P社は、X1年期末にS社株式80％を20千ドルで取得し、X2年期末に、S社株式（80％保有）を3千ドルで一部売却し、保有率は70％となりました。
のれんは10年で均等償却するものとします。

X1年期末（為替相場：1ドル＝100円）

S社の貸借対照表 （千ドル）

資産	100	負債	80
		資本金	20

X2年期末（為替相場：1ドル＝120円）

S社の貸借対照表 （千ドル）

資産	150	負債	100
		資本金	20
		利益剰余金	30

X2年期の期中平均相場は1ドル=110円とする。

X2年期末:S社換算後の貸借対照表　　　　　　　　　　　　（千円）

科目	外貨	レート	円貨	科　目	外貨	レート	円貨
資産	150	120	18,000	負債	100	120	12,000
				資本金	20	100	2,000
				利益剰余金	30	110	3,300
				為替換算調整勘定	—	—	700（注）

（注）S社の財務諸表の換算において、計上される為替換算調整勘定は、
　　　(150−100)×120−20×100−30×110＝700となります。

＜開始仕訳＞　　　　　　　　　　　　　　　　　　　　　　　（千円）

（借方）資本金	2,000（注1）	（貸方）S社株式	2,000（注1）
のれん	400（注3）	少数株主持分	400（注2）

（注1）20千ドル×100＝2,000千円
（注2）20千ドル×100×20％＝400千円
（注3）20千ドル−20千ドル×80％＝4千ドル
　　　　4千ドル×100＝400千円

＜のれんの償却＞　　　　　　　　　　　　　　　　　　　　　（千円）

（借方）のれん償却額	44	（貸方）のれん	44

4千ドル÷10年×110＝44千円

＜当期純利益の振替え＞　　　　　　　　　　　　　　　　　　（千円）

（借方）少数株主損益	660	（貸方）少数株主持分	660

30千ドル×110×20％＝660千円

＜為替換算調整勘定の振替え＞　　　　　　　　　　　　　　　（千円）

（借方）為替換算調整勘定	140	（貸方）少数株主持分	140

700×20％＝140千円

<のれんの換算による為替換算調整勘定の計上>　　　　　　　　　　（千円）

| （借方）のれん | 76 | （貸方）為替換算調整勘定 | 76 |

期末残高（4千ドル×9／10）×120－（400－44）＝76千円

<S社株式の売却に伴う仕訳>　　　　　　　　　　　　　　　　　　（千円）

（借方）S社株式	250（注4）	（貸方）少数株主持分	600（注5）
為替換算調整勘定	79.5（注6）	のれん	54（注7）
株式売却損益	324.5		

(注4) 2,000×10%／80%＝250千円
(注5) （資本金20＋利益剰余金30）×120×10%＝600千円
(注6) （700－140＋76）×10%／80%＝79.5千円
(注7) （4千ドル×9／10）×120×10%／80%＝54千円

子会社持分に対するヘッジ取引

Q4
子会社持分に対するヘッジ取引について教えてください。

A

① ヘッジ会計の要件

　ヘッジ会計の要件は、「金融商品会計に関する実務指針」に準拠します。

② 会計処理

　ヘッジ会計の要件を満たした場合、ヘッジ手段から生じた為替換算差額は、為替換算調整勘定に含めて処理することができます。

1 ヘッジ会計の要件

在外子会社に対する持分への投資をヘッジする目的で、ヘッジ会計を適用することができます。この場合、ヘッジ会計の要件を満たす必要があります。

ヘッジ会計の要件は、以下の金融商品に関する会計基準に準拠することになります（金商会計基準31）。

【ヘッジ会計の要件】（金商会計基準31）

次の要件がすべてみたされた場合（具体的な要件は金商実務指針143～159を参照）。

> （1）ヘッジ取引時において、ヘッジ取引が企業のリスク管理方針に従ったものであることが、次のいずれかによって客観的に認められること
>   ① 当該取引が企業のリスク管理方針に従ったものであることが、文書により確認できること
>   ② 企業のリスク管理方針に関して明確な内部規定及び内部統制組織が存在し、当該取引がこれに従って処理されることが期待されること
> （2）ヘッジ取引時以降において、ヘッジ対象とヘッジ手段の損益が高い程度で相殺される状態又はヘッジ対象のキャッシュ・フローが固定されその変動が回避される状態が引き続き認められることによって、ヘッジ手段の効果が定期的に確認されていること

なお、ヘッジ対象とヘッジ手段が同一通貨の場合には、上掲の要件（2）の有効性に関するテストを省略することができます（外貨実務指針35）。

2 会計処理

1のヘッジ会計の要件を満たした場合、子会社に対する持分への投資をヘッジ対象としたヘッジ手段から生じた為替換算差額については、為替換算調整勘定に含めて処理する方法を採用することができるとされています（外貨会計基準注解13）。

ただし、ヘッジ手段から発生する換算差額が、ヘッジ対象となる子会社に対する持分から発生する為替換算調整勘定を上回った場合には、その超えた額を当期の損益として処理します（なお、税効果控除後の換算差額をもって為替換算調整勘定をヘッジする方法によっている場合には、税引後の換算差額と為替換算調整勘定とを比較して超過額を算定します。外貨実務指針35）。

【設例】

親会社は在外子会社（S社）の株式の100％を設立時（X1年期首）から保有しています。

また、S社への投資に対する為替変動リスクをヘッジするため、ドル建ての借入を投資と同額（20千ドル）実行し、当該借入金をS社への投資に係るヘッジ手段として指定しました。

X1年期末：S社貸借対照表　　　　　　　　　　　　　　　　（千ドル）

資産	150	負債	100
		資本金	20
		利益剰余金	30

X1年期首為替相場1ドル＝100円、X1年期末為替相場1ドル＝120円、期中平均相場は1ドル＝110円とする。

X1年期末：S社換算後の貸借対照表　　　　　　　　　　　　（千円）

科目	外貨	レート	円貨	科　目	外貨	レート	円貨
資産	150	120	18,000	負債	100	120	12,000
				資本金	20	100	2,000
				利益剰余金	30	110	3,300
				為替換算調整勘定	—	—	700

親会社において、ヘッジ手段である借入金の会計処理は以下の通りとなります。

(千円)

| (借方) 繰延ヘッジ損失 | 400 | (貸方) 借入金 | 400 |

20千ドル×(120－100)＝400千円

　ヘッジ手段である借入金から生じた為替換算差額については、為替換算調整勘定に含めて処理する方法を採用した場合、以下の連結修正仕訳を経て、連結貸借対照表上に計上される為替換算調整勘定は、700－400＝300千円となります。

＜連結修正仕訳＞　　　　　　　　　　　　　　　　　　　　　　　　(千円)

| (借方) 為替換算調整勘定 | 400 | (貸方) 繰延ヘッジ損失 | 400 |

在外子会社の留保利益に対する繰延税金負債

Q5

在外子会社の留保利益に対する繰延税金負債（平成21年度税制改正後）について教えてください。

A

① 在外子会社の留保利益に係る一時差異の会計処理
　在外子会社の留保利益に係る一時差異について、配当の受領や投資の売却が見込まれる場合には繰延税金負債を計上します。
② 在外子会社からの配当送金により解消される将来加算一時差異の会計処理

在外子会社の留保利益のうち、将来の配当により親会社において追加納付が発生すると見込まれる税金額を各連結会計期末において親会社の繰延税金負債として計上します。

❶ 在外子会社の留保利益に係る一時差異の会計処理

　留保利益は、連結手続き上、在外子会社の資本の親会社持分額および利益剰余金に含まれています。一方、留保利益は親会社の個別貸借対照表上の投資簿価には含まれていないため、子会社の資本の親会社持分額と投資の個別貸借対照表上の投資簿価との間に差額が生じます。この差額は、将来加算一時差異であり、その消滅時に次のいずれかの場合に該当すると見込まれるときには、繰延税金負債を計上します（連結税効果実務指針34）。
① 親会社が在外子会社の利益を配当金として受け入れるときに、当該配当等のうち税務上益金不算入として取り扱われない部分（配当等の額の5％）および当該配当等に対する外国源泉所得税が損金不算入となることにより追加納付税金が発生する場合
② 親会社が保有する投資を売却する場合

❷ 在外子会社からの配当送金により解消される将来加算一時差異の会計処理

　在外子会社からの配当送金により解消されると見込まれる将来加算一時差異は、当該子会社の外貨表示財務諸表に示された留保利益のうち、将来、在外子会社から確実に配当されないと見込まれる金額を除き、当該子会社の決算日（仮決算日）における為替相場を用いて換算した円貨額となります。

　そして連結会計期末に、在外子会社からの将来の配当により親会社において追加納付が発生すると見込まれる税金額を親会社の繰延税金負債として計上します。将来の配当により発生すると見込まれる追加見積税金額は、配当を受け取ったときに親会社において課される税金の見積額（当該配当等のうち税務上益金不算入として取り扱われない部分（配当等の額の5％）に親会社における実効税率

を乗じた金額）と在外子会社において配当等の額に対して課される外国源泉所得税等の額を合算したものになります（連結税効果実務指針36）。

ただし、親会社が当該子会社の利益を配当しない方針をとっている場合または子会社の利益を配当しないという他の株主等との間に合意がある場合等、配当に係る課税関係が生じない可能性が高い場合、計上する必要はありません（同35）。

（参考）平成21年度税制改正の概要
　　　（外国子会社配当益金不算入制度の導入）

従来の間接外国税額控除制度が原則として廃止され、内国法人が外国子会社から受ける配当等の額について、その内国法人の各事業年度の所得の金額の計算上、益金の額に算入しないこととする制度が導入されました。

この制度の対象となる外国子会社は内国法人の持株割合が25％（租税条約で異なる割合が定められている場合は、その割合）以上で、保有期間が6か月以上の外国法人であり、外国子会社から受ける配当等の額からその5％相当額を、その配当等の額に係る費用として控除した後の金額（配当等の額の95％相当額）が益金不算入とされます（法法23の2、法令22の4）。

【設例】

親会社は在外子会社（S社）の株式の100％を設立時（X1年期首）から保有しています。

X1年期末：S社貸借対照表　　　　　　　　　　　　　　　　（千ドル）

資産	150	負債	100
		資本金	20
		利益剰余金	30

X1年期末為替相場1ドル＝100円、期中平均相場は1ドル＝110円とする。

S社は利益剰余金（30千ドル）のうち全額を配当するものとし、配当送金にあたり、外国源泉所得税は10％と仮定します。これにより、親会社における追加法人税

等は配当等の益金不算入となる部分95％を控除した５％に親会社の法定実効税率40％を乗じた２％と、損金不算入となる10％を合計し、配当金に対して12％と見込まれます。

＜Ｘ１年期末の仕訳＞ （千円）

| (借方) 法人税等調整額 | 360 | (貸方) 繰延税金負債 | 360 |

配当送金により解消する将来加算一時差異：
期末利益剰余金30（千ドル）×期末日レート（100円）＝3,000千円
繰延税金負債：3,000×12％＝360千円

第3章
IFRS導入による連結関係の留意事項

決算期の統一

Q1
IFRSを適用する場合、親会社と子会社の決算期の統一はすべきでしょうか。

A
・IFRS の規定によれば原則的に統一する必要があります。
・実務上の具体的な対応策として、三つの方法が考えられます。

1 IFRS における原則的な規定

　連結財務諸表の作成に用いる親会社および子会社の財務諸表は、同一の報告期間の期末日現在で作成しなければなりません。親会社と子会社の報告期間の期末日が異なる場合には、子会社は、実務上不可能でない限り、連結財務諸表を作成する目的で、親会社の財務諸表と同じ期末日現在の財務諸表を追加で作成する必要があります（IAS27.22）。

　実務上不可能であるという理由により、連結財務諸表の作成に使用される子会社の財務諸表が、親会社の財務諸表とは異なる期末日現在で作成される場合、親会社の期末日と子会社の期末日との間に発生する重要な取引や事象の影響を修正しなければなりません。

　ただし、いかなる場合にも、親会社と子会社の報告期間の期末日の差異は3か月を超えることはできません。また、報告期間の長さと期末日の相違は毎期同一であることが求められています（IAS27.23）。

2 決算日に関する具体的な方策

実際に親会社と子会社で決算日が異なる場合の対応策としては、以下にあげる方法が考えられます。

(1) 原則通り、親会社と子会社の決算期を統一する方法

親会社と子会社の決算期を統一することにより、決算日を統一します。

決算期が親会社と海外子会社とでずれが生じるのは、親会社が3月決算、海外子会社が12月決算の場合が多いと考えられます。この場合にとる選択肢としては以下の二つの方法があります。

① 子会社を親会社の決算日に変更し、グループとしての決算期を3月にする
② 親会社を子会社の決算日に変更し、グループとしての決算期を12月にする

これら2つのうち、どちらを選択するかを決定する際には、
・取引先へ与える影響
・決算期変更に係る事務負担の増加
・IFRSが強制適用になるまでのスケジュール
・社内における子会社の管理業務
・海外子会社の会計監査人の状況　等

を十分に勘案して決定する必要があります。

なお、①の方法を選択しても、制度上決算期変更を認めていない中国、メキシコ等に子会社がある場合には、これらの国の子会社については、下記の(2)に記載しているような仮決算を依頼することになることに留意しなければなりません。

(2) 子会社の決算について親会社の決算日に仮決算を行う方法

正規の決算に準じた対応により、子会社については親会社の財務諸表と同じ日現在で仮決算を行い、財務諸表を追加で作成します。

(3) 現行の決算日をそのまま継続する方法

子会社については現行の決算日を継続し、親会社と異なる日現在で財務諸表を作成します。この方法については、親会社と異なる日現在で財務諸表を作成し、

その日と親会社の財務諸表の日との間の重要な取引の調整をする必要がありますが、これは同じ日現在で作成することが「実務上不可能」な場合のみ認められた方法です（IAS27.23）。

この「実務上不可能」とされるケースについては、IAS第1号「財務諸表の表示」の7項において、「企業がある定めを適用するためにあらゆる合理的な努力を払った後にも、適用することができない場合には、その定めの適用は実務上不可能である」と定義付けられています。したがって、企業がその定めを適用するためにあらゆる合理的な努力を払うことなく、「実務上不可能」と認定されるケースは極めて稀であると考えられます。

(4) 早期適用事例

IFRSを平成23年度3月期に早期適用した住友商事㈱においては、連結財務諸表注記の「3 重要な会計方針 (1) 連結の基礎②子会社」において以下の記載がされています。

> 子会社とは、当社により支配されている企業をいいます。子会社の財務諸表は、支配開始日から支配終了日までの間、当社の連結財務諸表に含まれております。子会社の会計方針は、当社が適用する会計方針と整合させるため、必要に応じて修正しております。
>
> 当社の連結財務諸表には、報告期間の末日を親会社の報告期間の末日に統一することが実務上不可能であり、親会社の報告期間の末日と異なる日を報告期間の末日とする子会社の財務諸表が含まれております。当該子会社の報告期間の末日と親会社の報告期間の末日の差異は3ヶ月を超えることはありません。
>
> 決算日の異なる主要な子会社としては、ボリビアにて銀・亜鉛・鉛の精鉱の生産を営むMinera San Cristobal S. A（以下、MSC）があります。MSCは現地法制度上決算日を変更することができません。また、MSC本社から遠距離に位置し、原価計算及び在庫管理を行う採掘現場の情報に基づく適切な原価計算の確定を適時に行えないことから、親会社の報告期間の末日として仮決算を行うことも実務上不可能であります。当社の連結財務諸表に含まれるMSCの報告期間の末日は12月31日であります。

その他の子会社においても、当該子会社の所在する現地法制度上、親会社と異なる決算日が要請されていることにより、決算日を統一することが実務上不可能であり、また、現地における会計システムを取り巻く環境や事業の特性等から、親会社の報告期間の末日を子会社の報告期間の末日として仮決算を行うことが実務上不可能な子会社があります。当該子会社の報告期間の末日は、主に12月末日または2月末日であります。
　連結財務諸表の作成に用いる子会社の財務諸表を当社と異なる報告期間の末日で作成する場合、その子会社の報告期間の末日と当社の報告期間の末日の間に生じた重要な取引または事象の影響については調整を行っております。

　この事例において、住友商事㈱が決算日を統一していないのは、現地法制度上決算日を変更できない場合で「実務上不可能」と判断されたからです。
　これに対して、同様に早期適用しているHOYA㈱や日本電波工業㈱においては、「実務上不可能」である旨の注記はなされていません。

IFRSの導入の仕方

Q2

IFRSの適用に伴い、子会社の個別財務諸表についてもIFRSを適用する場合、どのように行えばよいのでしょうか。

A

実務上の対応として、以下の二つの方法が考えられます。
・子会社の財務諸表は従前の基準で作成して、親会社の連結修正において、IFRSに組み替える方法

・子会社の個別財務諸表においてIFRSを適用し、それを親会社で単に連結する方法

1 IFRSを適用するタイミング

　IFRSは連結財務諸表を作成する前提として、グループ全社がIFRSに基づく統一された会計処理で決算を行うことを求めています。そこで、現地基準で作成されたグループ各社の財務報告データを、一連の決算業務の流れのうち、どのタイミングでIFRSに変換するかが問題となります。

　実務上の対応として、以下の二つの方法が考えられます。
① 子会社の財務諸表は現地基準で作成して、親会社の連結修正において、IFRSに組み替える方法
② 子会社の個別財務諸表においてIFRSを適用し、それを親会社で単に連結する方法

2 親会社の連結修正でIFRSに組み替える方法

　この方法は、グループ各社の単体決算のIFRSへの組替えを、連結決算時に親会社側で一括して行う方法です。組替えを行うためには、そのための基礎情報が必要となるので、連結パッケージにより、各社から必要な情報を得たうえで行うことになります。

　この方法によれば、基本的にグループ各社については従前通りの作業に変更はないため、各社の決算時の業務負担を最小限におさえることができます。

　また、システム整備については、連結会計システムが主な対象となり、基本的に各社の会計システムに大幅な変更を行う必要がないため、コスト抑制が可能となります。ただし、IFRSへの組替えは親会社が行ったとしても、組替えに必要な情報はグループ会社が作成しなければなりません。したがって、IFRSへの組替えに必要な情報として、例えば、IFRSベースの固定資産減価償却費の金額が各社の会計基準で算定した金額と異なる場合は、IFRSベースの金額を算定するために個別でのシステム対応が必要となる可能性もあるため、留意が必要です。

このように、親会社の連結修正で一括して IFRS に組み替える方法は、導入コスト面ではメリットがある選択ですが、以下のリスクもあるため留意が必要です。

(1) 内部統制上の問題

　親会社で一括してグループ各社の決算を IFRS に組み替える場合、手作業またはスプレッドシートを利用するケースが多くなると考えられます。その場合、従来の連結決算作業に比べて、有効な内部統制の構築ができず、処理ミスや処理の漏れ等が増加することが懸念されます。

(2) 親会社の業務負荷の増加

　親会社経理部門の業務負荷が過度に高くなる可能性があります。組替え作業そのものの業務負担のみならず、組替えに必要な情報や注記情報に関する各社への問合せ、個別取引の理解等の事務負担の増加が懸念されます。

(3) 決算作業の遅延

　従来の決算作業に IFRS への組替えという作業ステップが追加され、それだけ時間がかかり、また、グループ各社から組替えに必要な情報の提供が遅延する可能性があります。現行の開示ルール（45日開示）は、IFRS 導入後も変わらないので、決算の早期化を図る必要があります。

3 子会社の個別財務諸表で IFRS を適用する方法

　この方法は、会計情報の IFRS への組替えを各社の単体決算において行う方法です。
　中長期的視点で見れば、IFRS が導入された後のグループ全体で見た決算の正確性と迅速性を確保して安定的に運用していくためには、決算財務報告業務の親子間で作業負荷を分散することが必要です。この方法によれば、グループ各社において現行の業務分担やプロセスの変更が必要となります。また、IFRS に対する担当者の知識の底上げを図り、また個別に IFRS に対応したシステムの改修や変更の必要性も出てくるため、金銭的・時間的なコストは当然に増加します。

メリットとしては、以下のようなものがあげられます。

(1) 親会社の業務の負担軽減

IFRSベースでの個別財務諸表の作成をグループ各社が行うことにより、親会社の負担を軽減することができます。これにより、親会社の経理部門は、業績分析、IR情報充実といった本来親会社の経理部門として実施すべき付加価値の高い経営管理業務へ資源を集中させることが可能になります。

(2) IFRSの適用の精度が上がる

取引実態については、当然に当事者であるグループ各社の方がより正確に把握することができるため、グループ各社が個別財務諸表でIFRSを適用した方が、IFRSに照らして、より実態に即した会計処理を行うことができます。この結果、より高いレベルでのIFRSの適用が可能となります。

一方で、以下のようなデメリットもあります。

国によっては現地国通貨での税務申告が必要な国があるので、機能通貨が異なる場合は現地通貨の帳簿、機能通貨の帳簿、報告通貨の財務諸表の作成が必要になることがあります。

例えば、タイの場合はタイバーツで税務申告が必要で、機能通貨がドルで、報告通貨が円の場合、タイバーツで税務申告書作成のために帳簿をタイバーツで記帳し、IFRS対応のために機能通貨でも記帳し、そして報告通貨での財務諸表が日本で必要となります。

これらのメリットとデメリットを総合的に勘案して、どちらを採用するかを決定する必要があります。

グループシステムの見直し

Q3
IFRS の適用に伴い、IFRS に対応した新しいシステムを導入する必要はありますか。

A
連結グループの規模や営む事業の特性により異なります。以下のような対応が考えられます。
① 新システムを導入する。
② 既存システムに必要な改修を施す。
③ スプレッドシート（Excel）によるマニュアル対応をする。

1 システム対応に対する姿勢

　IFRS 適用による、情報システムへ影響を及ぼす要因や必要となる対応は、連結グループの規模や営む事業の特性により様々です。したがって、大規模なシステム投資が必要となる企業もあれば、ほとんど必要とならない企業もあることになります。

　いずれにしても、ベンダー・コンサルティング会社からいわれるがままに、ERPシステムの導入・リプレイスといったシステム対応が必要である、逆に新しいシステムの導入やシステムの改変には費用がかかるため、手作業やスプレッドシート（Excel）で対応するしかない、といった安易な意思決定を行うべきではありません。

　システムに関する対応については、会計面・業務面から以下の項目について十分な分析・評価をする必要があります。
① IFRS と現行基準の間にどのような差異が存在するのか
② IFRS 適用により連結財務諸表・注記情報に大きな影響を及ぼす項目は何な

のか
③ その項目が連結の基礎情報を提供するグループ各社の単体システム（個別業務システム・財務会計システム）にどのような影響を及ぼすのか

これらの分析・評価結果をうけて、
・新システム導入する
・既存システムに必要な改修を施す
・スプレッドシート（Excel）によるマニュアル対応をする

といった、とるべき対応方法を決定する必要があります。

2 システム対応に対する姿勢

1で述べてきた、情報システムに対していかに対応していくかを検討するにあたって留意すべき項目は以下の通りです。

（1）連結ベースでの会計差異分析と対応拠点判断

まず最初に、連結ベースで会計差異を分析することで、項目別の影響額およびその発生拠点を特定して、拠点別・項目別にIFRS対応の要否を検討する必要があります。

すなわち、IFRSと既存（日本基準や現地基準）の会計処理との間に大きな差異があるといわれている項目（収益認識、固定資産等）について、グループ内のある会社においては、営む事業の特性等から重要性が低いことも考えられます。また連結ベースでは重要であっても、その影響が一部の会社に限定され、その他の会社においては無視できるほど、影響が小さいこともあります。したがって、本当に必要な部分に限定して対応していくのが効率的です。

（2）修正組替仕訳の量・計算の複雑性

修正組替金額が大きい項目であっても、その修正組替が少数の要因により発生し、かつその修正組替金額の計算を容易にできる場合、わざわざ新しいシステムを導入するよりもシステム外で対応したほうが効率的です。

一方、大量かつ頻繁に発生するような処理がある場合（例えば、棚卸資産の低

価法の戻入れや固定資産の減損の戻入れ等)、マニュアルによる対応では難しく、システムでの対応が必須となる可能性があります。

　もっとも、営む事業の特性から、そもそもそのような事象が発生するかについても当然に留意すべきです。

(3) 早期開示への対応

　新システムを導入する、既存システムに必要な改修を施す、マニュアル対応をするといったいずれの対応をとるにしても、IFRS適用後も現状の開示期日 (45日開示) を維持できるかについては、十分に検討する必要があります。

グループ会計マニュアルの整備

Q4

IFRSの適用に伴い、グループ会計マニュアルの見直しを考えていますが、その際に留意すべきポイントは何でしょうか。

A

IFRSの適用に伴い、経理担当者には高度な判断能力が求められるようになります。その判断を助けるツールとして、グループ会計方針・グループ会計マニュアルの重要性はますます高くなります。
整備する文書としては、以下のようなものがあげられます。
・グループ会計方針書
・グループ会計マニュアル
・パッケージ入力マニュアル
・チェックリスト

1 グループ会計方針・グループ会計マニュアルの重要性

　日本基準では細則主義を採用しているのに対して、IFRS では原則主義を採用しており、具体的な判断基準・処理方法が明示されていないケースが多々あります。

　そのため、日本基準においては具体的に明示されていた特定の事象や取引に関する判断基準・処理方法が IFRS では具体的に明示されていない、または、全く記述されていないケースがあります。このような場合、経理担当者は、対象となる事象や取引の経済的実態を正確に把握し、最も適切に反映する会計処理方法を自らの頭で判断して処理することが今以上に求められることになります。

　これは親会社に限らず、海外子会社を含めたグループ各社の経理担当者にも当然に当てはまることです。

　会社としては、それらの能力を十分に保持・発揮する優秀な経理担当者を確保していくことがこれからの課題となりますが、人材に関する話は一朝一夕にできるものではないため、中長期的視野に立ったうえで、人事・組織体系の観点から検討していく必要があります。

　短期的な対応策として大切なのは「グループ会計方針書」や「グループ会計マニュアル」の策定です。

　IFRS が適用となっていない現状でも、多くの会社においては方針書・マニュアルが存在していると思われます。しかしながら、その多くは上場時や内部統制報告制度対応時等に上場要件、もしくは全社的な内部統制の整備の目的で作成されたものであると考えられます。

　したがって、親会社経理担当者やグループ各社の会計処理のより所としては、項目の網羅性や記述の詳細度等具体性の観点から実務に適合したレベルのものではなく、または作成当初は有効な内容・レベルであっても、その後の改変が適時・適切になされておらず、実質的に機能していないことも多いのではないでしょうか。

　IFRS 適用下においては、これら方針書やマニュアルが会計処理のより所として有効に機能することが重要となります。

2 具体的な文書

(1) グループ会計方針書

同一の環境下の同種のビジネスについて、グループ全体として同じ会計処理を行うためには、グループで共有する会計方針を定め、それを「グループ会計方針書」として文書化する必要があります。

「グループ会計方針書」は、グループ各社の経理担当者がそれを読めば、採用すべき会計処理を正しく判断できるレベルのものでなければなりません。そのためには、単にIFRSの基準書を抜書きしたものではなく、ビジネスの実態にそくした、理解しやすい言葉で、かつ実務に耐えうる詳細な記述がなされていることが必要です。

(2) グループ会計マニュアル

「グループ会計方針書」だけでは、適切な会計処理を行うための参考書としては十分でない場合があります。グループ各社が会計方針に従った処理を行えるようサポートするのがグループ会計マニュアルであり、グループ各社の個別・具体的な事象についての判断、測定、評価やその他の取扱いや、会計方針の詳細な説明、仕訳例等を記載したものとなります。

しかし、すべて項目に対して、このようなマニュアルを作成するというのは、費用対効果を考えて現実的ではありません。グループ各社のビジネスモデルの違いに影響を受けやすい項目（例えば、収益認識等）を中心に作成を進めるのが効率的です。

また、マニュアルについては、最初から完全なものを作成することは困難です。マニュアル策定後に、定めのない新たな取引が生じてくることも想定されます。そこで、初版作成後も継続的にその内容を見直していくことが重要となります。

(3) 連結パッケージ入力マニュアル

グループ各社の財務情報を収集するための連結パッケージに関して、親会社への報告項目の定義や入力方法を記載した「連結パッケージ入力マニュアル」を作成することが重要です。特に、親会社の連結修正でIFRSに組み替える方法を採

用している場合、グループ各社において連結パッケージの項目を正しく理解し適切に記載できることが、IFRS対応の最重要事項となります。

したがって、できるだけわかりやすく詳細な入力マニュアルを作成することが必要です。

(4) チェックリストの作成

どんなにわかりやすく、かつ詳細に説明されたグループ会計方針書、グループ会計マニュアル、連結パッケージ入力マニュアルをグループ各社に展開しても、適切に会計処理が行われ、必要な情報が漏れなく連結パッケージを通じて収集できているとは限りません。そこで、グループ各社の経理担当者が、

- グループ会計方針書やグループ会計マニュアルに準拠した会計処理が漏れなくなされているか
- 連結パッケージに必要な情報を漏れなく入力されたか

について確認するためのツールとしてチェックリストを作成し、使用することが必要です。

親会社として必要な作業

Q5

IFRSの適用に伴い、連結グループとしての決算体制の整備を図る必要があると考えています。その際に留意すべき点はなんでしょうか。

A

- 親会社の決算体制の整備は特に重要です。決算財務報告プロセスの各プロセスごとに整備をしていく必要があります。
- 子会社側でも、特にサブ連結を実施している場合は留意が必要です。

1 親会社の決算体制整備の必要性

　グループ会計方針に基づく決算を行い、遅滞なく決算報告開示を行うためには、グループ全体での相応の決算体制整備が必要となります。

　日本においてIFRSが適用された場合、グループ内に非上場会社が多く、経理のレベルにもばらつきがあることため、Q2でいう「親会社の連結修正でIFRSに組み替える方法」で対応するケースが多いと思われます。

　IFRSの適用により、連結決算作業時に現地基準からIFRSへの組替え作業を行う分、親会社の決算プロセスは従前より長くなります。加えて、IFRSにおいてはこれまでより開示する注記情報が大きく増える（注記の充実）ため、開示情報作成作業にかかる時間や工数の大幅な増加が見込まれます。

　IFRSが適用された後も、金融商品取引法にて規定される四半期報告書提出期限（決算日以降45日以内）等についてはそのままである可能性が高いと思われます。したがって、IFRS適用の際には、このような外部の要請に遅れないよう、従前の決算スピードを維持するための業務効率化が必要となります。

2 具体的な整備の方策

　親会社の決算体制の整備にあたっては、日常の取引業務、単体決算、連結決算、IFRS組替え、開示（注記）対応、会計監査、決算報告という一連の決算プロセスで、IFRSに適合した処理を効率的に実施できるようにする必要があります。具体的な方策としては、以下のような項目があります。

（1）日常取引業務・単体決算
① IFRSベースで連結した後を見据えた、細目レベルでの勘定科目の定義
② IFRS組替えに必要な情報を漏れなく入手するための業務プロセスの構築
③ 開示に必要な情報を漏れなく入手するための業務プロセスの構築
④ 情報を漏れなく正確に入手するための情報システムの構築

（2）IFRS 組替え・連結決算
① IFRS ベースでの連結財務諸表体系の構築（勘定科目の定義等）
② IFRS 組替えに必要な情報の定義をしたうえでの連結パッケージの改訂
③ 開示（注記）に必要な情報の定義をしたうえでの連結パッケージの改訂
④ 連結会計システム上での IFRS 連結財務諸表作成に関する新しい機能の追加（IFRS 組替えに関するルーティンは自動仕訳の機能を付加する等）

（3）開示（注記）対応
① 関連する開示項目（注記情報）の定義
② 開示項目（注記事項）の記載項目・記載する情報量の定義
③ 効率的な注記情報を作成するために、情報システムへの新たな機能の追加（必要な数値の自動集計機能等）

（4）会計監査・決算報告
① IFRS 連結財務諸表および開示資料に関する監査用資料の効率的な作成
② 各種法令や EDINET 等の電子開示に準拠した決算報告・開示様式への対応

（5）全般的事項
① 経理以外の部署も含めた IFRS に精通した人材の調達・育成
② 内部統制を意識した、IFRS に関わる業務プロセスの追加
③ 十分な経理要因の確保と適切な人員配置
④ 社内とグループ会社および会計監査人との決算スケジュール調整

3 サブ連結を行っている場合の注意点

　サブ連結を行っている関係会社では、その子会社（親会社にとっては孫会社）における決算体制構築、当該サブ連結グループの連結決算プロセスも加味したスケジュールの検討が必要となるため、他の関係会社と比べて対応が困難になります。これらに加えて、グループ会社における IFRS ベースでの連結パッケージレビュー等の監査体制の検討も必要です。この点についても監査法人との十分な協

議を行っておく必要があるでしょう。

連結の範囲

Q6
IFRSでは連結の範囲をどのように規定していますか。その概要について教えてください。

A
① 支配しているすべての子会社を連結の範囲に含める必要があります。
② 支配の判断にあたっては潜在的議決権を考慮する必要があります。
③ 支配が一時的であると認められる企業も連結の範囲に含める必要があります。
④ 支配が存在するとみなせる場合には特別目的事業体（SPE）も連結の範囲に含める必要があります。
⑤ 平成23年5月にIFRS第10号が公表され、支配の定義が改訂されています。

1 連結範囲

　IFRSでは、すべての子会社を連結の範囲に含めなければなりません（IAS27.12）。したがって、子会社の事業活動が企業集団内の他の企業と異なっているという理由だけでは、連結の範囲から除外されません（IAS27.17）。さらに、単に投資企業がベンチャー・キャピタル企業、ミューチュアル・ファンド、ユニット・トラストまたは類似の企業であるという理由だけでは、子会社が連結の範囲

から除外されることはありません (IAS27.16)。ただし、IFRS にも重要性の原則は存在するので、重要性を有しない子会社について連結の範囲に含めるか否かは判断が必要となります。

2 支配

(1) 総論

IFRS では、子会社とは、親会社により支配されている企業（パートナーシップ等の法人格のない事業体を含む）と定義し、支配とはある企業の活動からの便益を得るために、その企業の財務および営業の方針を左右する力と定義しています (IAS27.4)。すなわち、親会社が、ある企業の活動から便益を得るために、その企業の財務および経営方針を左右する力を有する場合、当該企業は子会社に該当し、連結の範囲に含められることとなります。

(2) 支配が存在するか否か

親会社がある企業の議決権の過半数を直接的にまたは間接的に所有している場合には、例外的な状況を除いて、支配が存在すると推定されることになります。また、親会社が所有する議決権が過半数以下の場合でも、次のような場合には支配が存在していると考えられます。

① 他の投資企業との合意によって、議決権の過半数を支配する力を有する場合
② 法令または契約によって、企業の財務方針および経営方針を左右する力を有する場合
③ 取締役会または同等の経営機関の構成員の過半数を選任または解任する力があり、企業の支配がその取締役会または機関によって行われている場合
④ 取締役会または同等の経営機関の会議における過半数の投票をする力があり、企業の支配がその取締役会または機関によって行われている場合 (IAS 27.13)

(3) 潜在的議決権

他の企業が所有している潜在的議決権も含めて、現時点で行使可能または転換

可能な潜在的議決権の存在および影響は、企業が他の企業の財務または経営方針を支配できる力を有しているかどうかを評価する場合に考慮されます。潜在的議決権は、例えば、将来のある日付または将来の事象が発生するまで行使または転換することができない場合には、現時点で行使可能または転換可能ではないとされます。なお、潜在的議決権とは、普通株式に転換可能な株式ワラント、株式コール・オプション、負債証券または持分金融商品、または他の類似の金融商品で、行使または転換された場合に他の企業の財務または経営の方針に対する議決権を企業に与えるか、または他の当事者の議決権を減少させる潜在能力を有するものをいいます（IAS27.14）。

また、潜在的議決権が支配に寄与することになるかどうかを評価する際には、経営者の意図および行使または転換するための財務能力を除き、潜在的議決権に影響を与えるすべての事実および状況（潜在的議決権の行使の条件およびその他の契約上の取決めを含む）を検討する必要があります（IAS27.15）。

（4）特別目的事業体（SPE）

特別目的事業体（SPE）を支配している場合、当該 SPE を連結の範囲に含める必要があります。SPE を支配しているか否かを判断するに際しては、❷（2）に記載されている IAS 第27号13項の状況に加えて、以下の状況も考慮する必要があります。なお、SPE とは、限定的かつ十分に明確化された目的（例えば、リース、研究開発活動または金融資産の証券化を実行するため）を達成するために創設される事業体をいいます。

① 実質的に、SPE の事業活動が企業の特定の事業上の必要に従ってその企業のために行われ、それにより企業は SPE の事業運営から便益を得ている。
② 実質的に、企業は SPE の事業活動の便益の大半を獲得するための意思決定の権限を保有し、または「自動操縦」の仕組みを設定することによって企業はこの意思決定の権限を委託している。
③ 実質的に、企業は SPE の便益の大半を獲得する権利をもつゆえに SPE の事業活動に伴うリスクにさらされている。
④ 実質的に、その企業は、SPE の事業活動からの便益を得るために、SPE またはその資産に関連した残余価額または所有者リスクの大半を負っている

(SIC12.1、SIC12.8、SIC12.10)。

4 IFRS 第10号

(1) IFRS 第10号の公表

　平成23年5月にIFRS第10号が公表されました。IFRS第10号は、従来のIAS第27号を一部改訂し、従来のSIC第12号を置き換えたものです。なお、IFRS第10号は、原則として平成25年1月1日以降に開始する事業年度から適用されます。

(2) IFRS 第10号の概要

　IFRS第10号は、連結の要否の判断基準である他の企業に対する支配の概念について、新しい定義が規定されています。すなわち、投資企業が、被投資企業への関与から生じる変動リターンにさらされている、または変動リターンに対する権利を有しており、被投資企業に対する力（パワー）を通じて、それらのリターンに影響を及ぼすことができる場合は、被投資企業を支配していることになる、と規定されています（IFRS10.6）。そして、一つ以上の他の子会社を支配している会社は、連結財務諸表を作成することが要求されます（IFRS10.2）。

　ここで、投資企業が被投資企業を支配しているといえるためには、次の要件をすべて満たさなければならないとされています。

　① 被投資企業に対する力を有している。
　② 被投資企業への関与から生じる変動リターンにさらされている、または変動リターンに対する権利を有している。
　③ 投資企業のリターンの金額に影響を及ぼすべく、被投資企業に対する力を行使できる（IFRS10.7）。

　また、投資企業は上記の3要件の状況が変化した場合には、投資企業が被投資企業を支配しているか否かをあらためて評価することが必要となります（IFRS10.8）。

　なお、力（パワー）とは、被投資会社のリターンに重要な影響を及ぼすべく、被投資企業の活動を左右する現在の能力であり、被投資企業のリターンに重要な影響を及ぼす活動は「関連する活動」と定義されています（IFRS10.10）。また、

リターンとは利益と損失のいずれかの場合も、またはその両方の場合もあるものの、被投資企業の業績により潜在的に変動するものでなければならないとされます（IFRS10.15）。

(3) 支配に関する判断

支配に関する判断にあたっては、以下を考慮することが必要となります。
① 被投資企業のどの活動が「関連する活動」に当たるか、すなわち被投資企業のリターンに重要な影響を及ぼす活動であるかを識別する。
②（もしあれば）どの当事者がこれらの活動を左右する現在の能力、すなわち力（パワー）を有しているのかを決定する。
③ 投資企業が被投資企業への関与から生じる変動リターンにさらされている、または変動リターンに対する権利を有しているか否かを評価する。
④ 投資企業が被投資企業に対する力を、投資企業のリターンに影響を与えるように使用する能力を有していることを評価する。

【支配に関する判断】

関連する活動	力	リターン
被投資企業のどの活動が「関連する活動」に当たるか、すなわち被投資企業のリターンに重要な影響を及ぼす活動であるかを識別しなければならない。関連する活動の例は以下のとおり。 ・営業方針の決定 ・資本調達に関する決定 ・主たる経営幹部の任命 ・主な投資の管理	（もしあれば）どの当事者がこれらの活動を左右する現在の能力、すなわち力を有しているのかを決定する。これらの力をもたらす権利の例は以下のとおり。 ・議決権 ・潜在的議決権 　（例：オプション、転換型金融商品） ・主要経営幹部の選任権 ・マネジメント契約に定められる意思決定権 ・排除権（removal rights）または解任権（kick-out rights）	投資企業が被投資企業への関与から生じる変動リターンにさらされている、または変動リターンに対する権利を有しているか否かを評価するリターンには利益のみならず、損失も含まれる。リターンの例は以下のとおり。 ・配当 ・報酬 ・他の持分保有者には与えられていないリターン（例：投資企業が、規模の経済を達成する、コストを削減する、希少な製品を入手する、被投資企業固有の知識へのアクセスを得る、またはシナジーを得る）

関連する活動を鑑別する　力を評価する　リターンを評価する

（新日本有限責任監査法人 IFRS 実務講座（情報センサー）2011年7月号より抜粋）

5 開示事例

（1）日本電波工業(株)2011年3月期有価証券報告書

【連結財務諸表注記　2．作成の基礎　（6）連結の基礎より抜粋】

（6）連結の基礎

① 子会社

　子会社とは、当社グループがその活動から便益を享受するために、その子会社の財務及び経営方針を直接的もしくは間接的に支配している会社であります。子会社の財務諸表は、支配の開始日から中止日まで連結財務諸表に含まれてお

ります。
　② 連結消去取引
　　　グループ会社間の債権債務残高及び取引並びにグループ会社間の取引から生じた未実現利益は、連結財務諸表の作成にあたり相殺消去しております。未実現損失は、減損の兆候が無い限り未実現利益と同じ方法で消去しております。
　③ 連結の範囲
　　　親会社を含む連結の範囲は、当連結会計年度、前連結会計年度ともに17社から構成されております。当連結会計年度末及び前連結会計年度末において、全ての子会社は連結されております。
　　　なお、前連結会計年度より新たに設立した蘇州日電波工業貿易有限公司を連結の範囲に含めております。

（2）HOYA(株)2011年3月期有価証券報告書

【連結財務諸表注記　3．重要な会計方針の要約　（2）連結の基礎　①子会社より抜粋】

　　すべての子会社は、当社グループが支配を獲得した日から支配を喪失する日まで、連結の対象に含めております。子会社が採用する会計方針がグループの会計方針と異なる場合には、必要に応じて当該子会社の財務諸表に調整を加えております。連結財務諸表の作成にあたり、連結会社間の内部取引高及び債権債務残高を相殺消去しております。

（3）住友商事(株)2011年3月期有価証券報告書

【連結財務諸表注記　3．重要な会計方針　（1）連結の基礎　②子会社より抜粋】

　② 子会社
　　　子会社とは、当社により支配されている企業をいいます。子会社の財務諸表は、支配開始日から支配終了日までの間、当社の連結財務諸表に含まれております。子会社の会計方針は、当社が適用する会計方針と整合させるため、必要に応じて修正しております。

(4) 日本板硝子(株)2012年3月期第1四半期四半期報告書
【要約四半期連結財務諸表注記　連結の基礎　(ⅰ)子会社より抜粋】

> 連結の基礎
> (ⅰ) 子会社
> 　　子会社とは、当社グループがその会社の財務及び営業の方針を支配する力を有する全ての事業体のことであり、一般的には、その会社の議決権の過半数を保有する当該会社であります。当社グループが他の事業体を支配しているかどうかの判断に際しては、現時点で行使あるいは転換が可能な潜在的議決権の存在と影響を考慮しております。子会社の財務諸表は、その子会社に対する支配が当社グループに移転した日から当該支配が終了する日まで連結財務諸表に含まれております。

持分法の範囲

Q7
IFRSでは持分法の範囲をどのように規定していますか。その概要について教えてください。

A
① 重要な影響力を有するすべての会社に持分法を適用する必要があります。
② 重要な影響力の有無を判断する際には、潜在的議決権を考慮する必要があります。
③ 影響力が一時的であると認められる会社にも持分法を適用する必要があります。
④ 平成23年5月にIAS第28号が改正されています。

1 持分法の適用範囲

　関連会社に対する投資は、次の場合を除き、持分法によって会計処理しなければなりません。
（1）当該投資が、IFRS 第5号「売却目的で保有する非流動資産及び非継続事業」に従って、売却目的保有に分類される場合
（2）関連会社に対する投資を保有する親会社が連結財務諸表を表示しなくてもよいことを許容している IAS 第27号第10項の例外を適用する場合
（3）次の事項のすべてが適用される場合
　① 投資企業が100％子会社、または他の企業が一部を所有している子会社であり、議決権を付与されていない者を含む他の所有者は、当該投資企業が持分法を適用していないことについて知らされており、そのことに反対していない場合
　② 投資企業の負債証券または持分証券が公開市場（国内または外国の株式市場、あるいは地域市場を含む店頭市場）において取引されていない場合
　③ 投資企業が、公開市場で何らかの証券を発行する目的で証券委員会またはその他の規制当局に対し財務諸表を提出しておらず、提出する過程にもない場合
　④ 投資企業の最上位または中間の親会社が、国際財務報告基準に準拠した公表用の連結財務諸表を作成している場合（IAS28.13）

　ただし、次の者によって保有される関連会社に対する投資のうち、当初認識時において純損益を通じて公正価値で測定されているものには持分法は適用されないことに留意が必要です。
　・ベンチャー・キャピタル企業
　・ミューチュアル・ファンド、ユニット・トラストおよび投資連動保険ファンドを含むその他の類似の企業（IAS28.1）

　また、IFRS にも重要性の原則は存在するので、重要性を有しない関連会社について持分法を適用するか否かは判断が必要となります。

2 重要な影響力

(1) 総論

　IFRSでは、関連会社とは投資企業が重要な影響力を有し、かつ、投資企業の子会社でもジョイント・ベンチャーに対する持分でもない企業(パートナーシップ等の法人格のない事業体を含む)と定義し、重要な影響力とは、被投資企業の財務及び営業の方針に対する支配または共同支配ではないが、それらの方針の決定に関与する力と定義しています(IAS28.2)。すなわち、投資企業が、被投資企業の財務および営業の方針の決定に関与する力を有する場合、当該企業は関連会社に該当し、持分法が適用されることとなります。

(2) 重要な影響力が存在するか否か

　投資企業が、直接的にまたは間接的に保有している被投資企業の議決権割合が20％以上である場合には、明らかな反証が認められない限り、当該投資企業は、重要な影響力を有していると推定されます。反対に、投資企業が、直接的にまたは間接的に保有している被投資企業の議決権割合が20％に満たない場合には、重要な影響力を与えている明らかな反証がない限り、当該投資企業は、重要な影響力を有していないと推定されます。また、他の投資企業が大部分または過半数を所有していたとしても、ある投資企業が重要な影響力を有することを必ずしも妨げません(IAS28.6)。

　なお、投資企業による重要な影響力は、通常、次の一つまたは複数の方法によって証拠付けられます。

① 被投資企業の取締役会または同等の経営機関への参加
② 配当やその他の分配の決定への参加等を含む、方針の決定過程への参加
③ 投資企業と被投資企業間の重要な取引
④ 経営陣の人事交流
⑤ 重要な技術情報の提供 (IAS28.7)

(3) 潜在的議決権

　他の企業が所有している潜在的議決権も含めて、現時点で行使可能または転換

可能な潜在的議決権の存在および影響は、企業が重要な影響力を有しているかどうかを評価する場合に考慮されます。潜在的議決権は、例えば将来のある日付または将来の事象が発生するまで行使または転換することができない場合には、現時点で行使可能または転換可能ではないとされます（IAS28.8）。

また、潜在的議決権が重要な影響力に寄与することになるかどうかを評価する際には、企業は、経営者の意図および行使または転換するための財務能力を除き、潜在的議決権に影響を与えるすべての事実および状況（潜在的議決権の行使の条件およびその他の契約上の取決めを含む）を検討する必要があります(IAS28.9)。

（4）IAS第28号の改正

平成23年5月にIAS第28号が改正されました。改正後のIAS第28号は、原則として平成25年1月1日以降に開始する事業年度から適用されます。

改正により、IAS第28号の適用対象にジョイント・ベンチャーが含まれるようになっています。

3 開示事例

（1）HOYA(株)2011年3月期有価証券報告書

【連結財務諸表注記　3．重要な会計方針の要約　（2）連結の基礎　②関連会社より抜粋】

> ② 関連会社
> 　関連会社とは、当社グループが投資先企業に対し、財務及び営業の方針を支配又は共同支配することはないものの、それらの方針の決定への参加を通じて重要な影響力を行使する立場にある場合の、当該投資先企業をいいます。関連会社の経営成績並びに資産及び負債の残高は、投資が、IFRS第5号「売却目的で保有する非流動資産及び非継続事業」に従って会計処理される売却目的で保有する資産に分類される場合を除いて、持分法を適用して会計処理しております。

（2）住友商事(株)2011年3月期有価証券報告書

【連結財務諸表注記　3．重要な会計方針　（1）連結の基礎　⑤関連会社及び共同支配企業（持分法適用会社）より抜粋】

> ⑤ 関連会社及び共同支配企業（持分法適用会社）
>
> 　関連会社とは、当社がその財務及び経営方針に対して重要な影響力を有しているものの、支配をしていない企業をいいます。当社が他の企業の議決権の20％以上50％以下を保有する場合、当社は当該他の企業に対して重要な影響力を有していると推定されます。
>
> 　ジョイント・ベンチャーとは、その活動に対して当社が共同支配を行い、財務戦略及び経営戦略の決定に際して共同支配投資企業すべての合意を必要とする契約上の取決めをいいます。ジョイント・ベンチャーの契約に基づき設立された、共同支配投資企業が持分を有する事業体を共同支配企業と称しております。
>
> 　関連会社及び共同支配企業への投資は、持分法を用いて会計処理しており(以下、持分法適用会社)、取得時に取得原価で認識しております。当社の投資には、取得時に認識したのれん（減損損失累計額控除後）が含まれております。
>
> 　連結財務諸表には、重要な影響または共同支配が開始した日から終了する日までの持分法適用会社の収益・費用及び持分の変動に対する当社持分が含まれております。持分法適用会社の会計方針は、当社が適用する会計方針と整合させるため、必要に応じて修正しております。

（3）日本板硝子(株)2012年3月期第1四半期四半期報告書

【要約四半期連結財務諸表注記　連結の基礎　（ⅲ）ジョイント・ベンチャー及び（ⅳ）関連会社より抜粋】

> （ⅲ）ジョイント・ベンチャー
>
> 　ジョイント・ベンチャーとは、当社グループと他の当事者が、ある経済的活動を行う場合に共同支配を確立するための契約上の合意です。当社グループでは、このような共同支配される経済的活動は、被共同支配企業を通じて行われ

ております。当社グループは、被共同支配企業に対する持分について、関連会社と同様に持分法を用いて会計処理しています。

(iv) 関連会社

関連会社とは、当社グループが重要な影響力を行使する能力を有しているが、支配していない全ての事業体であり、通常、議決権株式の20％以上50％未満を保有しております。関連会社に対する持分は、取得当初は取得原価で認識され、以後は持分法によって会計処理されております。関連会社に対する投資は、取得に際して識別されたのれん（減損損失累計額控除後）を含んでおります。

関連会社の取得後の業績に対する当社グループの持分は、連結損益計算書において反映されており、また、取得後のその他の包括利益の変動に対する持分は、その他の包括利益で認識されております。これら取得後の純資産の変動の累計額が、投資の帳簿価額に対して調整されています。関連会社の損失に対する当社グループの持分が、当該関連会社に対する持分（無担保債権を含む）と同額以上である場合には、当該関連会社に代わって債務の引受け又は支払いの義務を負わない限り、持分を超過する損失は認識しません。

会計方針の統一

Q8

IFRSでは連結グループ内の会計方針の統一についてどのように規定していますか。その概要について教えてください。

A

① IFRSでは、連結財務諸表を作成するにあたり、類似の状況における同様の取引および事象に関し、統一された会計方針を用いなければなりません。

② 持分法を適用するにあたり、投資企業の財務諸表は、類似の状況における同様の取引および事象に関し、統一した会計方針を用いて作成しなければなりません。
③ 実務対応報告第18号「連結財務諸表作成における在外子会社の会計処理に関する当面の取扱い」において、IFRS または米国会計基準に準拠して作成されている場合には、当面の間、それらを連結決算手続き上利用することができるとされていますが、IFRS ではこのような規定はありません。

1 親会社と子会社の会計方針の統一

(1) IFRS における取扱い

　IFRS では、連結財務諸表を作成するにあたり、類似の状況における同様の取引および事象に関し、統一された会計方針を用いなければなりません(IAS27.24)。また、企業集団の構成企業が、類似の状況において同様の取引および事象について連結財務諸表で採用している会計方針と異なる会計方針を用いている場合には、連結財務諸表を作成する際に、その財務諸表に対して適切な修正を行う必要があります（IAS27.25)。

(2) IFRS と日本基準との間の差異

　日本基準においても、同一環境下で行われた同一性質の取引等について、親会社および子会社が採用する会計処理の原則および手続きは、原則として統一すべきことが定められています（連結財務諸表会計基準17)。しかし、在外子会社の財務諸表が、IFRS または米国会計基準に準拠して作成されている場合には、一定の調整が必要なものの、当面の間、それらを連結決算手続き上利用することができるとされています（連結財務諸表実務対応報告)。

　IFRS ではすべての子会社について会計方針の統一を要求しているのに対し、日本基準では在外子会社について当面の取扱いが認められている点において、IFRS と日本基準に差異が存在しています。

2 投資会社と関連会社の会計方針の統一

(1) IFRSにおける取扱い

持分法を適用するに当たり、投資企業の財務諸表は、類似の状況における同様の取引および事象に関し、統一した会計方針を用いて作成しなければなりません（IAS28.26）。関連会社が類似の状況において同様の取引および事象に関して、投資企業とは異なる会計方針を用いている場合には、投資企業が持分法を適用するために関連会社の財務諸表を用いる際に、関連会社の会計方針を投資企業の会計方針に合わせるための修正を行わなければなりません（IAS28.27）。

(2) IFRSと日本基準との間の差異

日本基準においても、同一環境下で行われた同一性質の取引等について、投資会社（その子会社を含む）および持分法を適用する被投資会社が採用する会計処理の原則及び手続きは、原則として統一すべきことが定められています（持分法会計基準9）。しかし、会計処理の原則および手続きを統一するために必要となる詳細な情報の入手が極めて困難な場合は、会計処理の原則および手続きを統一しないことに合理的な理由がある場合として取り扱うことができるとされています。また、在外関連会社の財務諸表が、IFRSまたは米国会計基準に準拠して作成されている場合には、一定の調整が必要なものの、当面の間、それらを持分法適用上利用することができるものとされています（持分法実務対応報告）。

IFRSではすべての関連会社について会計方針の変更を要求しているのに対し、日本基準では当面の取扱いが認められている点において、IFRSと日本基準に差異が存在しています。

のれんの範囲および償却

Q9

IFRS ではのれんの範囲および償却についてどのように規定していますか。その概要について教えてください。

A

① のれんは直接的に測定することは困難であるため、残余として間接的に測定することになります。
② のれんは償却を行わず、減損テストの対象とすることになります。

1 のれんの範囲

IFRS では、のれんを企業結合で取得した、個別に識別されず独立して認識されない他の資産から生じる将来の経済的便益を表す資産と定義しています。(IFRS3.A)。つまり、取得企業は、次の(1)が(2)を超過する額として測定した、取得日時点ののれんを認識することになります。

(1) 次の総計
　① 移転された対価（通常、取得日公正価値が要求される）
　② 被取得企業のすべての非支配持分の金額
　③ 段階的に達成される企業結合の場合には、取得企業が以前に保有していた被取得企業の資本持分の取得日公正価値
(2) 本基準に従って測定した、取得した識別可能な資産および引き受けた負債の取得日における正味の金額（IFRS3.32）

2 割安購入について

　上述の**1**（2）の金額が**1**（1）で特定された金額の総計を超過する場合があります。その場合には、取得企業は、取得したすべての資産及び引き受けたすべての負債を正しく識別しているかどうか再評価し、当該レビューで識別したすべての追加的資産または負債を認識しなければなりません。そして次に、下記の項目すべてについて、取得日時点で認識が求められている金額を測定するのに用いた手続をレビューしなければなりません。

（1）取得した識別可能な資産及び引き受けた負債
（2）被取得企業の非支配持分
（3）段階的に達成された企業結合の場合、取得企業が以前に保有していた被取得企業の資本持分
（4）移転された対価

　このレビューを実施した後もなお超過額が残る場合には、取得企業は、結果として生じた利得を、取得日において純損益に認識することになります（IFRS3.34、IFRS3.36）。

3 のれんの償却について

　取得企業はのれんを取得日時点で認識し、減損損失累計額を控除した金額で測定することになります（IFRS3.B63）。つまり、のれんについては償却を行わず、毎年、減損テストを実施することにより測定されることとなります（IAS36.10）。
　なお、のれんについて認識された減損損失は、以後の期間において戻し入れてはならないとされています（IAS36.10）。

第4章
グループ法人税制

第4章 グループ法人税制

1 概要

グループ法人税制導入の経緯

Q 平成22年度税制改正では、グループ法人税制が導入されました。導入の経緯を教えてください。

A グループ経営が浸透している企業の実情に対応するため、課税上も企業グループの経済実態に合わせた認識をするべく、グループ法人税制が導入されました。

1 グループ経営の浸透

　会社法、組織再編制度、連結会計制度等を背景として、グループ法人の一体的運営が加速しています。具体的には、複数の中核事業部門の分社化、持株会社設立を通じた経営統合、一体性強化のための完全子会社化等の方法です。なかでも最近は、関連会社を100％子会社化してグループ経営を強化する企業が増大しています。各会社の独立性を生かしながら、グループ統合のメリットを最大限に追求する傾向が顕著になっています。中小企業の実例をみると、新規事業の展開、取引先等他社の要請への対応、事業承継の円滑化、事業責任の明確化のための事業部門の分社化等を目的とした100％子会社の設立・取得が行われています。このように、グループ経営の実態として、100％子会社化等による経営が進展している実態に対応するため、グループ法人税制が整備されました。

　税制においては、これまで会社法等関連諸制度の整備に対応して、組織再編税

制（平成13年）、連結納税制度（平成14年）等が整備されています。組織再編税制はグループ形成・再編に関するものです。各事業年度の課税について、連結納税制度の適用はあくまで任意であり、原則は個別企業を単位とする課税とされてきました。

　グループ法人の一体的運営が進展している状況を踏まえ、「完全支配関係」にある企業グループは課税上も経済実態に合った認識をする考え方がグループ法人税制です。グループ法人税制は、選択制の連結納税制度を包含する制度になります。

2 グループ法人税制の概要

（1）項目

項　　目	本章での該当箇所
100%グループ内の法人間の資産の譲渡取引等	200ページ
100%グループ内の法人間の寄附	216ページ
100%グループ内の法人間の現物分配	230ページ
100%グループ内の法人からの受取配当等の益金不算入（負債利子控除）	248ページ
100%グループ内の法人の株式の発行法人への譲渡に係る損益	251ページ
大法人の100%子法人等に対する中小企業向け特例措置の適用の見直し	255ページ

（2）100%グループ内の法人間の資産の譲渡取引等

　内国法人が譲渡損益調整資産を当該内国法人との間に完全支配関係がある他の内国法人に譲渡した場合に、その譲渡損益が繰り延べられます（法法61の13①）。譲渡損益調整資産とは、固定資産、棚卸資産たる土地等、有価証券、金銭債権および繰延資産のことをいい、次にあげるものを除きます。

　　・売買目的有価証券
　　・その譲渡を受けた他の内国法人（その内国法人との間に完全支配関係がある

ものに限る）
・譲渡直前の帳簿価額が1,000万円に満たない資産

(3) 100％グループ内の法人間の寄附

内国法人が当該内国法人との間に法人による完全支配関係がある他の内国法人に対して支出した寄附金の額がある場合には、その全額を損金不算入とするとともに、当該他の内国法人が受けた受贈益の額についてその全額を益金不算入とすることとされました（法法25の2、37②）。

(4) 100％グループ内の法人間の現物分配

内国法人が行う現物分配のうち、被現物分配法人がその現物分配の直前において当該内国法人との間に完全支配関係がある内国法人のみであるものを適格現物分配とし、適格現物分配による資産の移転をした場合は、当該適格現物分配の直前の帳簿価額による譲渡をしたものとされます（法法2十二の十五、62の5③）。

(5) 100％グループ内の法人からの受取配当等の益金不算入（負債利子控除）

配当等の額の計算期間中継続して内国法人との間に完全支配関係があった他の内国法人の株式または出資を完全子法人株式等といい、完全子法人株式等につき受ける配当等の額については、負債の利子を控除せず、その全額が益金不算入とされます（法法23①④―⑤）。

(6) 100％グループ内の法人の株式の発行法人への譲渡に係る損益

内国法人が、所有株式を発行した他の内国法人で当該内国法人との間に完全支配関係があるものから、みなし配当の額が生ずる原因となる事由（みなし配当事由）により金銭その他の資産の交付を受けた場合または当該事由により当該他の内国法人の株式を有しないこととなった場合には、その株式の譲渡対価の額は譲渡原価の額に相当する金額とされ、当該事由により生ずる株式の譲渡損益は計上されません（法法61の2⑯）。

この場合の譲渡益相当額または譲渡損相当額は、当該内国法人の資本金等の額に加算または減算されます（法令8①十九）。

2 完全支配関係

グループ法人税制の適用範囲

Q
グループ法人税制は「完全支配関係」にある法人を対象に適用されると聞きました。そこで、完全支配関係について教えてください。

A
① 完全支配関係
　平成22年度税制改正で「支配関係」および「完全支配関係」の定義が置かれ、100％株式保有による支配関係は「完全支配関係」と規定されました。
② 完全支配関係はグループ法人税制の適用範囲を決める考え方です。

1 完全支配関係

　グループ法人税制は「完全支配関係」にある法人を対象に適用されます。
　完全支配関係とは、以下の2つの関係をいいます（法法2十二の七の六、法令4の2②）。

（1）当事者間の完全支配関係

　一の者が法人の発行済株式等の全部を直接または間接に保有する関係をいいます。
　ここで、一の者とは、法人または個人のことを指し、個人の場合には、個人およびその個人の親族等をいいます。
　また、発行済株式等とは、発行済株式（自己が有する自己株式を除く）の総数

から次に掲げる株式の数を合計した数の占める割合が5％に満たない場合の当該株式を除きます。
　① 従業員持株会の所有株式
　② 新株予約権行使による所有株式

（2）法人相互の完全支配関係
　一の者との間に当事者間の完全支配関係がある法人間の相互の関係をいいます。具体的には以下の図のようになります。

【完全支配関係の図】

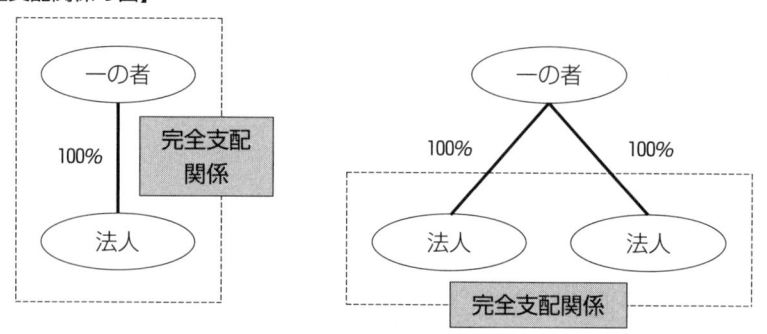

（3）みなし完全支配関係
　一の者が法人の発行済株式等の全部を保有する場合における当該一の者と当該法人との間の関係を直接完全支配関係といい、当該一の者がこれとの間に直接完全支配関係がある法人を通じて他の法人の発行済株式等の全部を保有する場合における当該一の者と当該他の法人との間の関係を一般的に「みなし直接完全支配関係」といいます。

【みなし完全支配関係の図】

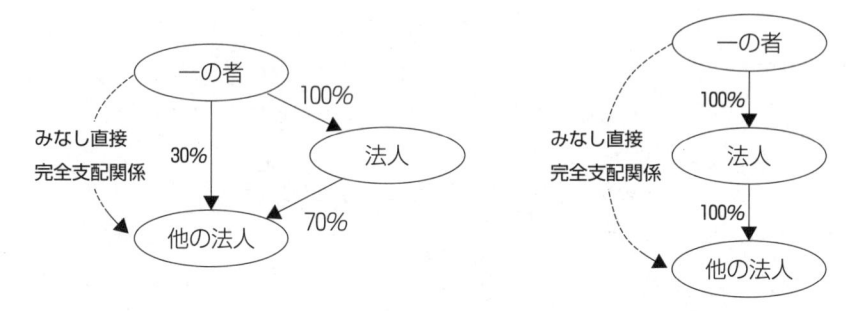

（左図）一の者 →100% 法人、一の者 →30% 他の法人、法人 →70% 他の法人、一の者と他の法人の間に「みなし直接完全支配関係」

（右図）一の者 →100% 法人 →100% 他の法人、一の者と他の法人の間に「みなし直接完全支配関係」

（4）資本関係がグループ内で完結している場合の完全支配関係

　100％持株関係のあるグループ内の法人間の取引につき課税上の措置が講じられた趣旨は、グループ法人が一体的に経営されている実態に鑑みれば、グループ内法人間の資産の移転が行われた場合であっても実質的には資産に対する支配は継続していること、グループ内法人間の資産の移転の時点で課税関係を生じさせると円滑な経営資源の再配置に対する阻害要因にもなりかねないことから、その時点で課税関係を生じさせないことが実態に合った課税上の取扱いと考えられたというものです。

　完全支配関係とは、基本的な考え方として、グループ内法人以外の者によってその発行済株式が保有されていない関係をいうものと解されます。グループ内法人以外の者によってその発行済株式が保有されていない子会社Bと親会社Aの間、子会社Cと親会社Aの間および子会社BとCの間には、完全支配関係があるものとして取り扱われます。

【株式の保有関係図】

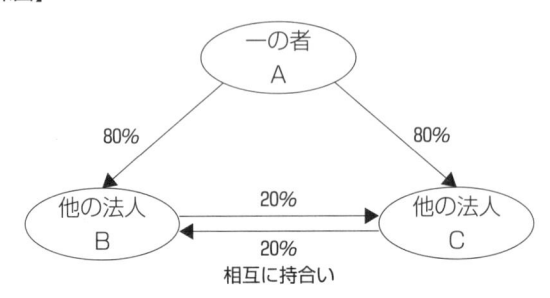

```
            一の者
             A
        80% ╱   ╲ 80%
          ╱       ╲
      他の法人  20%→  他の法人
        B    ←20%    C
            相互に持合い
```

（5）完全支配関係における5％ルール

　完全支配関係があるかどうかの判定上、発行済株式の総数のうちに次の①および②の株式の合計数の占める割合が5％に満たない場合には、①および②の株式を発行済株式から除いて、その判定を行います。

　① 法人の使用人が組合員となっている証券会社方式による従業員持株会（組合員となる者が当該使用人に限られているものに限る）の主たる目的に従って取得された当該法人の株式
　② 法人の役員等に付与された新株予約権等の行使によって取得された当該法人の株式（当該役員等が有するもの）

（6）完全支配関係を有することとなった日の判定

　完全支配関係を有することとなった日とは、一方の法人が他方の法人を支配できる関係が生じた日をいいます。株式の購入により完全支配関係を有することとなる場合は、当該株式の株主権が行使可能になる株式引渡日になります（法人による株式譲渡損益の計上は、原則として、その譲渡契約日の属する事業年度になる）。

　株式の譲渡により完全支配関係を有しないことになる場合、完全支配関係を有しないこととなった日とは、株主権が行使できない状態になる株式の引渡しの日になります。

【グループ法人税制の比較（主なもの）】(出典：国税庁「質疑応答事例問5」)

制度	適用対象法人	取引相手の制限	完全支配関係に関する制限
ⅰ 100%グループ内の法人間の資産の譲渡取引等（譲渡損益の繰延べ）（法法61の13）	資産の譲渡法人 内国法人（普通法人または協同組合等に限る）	資産の譲受法人 完全支配関係のある他の内国法人（普通法人または協同組合等に限る）	制限なし
ⅱ 100%グループ内の法人間の寄附金の損金不算入（法法37②）	寄附を行った法人 内国法人	寄附を受けた法人 完全支配関係のある他の内国法人	法人による完全支配関係に限られる
ⅲ 100%グループ内の法人間の受贈益の益金不算入（法法25の2）	寄附を受けた法人 内国法人	寄附を行った法人 完全支配関係のある他の内国法人	法人による完全支配関係に限られる
ⅳ 100%グループ内の法人間の現物分配（適格現物分配による資産の簿価譲渡）（法法2十二の六、十二の十五、62の5③）	現物分配法人 内国法人（公益法人等および人格のない社団等を除く）	被現物分配法人 完全支配関係のある他の内国法人（普通法人または協同組合等に限る）	制限なし
ⅴ 100%グループ内の法人からの受取配当等の益金不算入（負債利子控除をせず全額益金不算入）（法法23①④⑤）	配当を受けた法人 ・内国法人 ・外国法人（注）	配当を行った法人 配当等の額の計算期間を通じて完全支配関係があった他の内国法人（公益法人等および人格のない社団等を除く）	制限なし
ⅵ 100%グループ内の法人の株式の発行法人への譲渡に係る損益（譲渡損益の非計上）（法法61の2⑯）	株式の譲渡法人 内国法人	株式の発行法人 完全支配関係がある他の内国法人	制限なし

(注) 上記の通りⅰ〜ⅳ及びⅵの制度は、外国法人について適用がありません。したがって、ⅴの制度のみが外国法人に適用されます。その適用対象となる外国法人は法人税法第141条第1号から第3号（外国法人に係る各事業年度の所得に対する法人税の課税標準）に掲げる外国法人、換言すれば、いわゆる恒久的施設が我が国にあることにより法人税の納税義務を有する外国法人に限られます（法法2十二の六、十二の六の二、十二の十五、23①④⑤、25の2、37②、61の2⑯、61の13、62の5③、141、142）。

3 100％グループ内の法人間の資産譲渡取引

課税繰延制度の概要

Q1
100％グループ法人内の法人間の資産譲渡取引についての課税繰延制度の概要について教えてください。

A
100％グループ内で譲渡損益調整資産を譲渡した場合、譲渡した事業年度の所得の計算において譲渡利益相当額は損金算入あるいは譲渡損失相当額は益金算入させることで、譲渡時点で譲渡損益を計上させずに繰り延べる制度をいいます。

1 グループ内の譲渡損益の繰延

　100％グループ内で譲渡損益調整資産（*Q2*参照）を譲渡した場合、その譲渡損益調整資産に係る譲渡損益を、譲渡した事業年度の所得の計算において譲渡利益相当額は損金算入あるいは譲渡損失相当額は益金算入させることで、譲渡時点で譲渡損益を計上させずに繰り延べることになります（法法61の13、法令122の14）。

2 適用法人

　以下の場合での完全支配関係にある法人間取引の取引が対象となります。

譲渡法人：内国法人
譲受法人：完全支配関係がある内国法人（第1章 1 *Q4*参照）
　また、法人が平成22年10月1日以後に行う譲渡損益調整資産の譲渡に係る譲渡損益について適用されます。

3 仕訳例

　譲渡法人より完全支配関係のある内国法人に対して譲渡損益調整資産（簿価80百万円の土地）を時価100百万で譲渡が行われた場合の譲渡法人における仕訳は次のようになります。

【会計仕訳】

（借方）現金	100百万円	（貸方）土地	80百万円
		土地譲渡益	20百万

【税務仕訳】

（借方）譲渡損益調整勘定繰入額(損金)	20百万円	（貸方）譲渡損益調整勘定	20百万円

【申告調整】
　譲渡損益調整勘定繰入額：20百万円（減算・留保）

課税繰延制度の対象資産

Q2

課税繰延べ制度の対象となる資産は何ですか。また、対象とならない資産

は何ですか。

A

繰延の対象となる資産（以下「譲渡損益調整資産」）は譲渡直前の帳簿価額が1,000万円以上の固定資産、土地、有価証券、金銭債権、繰延資産です。また、対象とならない資産は棚卸資産や売買目的有価証券です。

1 繰延対象資産と判定単位

譲渡損益調整資産の対象資産および帳簿価額が1,000万円以上かどうかの判定単位は、次のようになります。

対 象 資 産	判 定 単 位
固定資産（固定資産となる土地、建物、構築物、機械装置、車両運搬具等）	建物の場合、一棟や区分所有権ごと、機械装置の場合一の設備ごと
土地（地上権等を含み、固定資産となる土地を除く）（注1） 土地に存する権利	一筆、一体として事業の用に供されている一団の土地等はその一団の土地等ごと
有価証券	銘柄ごと
金銭債権（注2）	一の債務者ごと
繰延資産（開発費、開業費等）	通常の取引の単位

（注1）（注2）については、後述**3**にて解説します。

2 繰延対象外資産

繰延対象外となる資産は、以下の通りです。
（1）**1**の表の資産で譲渡直前の帳簿価額が1,000万円未満の資産
（2）土地以外の棚卸資産（土地については固定資産であるか棚卸資産であるかにかかわらず対象となる）
（3）売買目的有価証券
（4）譲渡を受けた他の内国法人において売買目的有価証券とされる有価証券

3 その他取扱い

1の図表内（注1）、（注2）は、具体的には以下のようになります。
(1) 借地権の設定は、借地権の設定により地価が著しく低下する場合の土地等の帳簿価額の一部の損金算入の適用があるもの以外は対象となりません（法基通12の4－2－1）。
(2) 金銭債権については債務者（得意先）ごとに区分したうえで、その帳簿価額が1,000万円以上がどうかで判断します。

【設例】

> 当月に譲渡する売掛債権の総額：3,000万円
> その内訳として得意先
> 　　　　　A社分　　1,500万円
> 　　　　　B社分　　　800万円
> 　　　　　C社分　　　700万円

この場合、A社分は譲渡損益調整資産に該当し、B社分およびC社分は対象外となります。

繰り延べられる譲渡損益額

Q3

繰り延べられる譲渡損益額は、どのように計算されるのですか。

A

繰り延べられる譲渡損益額は「譲渡対価の額－譲渡原価の額」と計算されます。

1 譲渡対価の額

　譲渡損益調整資産に該当する資産の譲渡であっても、資産の譲渡であることには変わりはないため特例の規定がある場合を除き譲渡時の当該資産の価額(時価)によります（法基通12の4－1－1）。

　したがって簿価で譲渡した場合は、簿価と時価との差額が寄附金に該当すれば差額を寄附金として認識したうえで、差額を譲渡損益額として繰り延べます。

　一方で、この寄附金については寄附金の損金不算入・受贈益の益金不算入の適用を受けることになります（法法25の2、37②参照）。

2 譲渡原価の額

(1) 原則

　譲渡原価の額には、不動産売買または有価証券の譲渡に係る手数料等、譲渡に付随して発生する費用は含まれません（法基通12－4－1－2）。

(2) 期中に譲渡した場合の譲渡原価の額

　期首から譲渡時点までの期間に係る減価償却費相当額を会計上償却費として計上した場合には、その減価償却費相当額を税務上も当該事業年度における費用の額として損金に算入することになるので、譲渡損益額の計算上、その譲渡に係る原価の額には含まれません。

3 簿価譲渡の場合の取扱い（国税庁質疑応答事例問10および問11参照）

　譲渡対価は前述のように時価が原則であるため、譲渡会社にて簿価で譲渡した場合は譲渡会社および譲受会社において次のように申告調整が必要となります。

(1) 非減価償却資産を簿価譲渡（低廉譲渡）した場合の申告調整

【設例】

> 譲渡会社が時価100百万円の土地を80百万円で譲受会社に譲渡しました。

① 譲渡に係る対価の額

　時価である100百万円となります。

② 土地の取得価額

　法人が無償または低廉により資産を取得した場合で、その資産の価額のうち贈与または経済的利益の供与を受けたと認められる部分があるときは、その資産の取得のために通常要する価額（時価）が取得価額となります。

　したがって、譲受会社が取得した土地に付すべき取得価額は、当該土地の譲渡の時の時価である100百万円となります。

③ 譲渡法人と譲受法人の申告調整

　譲渡法人においては、時価と譲渡対価の額との差額（以下「時価差額」）を譲渡利益額として計上した上で、その譲渡利益額の繰延べ処理を行います。

　また、同額を寄附金の額として認容したうえで、その全額を損金不算入とする申告調整を行います。

　譲受法人においては、時価差額を受贈益として計上し、資産の取得価額に加算した上で、その全額を益金不算入とする申告調整を行います。

　前述を図示すると、以下のようになります。

譲渡法人の税務処理	譲受法人の税務処理
・譲渡利益額の計上 ・譲渡利益額の繰延べ（益金不算入） ・寄附金認容 ・寄附金の損金不算入	・受贈益の計上 ・受贈益の益金不算入

（2）減価償却資産を簿価で譲り受けた場合の申告調整

【設例】

　譲渡会社が時価100百万円の機械装置（減価償却資産）を80百万円で譲受会社に譲渡しました。

① 譲渡法人の申告調整

　（1）と同様となります。

② 譲受法人の申告調整

譲受法人は、以下を行います。

　a　受贈益の計上（取得価額の加算）

　b　その益金不算入処理

　c　減価償却超過額の損金不算入処理

③ 受贈益の計上（取得価額の加算）

　譲受法人は時価よりも低い価額で取得した機械装置（減価償却資産）についてその取得価額として経理した金額(80百万円)がその機械装置の取得時の時価(100百万円)に満たない場合の、その満たない金額（80百万円）をその機械の取得価額に加算し、同額を譲渡法人からの受贈益として、益金の額に加算します。

【税務仕訳】

| （借方）機械装置 | 20百万円 | （貸方）受贈益 | 20百万円 |

【申告調整】

| 受贈益計上もれ　20百万円（加算・留保（機械）） |

④ 益金不算入処理

　この受贈益の額は完全支配関係のある譲渡法人から受けた受贈益の額であることから、その全額を益金不算入とします。

【申告調整】

| 受贈益の益金不算入　20百万円（減算・その他流出） |

⑤ 減価償却超過額の損金不算入処理

　a　損金算入限度額の計算

　　機械装置に係る減価償却費の損金算入限度額の計算については、税務上の取得価額（100百万円）を基礎として、機械の譲受け時（事業供用時）からその事業年度末までの期間分の減価償却費の損金算入限度額を計算します。

b 減価償却超過額

譲受法人が事業年度においてその償却費として損金経理をした金額のうち、上掲損金算入限度額を超える部分の金額が減価償却超過額として損金不算入となります。

c 償却費として損金経理した金額

減価償却資産を時価よりも低い価額で譲り受けた場合で、その譲り受けた価額をその取得価額として経理しているときには、機械装置の取得価額に加算した時価に満たない金額（20百万円）は、「償却費として損金経理をた金額」に含まれるため（法基通7－5－1（4））、減価償却超過額の計算に当たっては、この20百万円を償却費として損金経理をした金額に含めて計算を行います。

したがって、減価償却費の損金算入限度額が15百万円、当該事業年度においてその償却費として損金経理した金額が30百万円（会計上10百万円＋加算分20百万円）である場合には、減価償却超過額は15百万円（30百万円－15百万円）となるので、15百万円を減価償却超過額として損金不算入とします。

【税務仕訳】

（借方）減価償却費	20百万円	（貸方）機械装置	20百万円
減価償却超過額	15百万円	減価償却費	15百万円

【申告調整】

減価償却費認容　20百万円（減算・留保）
減価償却超過額　15百万円（加算・留保）

以上をまとめたものが、次のように別表記載例として国税庁応答事例問11に記載されています。

【別表記載例】

区　分			総　額	留　保	社外流出
加算	受贈益計上もれ		20,000,000	20,000,000	
	減価償却の償却超過額	7	15,000,000	15,000,000	
	小　計	13	35,000,000		
				35,000,000	
減算	受贈益の益金不算入額	18	20,000,000		20,000,000
	減価償却費容認		20,000,000	20,000,000	
	小　計	25	40,000,000	20,000,000	20,000,000
所得金額又は欠損金額		44	△5,000,000	15,000,000	△20,000,000

別表五（一）

区　分	期　首	減	増	期　末
減価償却超過額			15,000,000	15,000,000
機械		20,000,000	20,000,000	
計		20,000,000	35,000,000	15,000,000

（出典：平成22年度税制改正に係る法人税質疑応答事例（グループ法人税制関係）（国税庁））

繰延損益の戻入れ

Q4

繰り延べられた損益が戻し入れられるのは、どういう場合ですか。

𝓐

譲受法人において、グループ外の法人に譲渡されたり、減価償却資産につき償却費が損金算入されたり、金銭債権について貸倒等の事由が生じた場合には譲渡法人において一定の計算方法によって計算される額を戻し入れることになります。また、減価償却資産および繰延資産については簡便法も適用できます。

1 繰延損益の戻入れ（グループ外およびグループ内への譲渡等）

（1）譲受法人において、譲渡損益調整資産の譲渡等次の事由が生じたときは、以下に記載の計算方法等によって繰り延べた譲渡損益額の戻入れを行います。

（2）譲渡法人から譲渡損益調整資産を譲り受けた譲受法人が、その後、グループ内の他の完全支配法人にその資産を譲渡した場合には、譲渡法人は繰り延べていた譲渡損益を戻し入れ、一方譲受法人はその譲渡損益調整資産を他の完全支配法人に譲渡したことにより生じた譲渡利益額または譲渡損失額に相当する金額を損金の額または益金の額に算入して譲渡損益を繰り延べることになります（国税庁応答事例問8参照）。

2 戻入れ事由および戻し入れる譲渡損益額

戻入れ事由	戻し入れる譲渡損益額
譲渡損益調整資産の譲渡、貸倒れ、除却等	全　額
譲渡損益調整資産の適格分割型分割による分割継承法人への移転割承継法人への移極	全　額
普通法人等から公益法人等になった場合	全　額
法人税法25条2項、33条2項の規定の評価換えの評価損益の計上	全　額

譲渡損益調整資産が譲受法人で減価償却資産に該当し、償却費が損金算入された場合	譲渡損益額 × $\dfrac{\text{償却費の損金算入額}}{\text{譲受法人の譲渡損益調整資産の取得価額}}$
譲渡損益調整資産が譲受法人で繰延資産に該当し、償却費が損金算入された場合	譲渡損益額 × $\dfrac{\text{償却費の損金算入額}}{\text{譲受法人の譲渡損益調整資産の取得価額}}$
譲渡損益調整資産と譲受法人で同銘柄の有価証券の譲渡	譲渡損益額 × $\dfrac{\text{譲受法人が譲渡した株式数}}{\text{譲渡法人から取得した株式数}}$
償還有価証券の調整差損益の計上	譲渡損益額 × $\dfrac{\text{当期の日数}}{\text{当期開始日から償還有価証券の償還日までの日数}}$
連結納税開始に伴う時価評価損益の計上	全　額
完全支配関係がなくなった場合（完全支配関係がある法人間の適格合併を除く）	全　額

3 戻入れに関する取扱い

(1) 戻入れ事由

次の場合も戻入れ事由となります（法基通12の4-3-1）。

① 金銭債権につき、譲渡を受けた法人においてその全額が回収されたこと、または法人税基本通達2-1-34（債権の取得差額に係る調整差損益の計上）の取扱いの適用を受けたこと

② 償還有価証券につき、譲受法人においてその全額が償還期限前に償還されたこと

③ 固定資産につき、譲受法人において災害等により滅失したこと

(2) 契約の解除等があった場合の戻入れ（法基通12の4-3-2）

① 譲渡損益調整資産の譲渡について契約の解除もしくは取消しまたは返品があった場合、その事業年度開始の時における期首譲渡損益調整額を益金の額または損金の額に算入します。

② 譲渡利益額が生じた譲渡に係る値引きがあった場合、以下のようになります。
　(イ)　値引額がその事業年度開始の時における期首譲渡損益調整額以内の場合は、期首譲渡損益調整額のうち値引額に相当する金額を益金の額に算入します。
　(ロ)　値引額がその事業年度開始の時における期首譲渡損益調整額を超える場合は、その期首譲渡損益調整額の全額を益金の額に算入するとともに、超える部分の金額を新たに譲渡損益調整額として益金の額に算入します。
③ 譲渡損失額が生じた譲渡に係る値引きがあった場合
　値引額に相当する金額を新たに譲渡損益調整額として益金の額に算入します。

(3) 金銭債権の一部が貸倒れとなった場合の戻入れ（法基通12の4－3－4）

　法人が譲渡した金銭債権について、譲受法人においてその金銭債権の一部が貸倒れとなった場合、戻入れとして損金の額に算入する金額は、例えば、金銭債権に係る譲渡損益調整額に譲受法人の金銭債権の取得価額のうちに占める貸倒れによる損失の額の割合を乗じて計算した金額とする等、合理的な方法により計算した金額とします。

(4) 土地の一部譲渡があった場合の戻入れ（法基通12の4－3－5）

　法人が譲渡損益調整資産である土地について、譲受法人がその一部を譲渡した場合の益金の額または損金の額に算入する金額は、例えば、譲受法人が譲渡した土地の面積と譲渡法人が譲渡した土地の面積の比に応じて区分する等合理的な方法により計算した金額とします。

(5) 同一銘柄の有価証券を2回以上譲渡した場合の戻入れ（法基通12の4－3－6）

　法人が譲渡損益調整資産である銘柄を同じくする有価証券を、2回以上にわたって譲渡した後に譲受法人がその有価証券を譲渡した場合の戻入れ計算は、譲受法人が譲渡法人から最も早く取得したものから順次譲渡したものとみなして規定を適用します。

(6) 債権の取得差額に係る調整差損益を計上した場合の戻入れ（法基通12の4－3－3）

法人が譲渡した金銭債権につき譲受法人において法人税基本通達2－1－34（債権の取得差額に係る調整差損益の計上）の取扱いを適用している場合に、益金の額または損金の額に算入する金額は、例えば、次のような合理的な方法により計算した金額とします。

① 金銭債権を譲渡した事業年度

譲渡損益調整額に譲渡した日から金銭債権の最終の支払期日までの期間のうちに占める譲渡した日から当該事業年度終了の日までの期間の割合を乗じて計算した金額

② 金銭債権の最終の支払期日の属する事業年度

事業年度開始の時における期首譲渡損益調整額

③ ①および②以外の事業年度

譲渡損益調整額に譲渡した日から金銭債権の最終の支払期日までの期間に占める当該事業年度の期間の割合を乗じて計算した金額

4 簡便法の適用

減価償却資産と繰延資産については、簡便法による譲渡損益額の戻入れを行うことができます。

(1) 簡便法による譲渡損益の戻入れ額

① 減価償却資産の場合

$$戻し入れる譲渡損益額＝譲渡損益 \times \frac{当期の月数（譲渡前の期間は除く）^{(注)}}{耐用年数 \times 12}$$

② 繰延資産の場合

$$戻し入れる譲渡損益額＝譲渡損益 \times \frac{当期の月数（譲渡前の期間は除く）^{(注)}}{繰延資産の費用の支出の効果の及ぶ期間}$$

(注) 譲渡の日を含む事業年度にあっては譲渡の日から当該事業年度終了の日までの期間となります。

（2）簡便法を適用するに当たっての取扱い

① 複数の減価償却資産（法基通12の4－3－8）

戻入れ計算の簡便法の適用については、複数の減価償却資産を譲渡した場合であっても、個々の減価償却資産ごとに同項の規定を適用することができます。複数の繰延資産の譲渡を行った場合についても、同様となります。

② 譲受会社における事業共用の有無

簡便法を適用した場合には減価償却資産の場合、譲受法人において事業共用の有無に関係なく戻入れを行うこととなります。

③ 譲受会社における通知

簡便法を適用した場合の戻入額は、譲受法人において償却費として損金の額に算入された金額に関係なく、その譲渡損益調整資産について譲受法人が適用する耐用年数を基礎として計算を行うこととなります。したがって、譲受法人において償却費として損金の額に算入した金額を毎期譲渡法人に対して通知する必要はなく、取得時に適用する耐用年数を通知するだけで足ります。

また譲受法人において償却費として損金の額に算入された金額にかかわらず（例えばゼロであっても）、譲渡法人側においては簡便法により計算した戻入額を益金の額または損金の額に算入することとなります。

④ 譲渡渡損益調整資産の耐用年数を短縮した場合

簡便法を適用するに当たり、譲受法人において耐用年数を短縮することの承認を受けたときには、承認を受けた日の属する事業年度およびその後の事業年度等の耐用年数は、その承認に基づく耐用年数とすることができます（法基通12の4－3－10）。

5 戻入れの計算に関する明細の記載

簡便法を適用しようとする譲渡損益調整資産の譲渡の日の属する事業年度の確定申告書に簡便法により計算した益金の額または損金の額に算入する金額およびその計算に関する明細の記載がある場合に限り適用されます。したがって明細の記載がない場合には、原則法が適用されます。

ただし、宥恕規定があります。

資産譲渡取引における手続き

Q5
譲渡法人および譲受法人にて、行う必要があるのはどんなことですか。

A
譲渡法人が譲受法人に対して譲渡した資産が譲渡損益調整資産に該当する場合には、譲渡法人から譲受法人あるいは譲受法人から譲渡法人に通知する必要があります。また、簡便法を適用した場合には明細を記載する必要があります。

(1) 通知事由および通知内容
　譲渡法人、譲受法人にて次の①から③の事由が生じた場合には、譲渡法人から譲渡法人、譲受法人から譲渡法人へ通知を行わなければなりません。
① 譲渡法人が譲受法人に対して譲渡した資産が譲渡損益調整盗産に該当する場合：
　　譲渡法人から譲受法人への通知
② 譲渡法人が譲渡損益調整資産である減価償却資産や繰延資産を譲受法人に譲渡し、戻入れについて簡便法を適用する場合や、譲渡損益調整資産である有価証券が譲受法人では売買目的有価証券に該当する場合：
　　譲受法人から譲渡法人への通知
③ 譲受法人において、繰延べ額の戻入れに関する事由が生じた場合：
　　譲受法人から譲渡法人への通知
　これらをまとめると、次のようになります。

通知者	通知事由	通知内容
譲渡法人	譲渡損益調整資産を譲受法人に譲渡したこと	譲受法人に対して譲渡した資産が譲渡損益調整資産である旨（減価償却資産または繰延資産につき簡便法の適用を受けようとする場合には、その旨を含む）
譲受法人	譲渡損益調整資産が売買目的有価証券であること	その旨
	譲渡損益調整資産が減価償却資産または繰延資産である場合において譲渡法人から簡便法を適用しようとする旨の通知を受けたこと	当該資産について適用する耐用年数または当該資産の支出の効果の及ぶ期間
	戻入事由が生じたこと	その旨（減価償却資産または繰延資産の場合には、その償却費の額を含む）およびその生じた日

（2）通知の方法

　法令等において特段、その方法や手続き（様式等）は定められていません。したがって、譲渡会社と譲受会社との間で任意の方法を用いて通知を行って差しつかえありません。

　また連結納税をしている場合には、事実上、連結法人間の通知行為が行われていることから通知を省略できます。

　なお、通知書は、国税庁の法人税質疑応答事例（第1弾・問13）に見本が示されています。通知書の書式の例が参考として掲載されています。

4 100％グループ内の法人間の寄附金

100％グループ内の法人間の寄附金の損金不算入制度の概要

Q1
100％グループ内の法人間の寄附金の損金不算入制度の概要について、教えてください。

A
① 法人による完全支配関係がある内国法人間の寄附について、寄附をした内国法人は寄附の全額を損金不算入とし（法法37②）、当該他の内国法人が受けた受贈益の全額を益金不算入とすることとなりました（法法25の2）。
② この規定は、完全支配関係にある内国法人間の寄附金すべてについて適用されるため、完全支配関係にある親法人と子法人との間の寄附金のみならず、完全支配関係にある子法人間、親法人と孫法人間等、広く適用されます。

1 寄附金等について法人税法上の取扱い

寄附の範囲は法人税法第37条第7項に規定されており、金銭その他の資産の贈与以外に経済的な利益の無償の供与も寄附金に該当するとされています。寄附金に該当した場合には、損金算入限度額を超える寄附金の額は損金不算入となり、

一方、寄附を受けた法人では、その受けた寄附金相当の受増益が生じ益金の額に算入されます。

平成22年度税制改正前の規定では、単体法人においてグループ法人間での寄附による所得移転を行おうとする場合に、寄附金の支払い側では一定の範囲で損金への算入が認められ、一方、寄附金の受取り側では全額が益金に算入されていたため、グループ全体としては課税所得を発生させる結果となっていました。

2 改正後の取扱い

しかし、平成22年度税制改正により、寄附金の支払い側、受取り側ともに、その全額が損金不算入、益金不算入となるので、課税所得が発生することなく、グループ内における資金移動が行いやすくなると考えられます。

ただし、法人税法上は、中立性が確保される一方で、黒字会社から赤字会社への資金移動によって、相続税額を軽減するための株価対策として利用されること等も考えられることから、この規定は、「法人による完全支配関係（内国法人のみ）」がある場合に限定されています。

そのため、グループ法人税制における「100％グループ」の判別要件と異なり、個人である同族関係者が株主であるグループ法人については、この寄附金の取扱いは適用されないので、注意が必要です。

寄附修正事由が発生した子会社株式に対する親法人の処理

Q2

寄附修正事由が発生した子会社株式に対する親法人の処理について、教え

てください。

A

① 完全支配関係にある法人間において寄附修正事由が生じた場合は寄附金、受贈益があった法人の株主であるグループ法人の寄附修正事由が生じた時の直前のその法人の株式の帳簿価額に一定の金額を加減算する「寄附修正」が必要となります。

② 寄附金の額が、支出法人の株式の帳簿価額が上回った場合には、税務上は、マイナスの帳簿価額が生じることになります。

1 寄附修正とは

以下の寄附修正事由が生じた場合に、親法人である法人株主は、完全支配関係を有する子会社株式の帳簿価額を修正する必要があります。

① 子法人が他の内国法人から全額益金不算入となる受贈益を受けた場合
② 子法人が他の内国法人に対して全額損金不算入となる寄附をした場合

Q1の解説の通り、グループ法人間の寄附について課税関係を生じさせないこととなる一方、これを利用した子会社株式の価値の引下げによる子会社株式の譲渡損を作出する租税回避を防止するために、子会社株式の帳簿価額を調整することとなります。

2 子会社間で寄附が行われた場合の寄附修正

(1) 税務上の処理

子会社間で寄附が行われた場合、株主である親法人においては、以下のような税務上の処理を行う必要があります。

受贈益を受けた子会社	子会社株式の帳簿価額に加算するとともに、同額を利益積立金に加算
寄附を行った子会社	子会社株式の帳簿価額から減額するとともに、同額を利益積立金から減額

(2) 修正金額の算定式

寄附修正の金額は、以下の算式に基づき計算されます。

> 子会社が受けた受贈益の額（子会社が支出した寄附金の額）×
> 法人株主が有する子会社株式の持分割合

なお、持分割合とは以下の割合をいいます。

$$持分割合 = \frac{寄附修正事由が生じた時の直前における法人株主が有する当該子会社の株式数または出資金額}{寄附修正事由が生じた時の直前における子会社の発行済株式の総数または出資の総額（自己株式を除く）}$$

3 親子会社間で寄附が行われた場合

(1) 税務上の処理

親会社が有する100％子会社株式については、帳簿価額の修正が必要となります。ただし、子会社から親会社へ寄附があった場合において、当該寄附が株主としての地位に基づいて供与された経済的利益であると認められるような場合には、寄附金でなく配当金と認定され、子会社において所得税の源泉徴収漏れとなるため注意が必要となります。

(2) 子会社から親会社への寄附が配当と認定されるか

配当については会社法上、種々の規制がある等、寄附とは法的な性質が異なりますが、配当を行った子会社および配当を受けた親会社の経済的実質は子会社から親会社へ寄附を行った場合と同様です。

しかし、出資者たる地位に基づいて供与したものかどうかを判断するのは実務上難しく、100％子会社から親会社への寄附についての課税上の取扱いは明確化されておりません。

ただし、子会社から親会社への低額譲渡について譲渡した資産の時価と対価との差額が寄附と認定される場合や、親会社から子会社が経営指導を受けており、その対価として支払った経営指導料が寄附金と認定される場合等のように、事業

活動の一環として行われた親子会社間での利益供与等に関しては、配当とみなされる可能性は低い点にご留意ください。

子会社株式の帳簿価額以上の寄附修正

> **Q3**
> 子会社株式の帳簿価額以上の寄附が行われた場合の寄附修正の処理方法について、教えてください。
>
> **A**
> 寄附金の額が、支出法人の株式の帳簿価額が上回った場合には、税務上は、マイナスの帳簿価額が生じることになります。

1 税務上の処理

　完全支配関係がある法人間で寄附金の授受が行われた場合（寄附修正事由が生じた場合）、株主法人は、寄附金の授受を行った法人の株式の帳簿価額の修正を行わなければなりませんが、寄附金の額が、寄附金の支出法人の株式の帳簿価額が上回った場合には、税務上は、マイナスの帳簿価額が生じることになります。
　このマイナスの帳簿価額が生じた子会社株式をグループ外へ売却した場合等、会計上の譲渡益以上に税務上の譲渡益が発生し、思わぬ税負担が発生することとなるので、注意が必要です。

2 設例

(1) 子会社株式の帳簿価額の修正

　100％子会社が支出した寄附金の額1,000万円を子会社株式の帳簿価額500万円から減額し、同額を利益積立金額から減算します。この場合、帳簿価額修正後の子会社株式の会計上、税務上の帳簿価額は以下の通りです。

税務上の帳簿価額	会計上の帳簿価額
△500万円	500万円

(2) 子会社株式が時価1,000万円でグループ外へ売却された場合の会計上、税務上の譲渡益は以下の通りです。

	帳簿価額	譲渡対価	譲渡損益
会計上	500万円	1,000万円	500万円
税務上	△500万円	1,000万円	1,500万円

　以上の通り、会計上は500万円の譲渡益ですが、税務上は1,500万円の譲渡益となり、別表四上、この金額で加算調整が必要となるので注意が必要です。

100％グループ内での無利息貸付、低利貸付

Q4

100％グループ内で無利息貸付、低利貸付を行った場合の親法人の処理に

ついて、教えてください。

A

貸付金利息につき、法人税基本通達9－4－2の要件を満たしていない場合には、税務上は一般に寄附金として認定されることになるため、寄附をした法人の寄附金については全額損金不算入、寄附を受けた法人の受贈益については全額益金不算入となります。

1 法人税基本通達9－4－2の要件を満たした場合

　子会社等の再建を図るうえで、資金援助として行われた無利息貸付や低利貸付については法人税基本通達9－4－2に取扱いが定められており、一定の要件を満たす貸付金等の供与する経済的利益の額は、寄附金の額に該当しないものとされています。

2 法人税基本通達9－4－2の要件を満たさない場合

(1) 寄附金として取り扱われる趣旨

　貸付金を無利息とすることについて合理的な理由がない場合には、通常収受すべき利息相当額が寄附金として取り扱われることになりますが、その場合であっても何ら対価性がないわけではなく、資金援助を行うことについての一定の理由が存在していることが考えられます。

　ただし、100％の完全支配関係を有する子法人の再建を図るうえで、合理的な再建計画に基づかずに行われる場合は、税務上は寄附金として認定される可能性があります。

(2) 利息相当額の計算方法

　通常収受すべき利息相当額は、子会社に対する貸付金が銀行等から借り入れた資金とひも付きの場合には、その借入利率により計算され、ひも付きでない場合には、親会社の平均調達金利等によって計算されることが多いと考えられます。

なお、平成22年10月1日以後に支出される寄附金に対して、損金不算入制度が適用されることとなるため、原則として、それ以後の期間に対応する利息相当額から平成22年度の税制改正の影響を受けることになると考えられます。

【参考】：（法人税基本通達9－4－2　子会社等を再建する場合の無利息貸付け等）

> 法人がその子会社等に対して金銭の無償若しくは通常の利率よりも低い利率での貸付け又は債権放棄等（以下9－4－2において「無利息貸付け等」という。）をした場合において、その無利息貸付け等が例えば業績不振の子会社等の倒産を防止するためにやむを得ず行われるもので合理的な再建計画に基づくものである等その無利息貸付け等をしたことについて相当な理由があると認められるときは、その無利息貸付け等により供与する経済的利益の額は、寄附金の額に該当しないものとする。
> （注）合理的な再建計画かどうかについては、支援額の合理性、支援者による再建管理の有無、支援者の範囲の相当性及び支援割合の合理性等について、個々の事例に応じ、総合的に判断するのであるが、例えば、利害の対立する複数の支援者の合意により策定されたものと認められる再建計画は、原則として、合理的なものと取り扱う。

100％グループ内での資産の低額譲渡

Q5

100％グループ内で資産の低額譲渡を行った場合の処理について、教えてください。

A

内国法人が他の内国法人に対して譲渡損益調整資産を低額譲渡した場合には、時価との差額は寄附金および受贈益を計上することとなりますが、譲渡法人ではその贈与にかかる寄附金は全額損金不算入となり、譲受法人で

は受贈益は全額益金不算入となります。

❶ 法人税法上の資産の低額譲渡

　法人税法第37条第8項において、資産の低額譲渡または経済的利益の低廉供与をした場合における対価の額と、その譲渡時の時価またはその供与時の時価との差額のうち実質的に贈与または無償の供与をしたと認められる金額は、寄附金に該当するものと規定されています。

❷ 100%グループ内で低額譲渡を行った場合の処理

　法人による完全支配関係がある内国法人間の資産の低額譲渡については、資産の譲渡損益および寄附・受贈益に対してグループ法人税制の取扱いが適用されます。
　また、このようなケースの多くは、当初から寄附を意図して取引を行うことはあまりなく、税務調査の場において取引価額の適正性を事後的に指摘される場合が多い点に注意が必要です。

❸ 譲渡損益調整資産以外の資産の低額譲渡

　内国法人が完全支配関係のある他の内国法人に対して資産を譲渡した場合にはその時価と譲渡対価との差額に対する課税は繰り延べられますが、その適用対象となるのは譲渡損益調整資産に限られます。
　譲渡損益調整資産は、譲渡法人における帳簿価額が1,000万円以上の一定の資産に限られます（法法61の13①、法令122の14①）。
　譲渡損益調整資産以外の資産を譲渡した場合には、完全支配関係がある内国法人間の取引であってもその譲渡損益に対して課税されることとなります。

4 設例

(1) 法人による完全支配関係がある場合

【設例】

時価4億円（帳簿価額7,000万円）の土地を100％グループ内の兄弟会社B社に3億円で低額譲渡した場合のA社およびB社の法人税の取扱い

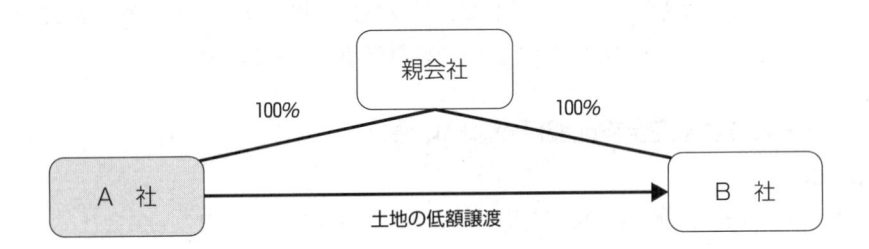

〈A社の会計上の仕訳〉

（借方）現金預金	3億円	（貸方）土地	7,000万円
		譲渡益	2億3,000万円

〈A社の税務上の仕訳〉

（借方）現金預金	3億円	（貸方）土地	7,000万円
寄附金	1億円	譲渡益	3億3,000万円

＜A社の法人税法上の取扱いと別表調整＞

譲渡益：譲渡益相当額は損金算入となり、別表上、減算・留保とします。

寄附金：寄附金全額が損金不算入となり、別表上、加算・社外流出とします。また、寄附金認容として、別表上、減算・留保および譲渡益計上もれとして、別表上、加算・留保とします。

＜B社の会計上の仕訳＞

（借方）土地	3億円	（貸方）現金預金	3億円

<B社の税務上の仕訳>

(借方) 土地	4億円	(貸方) 現金預金	3億円
		受贈益	1億円

<B社の法人税法上の取扱いと別表調整>
受贈益：受贈益は全額益金不算入となり、別表上、減算・課税外収入とします。また、受贈益計上もれとして、別表上、加算・留保とします。なお、別表五（一）においては、土地の取得価額の増加となります。

（2）法人による完全支配関係がない場合

【設例】
時価4億円（帳簿価額7,000万円）の土地を100％グループ内の兄弟会社B社に3億円で低額譲渡した場合のA社およびB社の法人税の取扱い

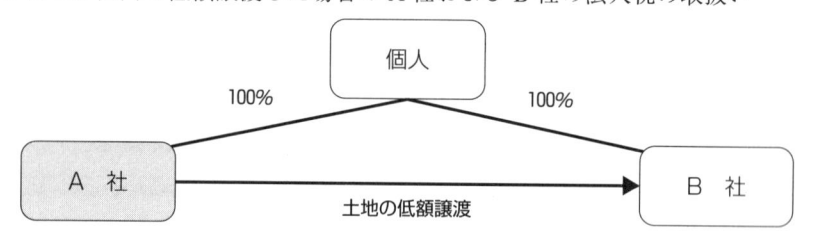

<A社の会計上の仕訳>

(借方) 現金預金	3億円	(貸方) 土地	7,000万円
		譲渡益	2億3,000万円

<A社の税務上の仕訳>

(借方) 現金預金	3億円	(貸方) 土地	7,000万円
寄附金	1億円	譲渡益	3億3,000万円

<A社の法人税法上の取扱いと別表調整>
譲渡益：譲渡益相当額は損金算入となり、別表上、減算・留保します。

寄附金：損金算入限度額を超える部分が損金不算入となり、別表上、加算・社外流出とします。また、寄附金認容として、別表上、減算・留保および譲渡益計上もれとして、別表上、加算・留保とします。

＜B社の会計上の仕訳＞

| （借方）土地 | 3億円 | （貸方）現金預金 | 3億円 |

＜B社の税務上の仕訳＞

| （借方）土地 | 4億円 | （貸方）現金預金 | 3億円 |
| | | 受贈益 | 1億円 |

＜B社の法人税法上の取扱いと別表調＞
受贈益：受贈益は全額益金算入となり、課税繰延べとしての別表調整は必要ありません。ただし、受贈益計上もれとして、別表上、加算・留保とします。なお、別表五（一）においては、土地の取得価額の増加となります。

100％グループ内で債務超過の子会社に債権放棄を行った場合の親法人の処理

Q6

100％グループ内で親会社が債務超過の子会社に債権放棄を行った場合の親会社の処理について、教えてください。

第4章 グループ法人税制

A

① 債権放棄が合理的な再建計画に基づき、子会社を支援するためやむを得ず行われたと認められる場合には、当該債権放棄は寄附金には該当せず、その全額が損金算入されます。
② 当該債権放棄が寄附金に該当する場合には、債権放棄をした親会社については当該債権放棄の全額が損金不算入、債権放棄を受けた子会社については全額が益金不算入となります。

◩ 債権放棄が寄附金に該当しない場合

債務超過となっている子会社が債権放棄を受ける場合、課税所得が発生したとしても、青色欠損金の繰越控除により課税自体は発生しないことが一般的と思われます。

また、債権放棄が会社更生法等の規定による更生手続き開始の決定等に基づくものであるときは、更生債権等を有する者から受けた債務免除により発生した受贈益に対しては期限切れ欠損金を充当することができます。

◪ 債権放棄が寄附金に該当する場合

法人税基本通達9－4－1または9－4－2に規定されている通り、子会社等を整理または再建するために行った債権放棄等が寄附金に該当するための相当な理由があると認められず、子会社等に対して供与する経済的利益の額が寄附金に該当する場合には、債権放棄をした親会社については当該債権放棄の全額が損金不算入、債権放棄を受けた子会社においてはその全額が益金不算入となります。

なお、法人税基本通達9－4－2についてはQ4をご参照ください。

【参照】：(法人税基本通達9－4－1 子会社等を整理する場合の損失負担等)

> 法人がその子会社等の解散、経営権の譲渡等に伴い当該子会社等のため(注)に債務の引受けその他の損失負担又は債権放棄等（以下9－4－1において「損失負担等」

という。）をした場合において、その損失負担等をしなければ今後より大きな損失を蒙ることになることが社会通念上明らかであると認められるためやむを得ずその損失負担等をするに至った等そのことについて相当な理由があると認められるときは、その損失負担等により供与する経済的利益の額は、寄附金の額に該当しないものとする。(昭55年直法2－8「三十三」により追加、平10年課法2－6により改正)

(注) 子会社等には、当該法人と資本関係を有する者のほか、取引関係、人的関係、資金関係等において事業関連性を有する者が含まれる。

5 現物分配

適格現物分配の概要

Q1
平成22年度税制改正では、適格現物分配の制度が創設されましたが、その概要について教えてください。

A
① 適格現物分配は、組織再編税制の一環として位置づけられ、譲渡損益の繰延べが図られました。
② 内国法人が適格現物分配により被現物分配法人にその有する資産の移転をしたときは、当該被現物分配法人に当該移転をした資産の当該適格現物分配の直前の帳簿価額による譲渡をしたものとして、当該内国法人の各事業年度の所得の金額を計算することとされました。

1 現物分配の課税

　株式会社が株主に剰余金の配当をしようとする場合には、その都度、株主総会において配当財産の種類を決議する必要があります（会454①一）が、このことから、会社法上は、金銭以外の現物資産をもって配当することもありうるものとしています。
　法人税法上も、法人（公益法人等および人格のない社団等を除く）が以下の通り、その株主等に対し剰余金の配当を行う場合等において金銭以外の資産の交付をすることを「現物分配」と定義しています（法法2十二の六）。

【現物分配】

① 剰余金の配当（株式又は出資に係るものに限るものとし、資本剰余金の額の減少に伴うもの及び分割型分割によるものを除く。）等
② みなし配当事由（法法24①三〜六）
　a　資本の払戻し（剰余金の配当（資本剰余金の額の減少に伴うものに限る。）のうち、分割型分割によるもの以外のものをいう。）
　b　解散による残余財産の分配
　c　自己株式の取得（金融商品取引所の開設する市場における購入による取得等一定のものを除く。）
　d　出資の消却、払戻し等株式又は出資をその発行した法人が取得することなく消滅させること
　e　組織変更（組織変更をした法人の株式又は出資以外の資産を交付したものに限る。）

　現物分配による資産の移転は譲渡の一形態なので、原則として現物分配を行った法人においては、時価により資産を譲渡したことになり、時価と簿価との差額である譲渡損益が認識され、その上で資本等取引として社外流出したことになります（法法22②、③、⑤）。

　現物分配を受けた株主側においても、資産を時価により受け入れ、受取配当等の額を認識することになり、それが内国法人や出資比率が25％以上の外国子会社から受けるものであれば、益金不算入制度の適用を受けることになります。

2　適格現物分配の創設

　適格現物分配とは、内国法人を現物分配法人とする現物分配のうち、その現物分配により資産の移転を受ける者がその現物分配の直前においてその内国法人との間に完全支配関係がある内国法人（普通法人または協同組合等に限る）のみであるものをいいます（法法２十二の十五）。

　子法人から親法人への資産の移転については、合併、分割という方法を用いれば簿価引継ぎとなる一方、配当、残余財産の分配という方法を用いれば譲渡損益課税が行われ、手段によって課税上の取扱いが異なることとなっていましたが、

グループ法人の実質的な一体性に着目すれば、グループ法人間の現物分配の場合にも、資産の譲渡損益はいまだ実現していないものと考えられることから、現物分配による資産の譲渡損益課税の繰延制度が措置されました。

すなわち、適格現物分配は適格合併や適格分割等と同様に適格組織再編成の1つとして整理されました。

適格現物分配による資産の移転は、簿価譲渡によるものとして課税を繰り延べる一方、内国法人からの受取配当等の益金不算入の規定の適用により益金不算入となるのではなく、組織再編成に係る所得の金額の計算に係る規定により益金不算入となりました（法法23①、24①、62の5④）。

3 適格現物分配における留意点

(1) 内国法人間の資産移転であること

適格現物分配は内国法人から内国法人への資産の移転に限定されています。

これは、適格現物分配により課税が繰り延べられた資産が国外に流出すると課税の機会がなくなってしまうためです。

適格現物分配の定義上、完全支配関係がある現物分配法人と被現物分配法人がともに一定の内国法人であれば足りることとなっています。したがって、以下の図のように、内国法人である現物分配法人G1と他の内国法人である被現物分配法人G2およびG3との間の完全支配関係がいずれも外国法人G4によるものであったとしても、その外国法人G4が現物分配の当事者でなければ、内国法人G1から内国法人G2、G3に対する現物分配はいずれも適格現物分配に該当します。

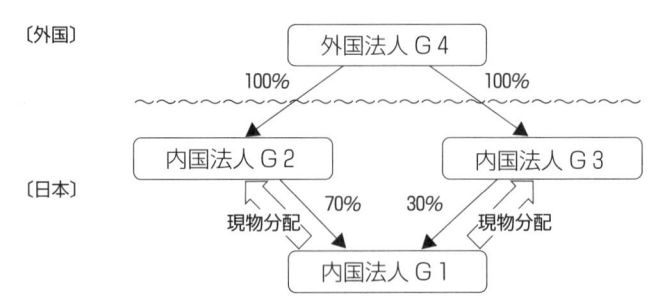

（国税庁ホームページ平成22年度税制改正に係る法人税質疑応答事例（グループ法人税制関係）問14より引用）

また、現物分配による事業の移転は前提とされていません。

現物出資とは異なり、現物分配に伴って負債の移転が行われるような場合は、これらを一体のものとして捉えることにはなりません。

また、残余財産の分配の際に、金銭と金銭以外の資産の両方が分配されるような場合には、金銭の分配と金銭以外の資産の交付を別々の取引として捉えることになるものと考えられます。

（2）完全支配関係の継続性

完全支配関係については、現物分配の直前に完全支配関係があることのみが要件とされ、その後の完全支配関係の継続見込みは要件とされていません。

（3）繰越欠損金等の利用制限

適格現物分配による資産の移転は帳簿価額により譲渡されたものとして取り扱われるので、被現物分配法人において譲渡を受けた資産の含み益と繰越欠損金との相殺が可能となります。このような租税回避行為を防止するため、適格現物分配を行った日の属する事業年度開始の日から5年前の日以後に支配関係が生じているような場合には、被現物分配法人において繰越欠損金の利用制限（法法57④）および特定資産に係る譲渡等損失額の損金不算入（法法62の7①）が適用されます。

ただし、この制限措置については特例が設けられており、確定申告書への明細書の添付等を要件に、現物分配によって切り捨てられる繰越欠損金等を含み益の金額の範囲内とすることができることとされました。併せて現物分配資産が含み損のある資産である場合には、繰越欠損金等は切り捨てられない措置も設けられています（法令113⑤～⑦）。

現物分配法人の会計・税務

Q2
現物分配法人の会計および税務処理について教えてください。

A

会計処理
① 現物配当を行った会社は、原則として配当の効力発生日における配当財産の時価と帳簿価額との差額を損益として認識し、配当財産の時価をもって、その他資本剰余金またはその他利益剰余金（繰越利益剰余金）を減額します。
② ただし、企業集団内の企業へ配当する場合は、配当の効力発生日における配当財産の帳簿価額をもってその他資本剰余金またはその他利益剰余金（繰越利益剰余金）を減額します。

税務処理
① 現物分配は、時価で譲渡したものとして取り扱われますが、適格現物分配を行った場合においては、被現物分配法人に移転をした資産の帳簿価額により譲渡をしたものとして所得計算を行います。
② 適格現物分配の場合、源泉徴収義務が課されません。

1 現物分配法人・被現物分配法人とは

現物分配法人とは、現物分配によりその有する資産の移転を行った法人をいいます（法法2十二の六）。なお、受取配当等の益金不算入制度と同様に、公益法人等および人格のない社団等は除かれています。

被現物分配法人とは、現物分配により現物分配法人から資産の移転を受けた法人をいいます（法法2十二の六の二）。

なお、現物分配法人および被現物分配法人は法人税法上の用語なので、会計処

理の説明では、「現物配当を行う会社」および「現物配当を受けた会社」と表現することとします。

2 現物配当を行う会社の会計処理

配当財産が金銭以外の財産である場合、配当の効力発生日（会454①三）における配当財産の時価と適正な帳簿価額との差額は、配当の効力発生日の属する期の損益として、配当財産の種類等に応じた表示区分に計上し、配当財産の時価をもって、その他資本剰余金またはその他利益剰余金（繰越利益剰余金）を減額します（自己株式等適用指針10）。

【仕訳例】
繰越利益剰余金からの配当で流出した資産の時価1,000、帳簿価額900の場合

（借方）繰越利益剰余金	1,000	（貸方）資産勘定	900
		譲渡利益	100

ただし、以下の場合には、配当の効力発生日における配当財産の適正な帳簿価額をもって、その他資本剰余金またはその他利益剰余金（繰越利益剰余金）を減額します。

① 分割型の会社分割（按分型）
② 保有する子会社株式のすべてを株式数に応じて比例的に配当（按分型の配当）する場合
③ 企業集団内の企業へ配当する場合
④ 市場価格がないこと等により公正な評価額を合理的に算定することが困難と認められる場合

なお、減額するその他資本剰余金またはその他利益剰余金（繰越利益剰余金）については、取締役会等の会社の意思決定機関で定められた結果に従うこととされています。

【仕訳例】
繰越利益剰余金からの企業集団内の企業への配当で資産の時価1,000、帳簿価額900の場合

（借方）繰越利益剰余金	900	（貸方）資産勘定	900

3 現物分配法人の税務処理

(1) 適格現物分配に該当しない場合

　適格現物分配に該当しない現物分配を行った場合、現物分配法人においては、現物分配による移転資産は時価により譲渡したものとして、その譲渡損益を益金または損金に算入することになります（法法62の5①、②）。

【仕訳例】
繰越利益剰余金からの配当で資産の時価1,000、帳簿価額900の場合

| (借方) 利益積立金額 | 1,000 | (貸方) 資産勘定 | 900 |
| | | 譲渡利益 | 100 |

(2) 適格現物分配に該当する場合

　内国法人が適格現物分配により被現物分配法人にその有する資産の移転をしたときは、その被現物分配法人に移転をした資産のその適格現物分配の直前の帳簿価額による譲渡をしたものとして、その内国法人の各事業年度の所得の金額を計算します（法法62の5③）。

　その他利益剰余金を配当原資として株主へ配当を行った場合には、その資産の帳簿価額を利益積立金額から減算させることになります（法令9①八）。

【仕訳例】

| (借方) 利益積立金額 | 900 | (貸方) 資産勘定 | 900 (簿価) |

　適格現物分配がみなし配当事由による場合は、みなし配当の計算が必要となります。適格現物分配の場合、交付直前の資産の帳簿価額が、当該法人の資本金等の額のうちその交付の基因となった当該法人の株式等に対応する部分の金額を超える場合の、その超える部分の金額がみなし配当金額とされています（法法24①）。

　交付直前の帳簿価額のうち株式等に対応する部分の金額は資本金等の額を減算し、みなし配当金額の部分は利益積立金額を減算します。

なお、適格現物分配の場合、配当金の額についての源泉徴収は不要です（所法181、24）。

被現物分配法人の会計・税務

Q3
被現物分配法人の会計および税務処理について教えてください。

A

会計処理
① 現物配当を受けた会社は、現物配当を行った会社の株式と実質的に引き換えられたものとみなして処理します。
② 受け取った財産は時価により計上し、引き換えられた現物配当を行った会社の株式の適正な帳簿価額との差額は交換損益として認識します。
③ この際、これまで保有していた株式のうち実質的に引き換えられたものとみなされる額は、分配を受ける直前の株式の適正な帳簿価額を合理的な方法によって按分し算定します。
④ ただし、企業集団内の企業からの現物配当の場合、受け取った財産を移転前に付されていた適正な帳簿価額により計上し、親会社が保有していた子会社株式のうち実質的に引き換えられた部分との差額を交換損益として認識します。

税務処理
① 適格現物分配の場合、その交付を受けた資産のその交付の直前の帳簿価額に相当する金額を利益積立金額に加算します。
② 会計上は、子法人株式の部分譲渡の処理が行われることになるので、申告書上、譲渡原価を加算調整（別表四「留保」）し、配当額を減算調整（別表四「流出」）することとなります。

1 現物配当を受けた会社の会計処理

　株主が現金以外の財産の分配を受けた場合、これまでの現金配当の実務にあわせた処理を考慮すれば、当該株主の会計処理は、分配側の原資（払込資本か留保利益か）に従って区別することが考えられます。しかし、そもそも分配側の原資により、自動的に受取側の会計処理（投資の払戻しか投資成果の分配か）が決定されるわけではありません。現金以外の財産の分配を受けた株主の会計処理は、むしろ、交換等の一般的な会計処理の考え方に準じて、会計処理することが適当とされました。

　したがって原則として、これまで保有していた株式が実質的に引き換えられたものとみなして、事業分離等会計基準に定められている被結合企業の株主に係る会計処理に準じて行うものとされています（事業分離等会計基準143）。

　親会社では、共通支配下の取引として受け取った財産を移転前に付されていた適正な帳簿価額により計上し、親会社が保有していた子会社株式のうち実質的に引き換えられた部分との差額を交換損益として認識します（事業分離等会計基準52、35、14）。

(注) 投資後に生じた利益の分配等、投資が継続しているとみなされる中で当該投資の成果として現金以外の財産の分配が行われた場合には、分配された財産の時価をもって収益として計上することが合理的と考えられます（事業分離等会計基準144）。

　この際、これまで保有していた株式のうち実質的に引き換えられたものとみなされる額は、分配を受ける直前の株式の適正な帳簿価額を合理的な方法によって按分し算定します。

　合理的に按分する方法には、次のような方法が考えられ、実態に応じて適切に用いることになります。

（1）関連する時価の比率で按分する方法

　配当財産の時価と配当直前の子会社の株主資本の時価との比率により、子会社株式の適正な帳簿価額を按分します。

（2）時価総額の比率で按分する方法

配当直前直後の子会社の時価総額の増減額を配当財産の時価とみなし、配当直前の子会社の時価総額との比率により、子会社株式の適正な帳簿価額を按分します。

（3）関連する帳簿価額（連結財務諸表上の帳簿価額を含む）の比率で按分する方法

配当財産の適正な帳簿価額と配当直前の子会社の株主資本の適正な帳簿価額との比率により、子会社株式の適正な帳簿価額を按分します。

【設例1】現物配当を受けた会社における会計処理

利益剰余金からの配当で資産を現物分配（時価1,000、簿価800）
子会社の配当直前の簿価純資産　4,000
親会社の子会社株式の帳簿価額　　500

【仕訳】

（借方）資産	800	（貸方）子会社株式	100
		交換損益	700

実質的に引き換えられたとみなされる子会社株式は、関連する帳簿価額の比率で按分する方法を採用し、以下のようになります。

$500 \times (800 \div 4,000) = 100$

2 被現物分配法人の税務処理

（1）適格現物分配に該当しない場合

適格現物分配に該当しない現物分配は、被現物分配法人においては、配当により収受した資産を時価で取得したものとして配当収入を計上します。

なお、当該配当金の額は、受取配当等の益金不算入制度の対象となります。

（2）適格現物分配に該当する場合

 被現物分配法人の適格現物分配により移転を受けた資産の取得価額は、現物分配法人における適格現物分配の直前の帳簿価額に相当する金額とされました（法令123の6①）。

 すなわち、被現物分配法人は、その交付を受けた資産のその交付の直前の帳簿価額に相当する金額を利益積立金額に加算することとされました（法令9①四）。

 ただし、**1**で記載の通り、会計上、現物配当の場合には、株主においては子法人株式の部分譲渡の処理が行われることになるので、この場合、譲渡原価を加算調整（別表四「留保」）し、配当額を減算調整（別表四「流出」）することとなります。

【設例2】被現物分配法人における税務処理
【仕訳】

| （借方）資産 | 800 | （貸方）受取配当金 | 800 |

 会計上の仕訳が【設例1】のように、行われたとすると、別表四で、以下の申告調整を行うことになります。

| 子会社株式 | 100（加算・留保） |
| 適格現物分配に係る益金不算入額 | 800（減算・社外流出） |

孫会社の子会社化

Q4

孫会社の子会社化の方法について、株式譲渡、無対価の適格分割型分割、適格現物分配の、それぞれの方法についての税務上の取扱いを教えてくだ

さい。

A

① 平成22年度税制改正前は、グループ再編の一環として孫会社を子会社化する場合、子会社から親会社への適格分割型分割による方法が一般的でした。

② 平成22年度税制改正で適格現物分配制度が導入され、含み損益を実現させることなく子会社から親会社へ移転させることが可能となったため、今後は孫会社の子会社化において、適格現物分配が用いられることが多くなると想定されます。

1 孫会社の子会社化の手法

　100％孫会社を子会社化する手法としては、①株式譲渡、②現物分配、③分割型分割等の方法が考えられます。

　平成22年度の税制改正前においては、株式譲渡は、子会社において、譲渡損益が発生するため、当該孫会社株式に含み益がある場合、子会社における税負担の問題がありました。また、寄附金認定されることのないよう、時価を合理的に算出する必要もありました。

　分割型分割は、100％親子間の場合、原則として適格分割として取り扱われるので、分割資産である孫会社株式は帳簿価額により親会社に移転することになります。したがって、分割法人である子会社においては、譲渡損益課税は生じませんが、会社法上の手続きが煩雑です。

　平成22年度の税制改正では、株式譲渡については、譲渡損益の繰延べが可能となり、また、現物分配については、適格現物分配の制度が導入されました。株式譲渡、分割型分割のいずれも税務上移転資産の課税に関しては、帳簿価額による移転という点では似たようなものとなっていますが、今後は、孫会社の子会社化の方法として、法的手続きが簡素な適格現物分配の方法を採用する会社が増加することが考えられます。

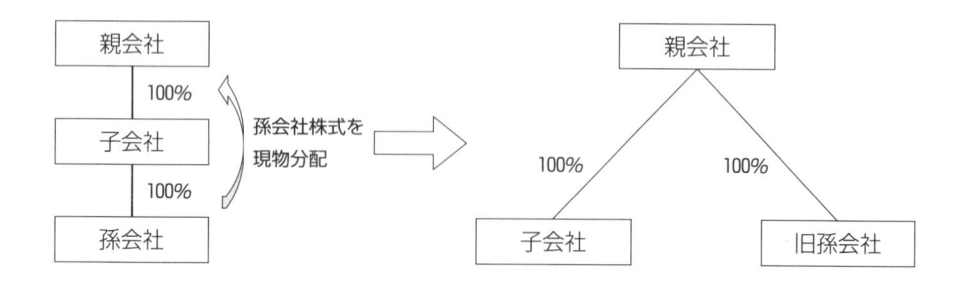

以下では、それぞれの方法の概要について税務上の取扱いを確認していきます。なお、すべて100％子会社、孫会社であることを前提とします。

2 株式譲渡による方法

　子会社が保有する孫会社株式の税務上の帳簿価額が1,000万円以上で、当該孫会社株式は譲渡損益調整資産として親会社へ譲渡する場合、子会社においては譲渡損益が繰り延べられることになります。

　親会社においては、時価により取得し、対価を支払うことになります。

　子会社において譲渡損益は税務上繰り延べられますが、親会社が外部へ譲渡した場合には、子会社においては、その譲渡を行った日が属する事業年度に当該譲渡損益が実現することになります。

　なお、適格現物分配の場合は、会社法上の分配可能額の範囲内で行うことになりますが、株式譲渡の場合は、この制約は生じません。

3 無対価の適格分割型分割による方法

　孫会社株式は帳簿価額により親会社に移転されるため、分割法人である子会社において譲渡損益の課税は発生しません。

　また、分割資産の金額に関する制限は特にありません。

　ただし、親会社である分割承継法人の増加する資本金等の額の計算については、分割法人である子会社の減少資本金等の額に相当する金額から親会社が有する子会社株式に係る分割純資産対応帳簿価額を減算した金額とされています（法令8

①六)。

　また、増加する利益積立金額の計算については、子会社から移転を受けた資産の移転簿価純資産価額から増加した資本金等の額および子会社株式に係る分割純資産対応帳簿価額との合計額を減算した金額とされました（法令9①三）。

　このように、分割純資産対応帳簿価額を算出し、税務上子会社株式の修正計算が親会社において必要となってきます。

4 適格現物分配による方法

　現物分配法人においては、孫会社株式の帳簿価額により譲渡が行われるため、配当財産の含み損益の課税は生じません。また、現物分配法人においては、源泉徴収も行われません。

　ただし、会社法上の分配可能額の範囲内で行うことになります。

　親会社である被現物分配法人においては、帳簿価額により資産を取得することになり、同額を利益積立金に計上することになります（法令9①四）。

　したがって、当該資産の含み損益は、親会社で外部へ譲渡した際に実現することになり、株式譲渡の場合とはこの点が異なります。

　また、親会社における税務上の子会社株式の額は、変動することがない点で、無対価の適格分割型分割とも異なります。

【100％子会社から親会社へ100％孫会社株式を移転する方法】

		株式譲渡	無対価分割	現物分配
子会社	孫会社株式	時価で譲渡	簿価で移転	簿価で移転
	課税関係	譲渡損益は繰延べ	資本金等の額と利益積立金額が減少	その他利益剰余金が原資の場合、利益積立金額の減少
	移転資産の金額の制約	帳簿価額1000万円以上の場合譲渡損益は繰延べ	なし	分配可能額の範囲内
親会社	譲受（取得）資産	時価で取得	簿価で取得	簿価で取得
				配当金は全額益金不算入

子会社株式	変動なし	分割純資産対応帳簿価額減額	変動なし
支払対価	あり	なし	なし
繰越欠損金等の制限	なし	あり	あり

現物分配による残余財産の分配

Q5

連結納税制度を適用していないグループ会社で、100％子会社が解散により残余財産の分配を現物分配により行った場合の処理について教えてください。

A

① 完全支配関係のある子会社からの残余財産の分配として現物分配される場合は、適格現物分配として取り扱われます。
② 子会社においては、移転資産は帳簿価額で移転され、譲渡損益は認識されません。
③ 親会社においては、みなし配当が生じる場合、全額益金不算入とされます。
④ 子会社株式譲渡損（消滅損）は、資本金等の減額として申告調整する必要があります。
⑤ 現物分配が組織再編成税制の一環として位置付けられたため現物分配が適格現物分配に該当する場合、被現物分配法人において繰越欠損金の利用制限が適用されるので、留意が必要です。

1 解散子会社の税務上の取扱い

　内国法人が残余財産の全部の分配等により株主に対し資産を移転する場合（適格現物分配に該当しない場合）は、残余財産確定時の時価により譲渡をしたものとして、現物分配法人ではその譲渡損益を残余財産確定事業年度の所得の計算上益金または損金の額に算入することになります（法法62の5①、②）。
　しかし、完全支配関係のある子会社からの残余財産の分配なので、適格現物分配に該当し、この場合には、その移転資産の直前の帳簿価額による移転とされ、時価による譲渡損益を認識しません（法法62の5③）。
　また、現物分配に伴う源泉徴収は行いません。
　なお、適格現物分配が残余財産の全部の分配である場合には、その適格現物分配はその残余財産の確定の日の翌日に行われたものとして、法人税法の規定を適用することとされています（法令123の6②）。

2 親会社の税務上の取扱い

　親会社における適格現物分配資産の取得価額は、子会社における適格現物分配直前の帳簿価額となります。
　100％子会社の清算による適格現物分配財産の帳簿価額がその子会社の資本金等の額を上回る場合には、みなし配当の額が生じることになります（法法24①三）。ただし、このみなし配当は全額益金不算入となり、単に親会社の利益積立金額を増加させることになります（法法62の5④）。
　また、残余財産の分配額のうち100％子会社の資本金等の額に対応する部分の帳簿価額が子会社株式の帳簿価額に満たない場合、親会社において譲渡損が生じますが、税務上、当該譲渡損は損金不算入となるので、申告書上、譲渡損は加算し、その同額について資本金等の額を減少させることになります（法法61の2⑯、法令8①十九）。

【設例】

解散した100％子会社から以下のように残余財産の土地の分配がありました。
　土地の帳簿価額　700（時価800）
　親会社所有の子会社株式　500
　みなし配当の額　300

【会計上の処理】

（借方）土地	700	（貸方）子会社株式	500
		子会社株式清算益	200

【税務上の仕訳】

（借方）土地	700	（貸方）子会社株式	500
資本金等（株式譲渡損）	100	みなし配当	300

【申告調整】

別表四では、以下の調整を行います。
　みなし配当　　　　　　　300　（加算・留保）
　子会社株式清算益　　　　200　（減算・留保）
　受取配当金益金不算入　　300　（減算・社外流出）

別表五では、利益積立金の増加および資本金等の減少の調整を行います。

　なお、内国法人が支配関係法人との間で、当該内国法人を被現物分配法人とする適格現物分配が行われ、①「残余財産の確定の日の翌日の属する事業年度開始の日の5年前の日」②「当該内国法人または支配関係法人の設立の日から最も遅い日から継続して支配関係がある」のいずれにも該当しない場合、残余財産の確定の日の翌日の属する当該内国法人の事業年度以後の各事業年度における以下の内国法人の欠損金はないものとされます（法法57④）。

・当該内国法人の支配関係事業年度前の各事業年度で前7年内事業年度に該当

する事業年度において生じた欠損金額
・当該内国法人の支配関係事業年度以後の各事業年度で前7年内事業年度に該当する事業年度において生じた欠損金額のうち特定資産譲渡等損失額に相当する金額からなる部分の金額

6 受取配当等の益金不算入制度の改正

グループ内は負債利子控除が不適用に

Q 受取配当等の益金不算入に関する最近の税制改正の概要を教えてください。

A
① 「完全子法人株式等」という区分が新設され、これに該当する株式等に係る配当等の額については、負債利子を控除しない全額を益金不算入額とすることとされました。
② 「完全子法人株式等」とは、配当等の額の計算期間を通じて完全支配関係にあった他の内国法人の株式等である必要があります。

1 改正前の取扱い

平成22年度税制改正前は、株式等を連結法人株式等、関係法人株式等およびそのいずれにも該当しない株式等に区分し、それぞれ負債利子や益金不算入割合を以下のように取り扱うこととされていました。

株式等の区分	負債利子	益金不算入割合
連結法人株式等	控除しない	100%
関係法人株式等	控除する	100%
いずれにも該当しない株式等	控除する	50%

連結納税を選択している法人においては、負債利子を控除せず受け取った配当金の全額が益金不算入となる配当等がありましたが、連結納税を選択していない法人においては、たとえ設立以来完全支配関係にある法人から配当を受けたとしても、負債利子を控除した後の金額が益金不算入とされていました。

2 改正後の制度の概要

平成22年税制改正により「完全子法人株式等」という区分が新設されました。「完全子法人株式等」とは、配当等の額の計算期間の開始の日から計算期間の末日まで継続してその配当等の額を支払う他の内国法人との間に完全支配関係があった場合の当該他の内国法人の株式または出資をいいます（法法23⑤、法令22の2①）。改正前の関係法人株式等のうち完全支配関係がある一定の株式等および連結法人株式等を含む概念です（法法23⑤、81の4⑤、法令22の2①、155の9①）。完全子法人株式等に係る配当等の額については、負債利子を控除せず配当等の全額を益金不算入とすることとされました（法法23①、81の4①）。

この改正により、連結納税制度を選択していない法人においても、配当等の額の計算期間にわたって完全支配関係がある法人からの配当等については負債利子を控除せず配当等の全額が益金不算入として扱われることになりました。

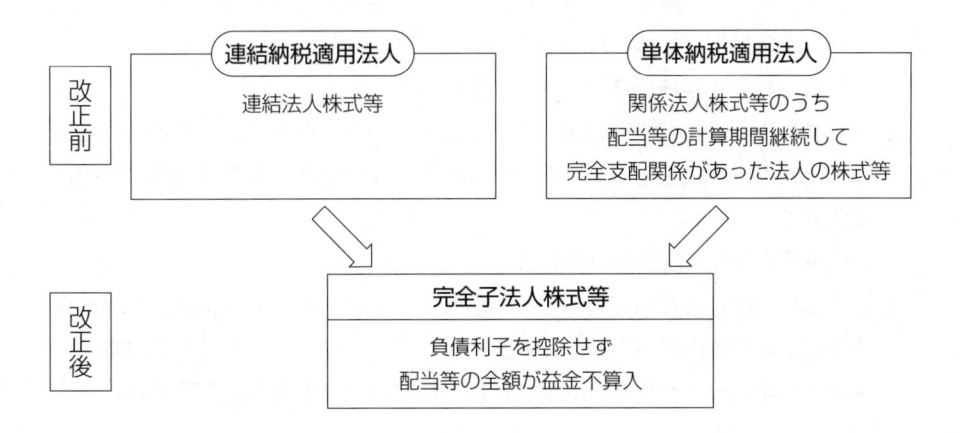

改正前	連結納税適用法人 連結法人株式等	単体納税適用法人 関係法人株式等のうち 配当等の計算期間継続して 完全支配関係があった法人の株式等
改正後	完全子法人株式等 負債利子を控除せず 配当等の全額が益金不算入	

3 配当等の額の計算期間

　完全子法人株式等として扱われるためには、前述の通り配当等の額の計算期間の開始の日から計算期間の末日まで継続して完全支配関係があることを要します。この「配当等の額の計算期間」とは、その配当等の額の支払いを受ける直前に当該配当等の額を支払う他の内国法人により支払われた配当等の額の支払いにかかる基準日の翌日からその支払いを受ける配当等の額の支払いにかかる基準日までの期間をいいます（法令22の2②）。

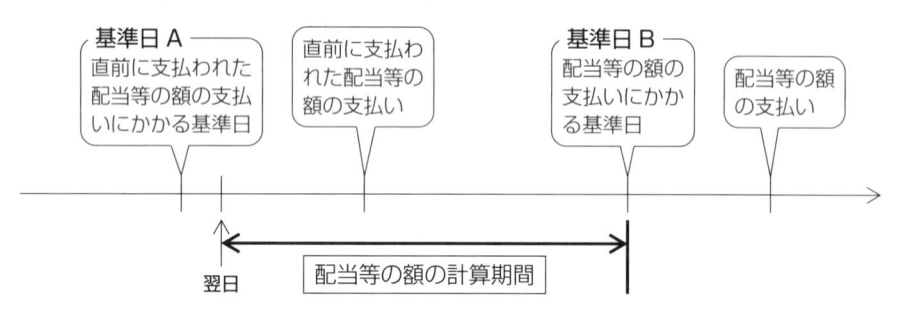

```
基準日A ─────┐        直前に支払わ        ┌─ 基準日B          配当等の額
直前に支払われた          れた配当等の         配当等の額の         の支払い
配当等の額の支払          額の支払い          支払いにかか
いにかかる基準日                           る基準日

────┼──────┼──────────┼──────┼────→
    ↑                                 
    翌日    ←──── 配当等の額の計算期間 ────→
```

　なお、次のケースでは上掲の図の基準日Aの翌日は、以下のように読み替えるよう定められています。

(1) 基準日Aの翌日が基準日Bの1年前の日以前の日である場合または支払いを受ける配当等の額が1年前の日以前に設立された他の内国法人からその設立の日以後最初に支払われる配当等の額である場合：

　　基準日Bの1年前の日の翌日（法令22の2②一）

(2) 支払いを受ける配当等の額がその支払いにかかる基準日前1年以内に設立された他の内国法人からその設立の日以後最初に支払われる配当等の額である場合：

　　当該設立の日（法令22の2②二）

(3) 支払いを受ける配当等の額がその配当等の額の元本である株式または出資を発行した他の内国法人からその支払いに係る基準日前1年以内に取得した株式または出資につきその取得の日以後最初に支払われる配当等の額である場合：

　　当該取得の日（法令22の2②三）

7　100％グループ内法人の株式の発行法人に対する譲渡

100％グループ内法人の株式の発行法人への譲渡時の税務

Q

当社（P社）は100％子会社（S社）株式を1,000株保有しています。今回、そのうち300株を、当該100％子会社へ譲渡することになりました。このときの税務上の取扱いを教えてください。

A

① 子会社S社株式の譲渡の対価として交付を受けた金銭等の額が、S社の資本金等の額のうち、S社株式の譲渡対応部分の金額を超えるときは、その金額は配当とみなされます。
② S社株式の譲渡対価の額は譲渡原価の額と同額とされ、譲渡損益は認識されません。みなし配当の額とS社株式の譲渡対価の額とされる金額の合計額から交付された金銭等の額を減算した金額は、資本金等の額に加算または減算されます。
③ みなし配当に関して、受取配当等の益金不算入額を計算するにあたり、全額を益金不算入とします（負債利子は控除しません）。
④ 子会社S社においては、取得した自己株式に対応する資本金等の額を減算します。親会社に交付する金銭等の額が、当該資本金等の額の減算額を超える場合には、その超える部分の金額を、利益積立金額から減算します。

1 改正の内容

　内国法人が、所有株式を発行した他の内国法人で当該内国法人との間に完全支配関係があるものから、みなし配当の額が生ずる原因となる事由（みなし配当事由）により金銭その他の資産の交付を受けた場合または当該事由により当該他の内国法人の株式を有しないことになった場合には、その株式の譲渡対価の額は譲渡原価の額に相当する金額とされ、当該事由により生ずる株式の譲渡損益を計上しません（法法61の2⑯）。

　この場合の譲渡益相当額または譲渡損相当額は、当該内国法人の資本金等の額に加算または減算します（法令8①十九）。

【100%グループ内の法人の株式の発行法人への譲渡に係る損益等】

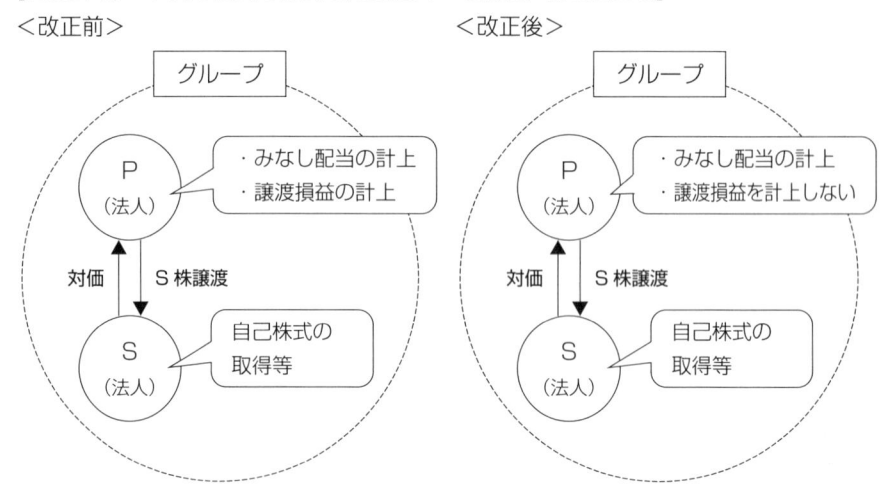

＜改正前＞
- グループ
- P（法人）
  - ・みなし配当の計上
  - ・譲渡損益の計上
- 対価　S株譲渡
- S（法人）
  - 自己株式の取得等

＜改正後＞
- グループ
- P（法人）
  - ・みなし配当の計上
  - ・譲渡損益を計上しない
- 対価　S株譲渡
- S（法人）
  - 自己株式の取得等

2 適用時期

　平成22年10月1日以後に生ずるみなし配当事由により金銭その他の資産の交付を受けた場合または他の内国法人の株式を有しないこととなった場合における、譲渡利益額または譲渡損失額について適用されます。

3 設例

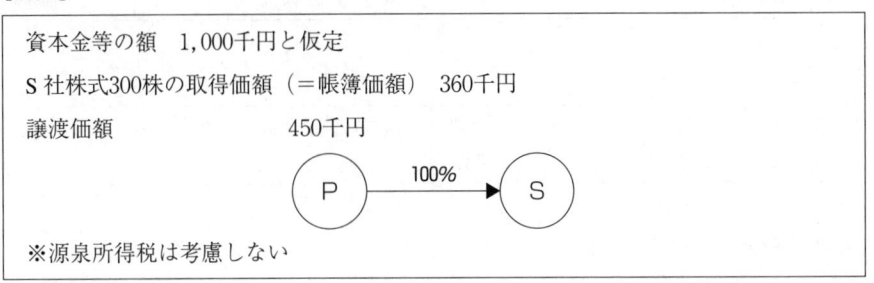

【前提】

資本金等の額　1,000千円と仮定
S社株式300株の取得価額（＝帳簿価額）　360千円
譲渡価額　　　　　　　450千円

P ——100%→ S

※源泉所得税は考慮しない

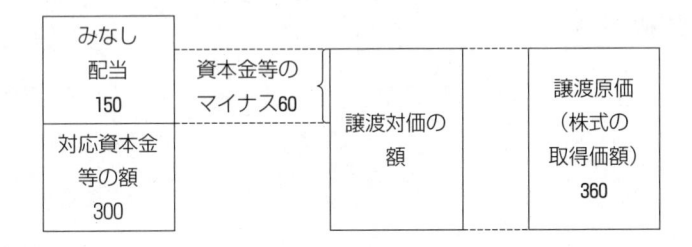

みなし配当 150	資本金等のマイナス60	譲渡対価の額	譲渡原価（株式の取得価額）360
対応資本金等の額 300			

<P社の処理>

（会計上）

（借方）現金預金	450	（貸方）S社株式	360
		譲渡益	90

（税務上）

（借方）現金預金	450	（貸方）みなし配当	150
資本等の額	60	譲渡対価	360
譲渡原価	360	S社株式	360

（申告調整）

（借方）譲渡益	90	（貸方）みなし配当	150
資本等の額	60		

＜S社の処理＞
（会計上）

| （借方）自己株式 | 450 | （貸方）現金預金 | 450 |

（税務上）

| （借方）資本等の額 | 300 | （貸方）現金預金 | 450 |
| 　　　　利益積立金額 | 150 | | |

（申告調整）

| （借方）資本等の額 | 300 | （貸方）自己株式 | 450 |
| 　　　　利益積立金額 | 150 | | |

8 中小企業向け特例措置の大法人の100％子法人に対する適用

グループ法人税制における中小企業向け特例措置

Q

大法人の100％子法人に対する中小企業向け特例措置の適用について教えてください。

A

資本金額（出資金額）が５億円以上の法人または相互会社等の100％子法人には、中小企業向けの特例措置は適用されません。

1 中小企業向け特例措置

　資本金額（出資金額）が５億円以上の法人または相互会社等の100％子法人には以下の中小企業向けの特例措置は適用されません。
① 軽減税率
② 特定同族会社の特別税率の不適用
③ 貸倒引当金の法定繰入率
④ 交際費の損金不算入制度における定額控除
⑤ 欠損金の繰戻し還付

2 趣旨

　資本金5億円以上の法人または相互会社等の100％子会社は、中小企業のように資金調達能力に配慮する必要はありません。また、規模の大きな法人の組織形態（事業を分社化するか一つの法人とするか）により税負担が大きく変わるのは望ましくないといえます。事業を分社化して別会社で行っても、同じ法人内の一事業部で行っても同じ税負担にする必要があります。
　このため、一定の法人には中小企業向けの特例措置は適用されていません。

3 中小企業の特例措置の概要

　期末の資本金の額または出資金の額が1億円以下の法人には、中小企業向け特例として次の措置が講じられています。

(1) 軽減税率

　各事業年度の所得の金額のうち、年800万円以下の金額に対する法人税の税率が22％（平成21年4月1日から平成23年3月31日までの間に終了する各事業年度については18％）に軽減されています（旧法法66、81の12、143、措法42の3の2、68の8）。

(2) 特定同族会社の特別税率の不適用

　特定同族会社の範囲から除かれており、特定同族会社の各事業年度の留保金額が留保控除額を超える場合に、各事業年度の所得に対する法人税の額に一定の金額を加算した金額が課せられる特定同族会社の特別税率の適用がありません（旧法法67）。

(3) 貸倒引当金の法定繰入率

　一括評価金銭債権に係る貸倒引当金繰入額の損金算入額について、事業年度終了時における一括評価金銭債権の帳簿価額の合計額に当該法人の営む主たる事業の区分に応じた次の法定繰入率を乗じて計算した金額とすることが認められてい

ます（旧措法57の10、68の59、措令33の9、39の86）。

区分	卸小売業	製造業	金融保険業	割賦販売小売業割賦購入あっせん業	その他の事業
法定繰入率	1.0%	0.8%	0.3%	1.3%	0.6%

（4）交際費等の損金不算入制度における定額控除制度

　平成21年4月1日以後に終了する各事業年度において支出する交際費等の額について、年600万円以下の部分の10％相当額と年600万円を超える部分の金額の合計額が損金不算入とされます（措法61の4、68の66）。

（5）欠損金の繰戻しによる還付制度

　平成21年2月1日以後に終了する各事業年度において生じた欠損金額について、欠損金の繰戻しによる還付制度（法80①）の不適用措置の対象から除外されています（措法66の13、68の98）。

　法人のうち各事業年度終了時に、資本金の額または出資金の額が5億円以上である法人等との間に当該法人による完全支配関係がある普通法人については、**1**①～⑤の中小企業向け特例措置が適用されません（法法66⑥、67、81の12⑥、143⑤、法令139の6の2、189、措法42の3の2、57の10①、61の4①、66の13、68の8、68の59①、68の66①、68の98）。改正前と改正後のイメージは、以下のようになります。

【大法人の100％子法人等に対する中小企業向け特例措置の適用の見直し】
＜改正前＞　　　　　　　　　　　　＜改正後＞

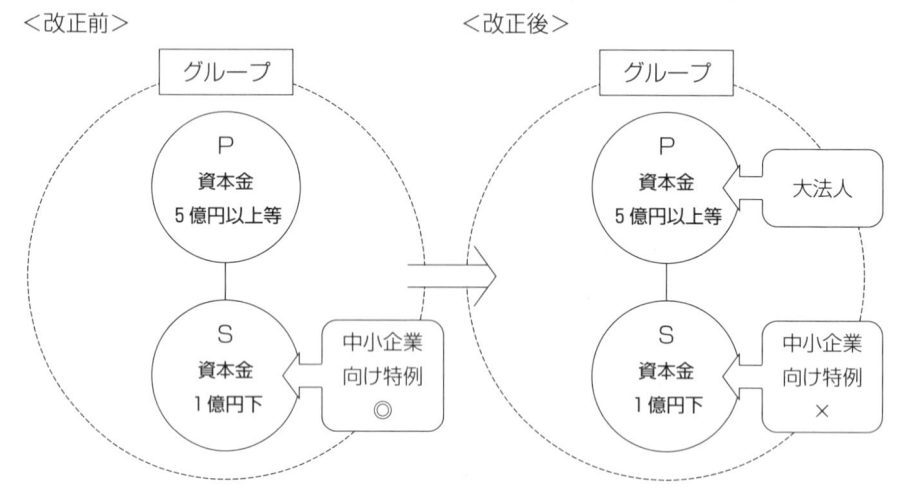

（改正前）グループ内：P（資本金5億円以上等）— S（資本金1億円下）← 中小企業向け特例 ◎

（改正後）グループ内：P（資本金5億円以上等）← 大法人、S（資本金1億円下）← 中小企業向け特例 ×

（6）適用時期

　平成22年4月1日以後に開始する事業年度の所得に対する法人税について適用され、同日前に開始した事業年度の所得に対する法人税については従来通り適用されます（改正法法附則10①、28、73）。

9 グループ法人税制と税効果会計

譲渡損益の繰延べに係る税効果

Q1

100％グループ内の内国法人間で一定の資産が譲渡された場合、その資産に係る譲渡損益は、所得の計算上繰り延べられることになりましたが、これに係る税効果会計の会計処理を教えてください。

A

① 所得計算上繰り延べた譲渡損益は、連結財務諸表上未実現損益として消去されるため、これに伴い個別財務諸表上計上した繰延税金資産または繰延税金負債を消去することになります。
② 譲渡資産が関係会社への投資である場合は、それ以外の資産と会計処理が異なるため留意が必要です。
③ 譲渡資産を100％グループ内の法人に対して再度譲渡した場合、当初繰り延べた譲渡損益は連結財務諸表上未だ実現していないため消去される一方、税務上は当該譲渡損益を認識することになるため、当該譲渡損益は一時差異に該当します。

1 基本的な考え方および会計処理

　100％グループ内の内国法人間で、減価償却資産や土地等一定の資産（譲渡損益調整資産）が譲渡された場合、その資産に係る譲渡利益額または譲渡損失額に

相当する金額は、その事業年度の所得の金額の計算上、損金の額または益金の額に算入します（法法61の13①）。この結果、譲渡損益に対する課税は翌期以降に繰り延べられることになりますが、これは会計上の資産の額と税務上の資産の額の差額（一時差異）となり、税効果の対象となります。この一時差異について、個別財務諸表および連結財務諸表において、それぞれ以下のように会計処理することになります。

（1）個別財務諸表上の会計処理

資産を譲渡した法人において譲渡利益が発生している場合、所得の金額の計算上、譲渡利益相当額を損金に算入する結果、譲渡した事業年度の課税所得を構成せず課税が繰り延べられることになり、当該譲渡利益は将来加算一時差異に該当することになります。反対に譲渡損失が発生している場合には、譲渡損失相当額を益金に算入する結果、当該譲渡損失は将来減算一時差異に該当することになります。これらの一時差異については、税効果を認識することになります。

一方、資産を譲り受けた法人においては、資産取得に係る会計処理をするのみで、会計上の資産と税務上の資産は一致するため税効果会計の会計処理は必要ありません。

【設例1】

> A社およびB社はともに内国法人であり、P社の100％子会社です。A社は保有する土地（簿価500）をB社へ600で譲渡しました。法定実効税率は40％です。

当設例の場合、以下のように会計処理されます。

（A社個別財務諸表）

（借方）現金預金	600	（貸方）土地	500
		土地売却益	100
（借方）法人税等調整額	40	（貸方）繰延税金負債	40（注）

（注）売却益100（＝600－500）×実効税率40％＝40

(B社個別財務諸表)

| (借方) 土地 | 600 | (貸方) 現金預金 | 600 |

B社では税効果会計の会計処理は発生しません。

(2) 連結財務諸表上の会計処理

繰り延べた譲渡損益は、企業グループとしては実現していないため連結財務諸表上消去されることになります。これにより会計上の資産と税務上の資産は一致することになるため、個別財務諸表で計上されていた繰延税金資産（または繰延税金負債）を取り崩すことになります。

前掲の【設例1】においては、以下のように会計処理されます。

(連結修正仕訳)

| (借方) 土地売却益 | 100 | (貸方) 土地 | 100 |
| (借方) 繰延税金負債 | 40 | (貸方) 法人税等調整額 | 40 |

【譲渡損益の繰延べに係る税効果】

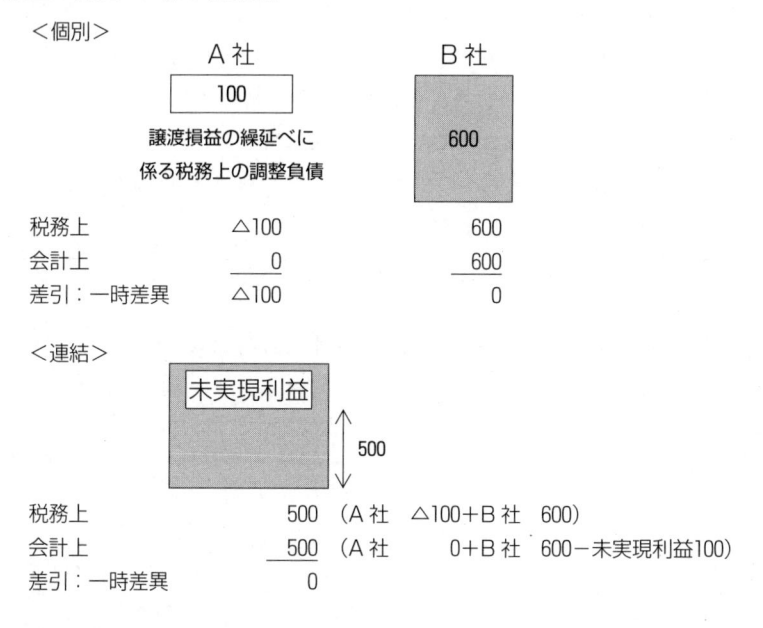

＜個別＞

```
              A社              B社
             ┌────┐
             │100 │          ┌────┐
             └────┘          │    │
        譲渡損益の繰延べに     │600 │
        係る税務上の調整負債   │    │
                             └────┘

税務上        △100           600
会計上           0            600
差引:一時差異  △100             0
```

＜連結＞

```
           ┌────────┐
           │未実現利益│
           │        │
           │        │ ↕ 500
           └────────┘

税務上        500 (A社 △100＋B社 600)
会計上        500 (A社    0＋B社 600－未実現利益100)
差引:一時差異   0
```

2 譲渡資産が子会社株式等関係会社への投資である場合の税効果

　個別財務諸表上は譲渡資産が関係会社への投資（子会社株式または関連会社株式。以下「投資」）である場合でも、譲渡資産が投資以外の資産である場合と会計処理は変わりません。つまり、税務上譲渡法人において譲渡損益は繰り延べられることにより、一時差異が発生し税効果の対象となります。

　一方、当該投資が連結の範囲に含まれている子会社株式または関連会社株式である場合、連結財務諸表上その他の資産と取扱いが異なります。以下、当該投資が連結対象となっている子会社株式または関連会社株式であることを前提とします。

【設例2】

> 　P社は100％子会社A社の株式のすべてを100％子会社であるB社に以下の条件で売却しました。
> ・帳簿価額　1,000（譲渡損益調整資産に該当）
> ・売却価額　1,500
> ・売却時のA社の純資産　資本金1,000、利益剰余金300
> ・法定実効税率　40％
> ・A社株式の売却は期首に実施され、その意思決定（売却価額を含む）は前連結会計年度になされているため、連結財務諸表上A社の留保利益に係る税効果は前連結会計年度に認識されていたものとします。
> ・理解のため繰延税金資産については、一時差異の解消事由が発生しているか否かにかかわらず、全額計上するものとします。

　当設例の場合、各社の個別財務諸表および連結財務諸表では以下のように会計処理されます。

9 グループ法人税制と税効果会計

(P社個別財務諸表)

(借方) 現金預金	1,500	(貸方) A社株式	1,000
		A社株式売却益	500
(借方) 法人税等調整額	200	(貸方) 繰延税金負債	200 (注)

(注) 100%グループ内の取引であり、譲渡損益は繰り延べられ一時差異になるため、税効果を認識します。具体的には以下のようになります。

　　　A社株式売却益500×実効税率40％＝200

(B社個別財務諸表)

(借方) A社株式	1,500	(貸方) 現金預金	1,500

(連結財務諸表)

　売却前、P社の個別貸借対照表上の簿価が1,000であったのに対し、連結貸借対照表上の簿価は1,300であり、連結財務諸表上300の将来加算一時差異が発生していました。A社への投資がP社からB社へ譲渡されることによって、個別貸借対照表上の簿価がB社の取得原価1,500に置き換わることになり、連結財務諸表上発生していた一時差異の全部が解消され、新たに200の将来減算一時差異が発生することになります。このため、連結上投資の売却時に以下の会計処理が必要となります。

　なお、P社の個別財務諸表上発生した譲渡損益の繰延べに係る税務上の調整負債に係る一時差異の税効果については、連結財務諸表上も修正されずに個別財務諸表上において認識された繰延税金負債200が計上されることになります（連結税効果実務指針30－2）。

(借方) A社株式	1,000	(貸方) A社株式	1,500
A社株式売却益	500		
(借方) 繰延税金負債	120 (注1)	(貸方) 法人税等調整額	200
繰延税金資産	80 (注2)		

(注1) 売却の意思決定は前連結会計年度になされていたと仮定しているため、前連結会計年度の連結財務諸表上、売却前に発生していた一時差異に係る繰延税金負債が計上されていたものとして会計処理しています。
(注2) 新たに発生する一時差異については、当該一時差異の解消事由に応じて会計処理することとなり

ます。投資に係る一時差異の税効果は、以下の事由により解消します。
・投資の売却（他の子会社等への売却の場合を含む）
・投資評価減の税務上の損金算入
・配当受領

投資の売却および投資評価減の税務上の損金算入を解消事由とする投資に係る一時差異の税効果に関しては、予測可能な将来、売却の意思決定が明確な場合または投資評価減の損金算入の要件が満たされることとなる場合を除いて認識することはできません。

配当受領を解消事由とする関係会社の留保利益に係る税効果に関しては、通常、親会社は関係会社の留保利益を回収するものであるので、原則として認識します（連結税効果実務指針30）。当設例では、理解のため一時差異の解消事由が発生しているか否かに関わらず繰延税金資産を計上していますが、本来はA社株式を保有しているB社の意思決定に基づいて、税効果を認識することとなります。

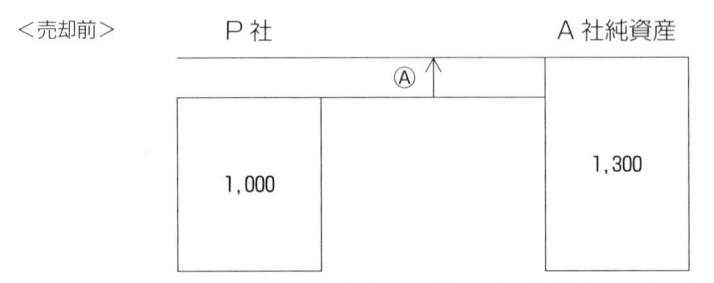

＜売却前＞

P社		A社純資産
	Ⓐ↑	
1,000		1,300

Ⓐ：売却前に発生していた一時差異。売却により解消することになる。

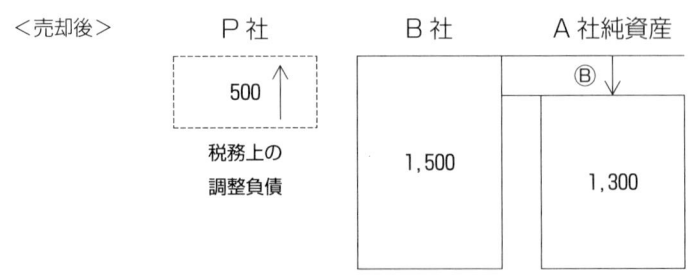

＜売却後＞

P社	B社	A社純資産
500↑ 税務上の調整負債	1,500	Ⓑ↓ 1,300

Ⓑ：新たに発生した連結財務諸表上の一時差異。P社個別財務諸表上税務上の調整負債500に対して税効果を認識しているが、連結財務諸表上もこれを修正しない。

前述の通り譲渡資産が投資である場合、個別財務諸表上において認識された繰延税金資産または負債は修正されることはありません。この点、譲渡資産が投資以外の資産である場合と相違しています。

これは連結財務諸表上、グループ法人税制の創設に伴い生ずることとなった一時差異以外に、連結財務諸表固有の一時差異を考慮する必要があるからです。

　投資後に関係会社が計上した損益、為替換算調整勘定および実施したのれんの償却により、投資の連結貸借対照表上の価額が変動します。その結果、投資の連結貸借対照表上の価額と、個別貸借対照表上の簿価との間に差額が生ずることになります。当該差額は、投資先の関係会社が配当を実施した場合、投資を第三者に売却した場合または保有する投資に対して個別財務諸表上の評価減を実施した場合に解消され、株主であるグループ法人において税金を増額または減額する効果が生ずることがあります。このように、将来、税金の増減効果が生ずる場合には、投資の連結貸借対照表上の価額と個別貸借対照表上の簿価との差額は連結財務諸表固有の一時差異に該当します（同29）。

　P社個別財務諸表で計上したB社株式売却益500は、企業集団内の取引であるため連結財務諸表上消去されることになりますが、このうちの300については過去に連結財務諸表上計上した利益を個別財務諸表において認識したものという意味をもちます。つまり、連結財務諸表固有の一時差異が解消したことになるのです。この結果、連結財務諸表上、A社の留保利益に対して過去に計上していた繰延税金負債120を取り崩します。

　また、新たに発生した一時差異200については、A社株式を保有するB社の法定実効税率を利用して税効果の金額を算定することになります。

　一方、譲渡損益の繰延べに係る税務上の調整負債に係るP社個別財務諸表上の一時差異の税効果については、P社の法定実効税率等により計上されているため、連結財務諸表固有の一時差異とは区別して、税効果を認識するか否かの検討をする必要があります。

　前掲の仕訳では、P社個別財務諸表で計上された法人税等調整額200が連結財務諸表で消去され、譲渡資産が投資以外である場合と結果は変わりません。しかし、仮に新たに発生した一時差異200について税効果の認識要件を満たさない場合、当該一時差異に係る繰延税金資産は計上されず、一方でP社個別財務諸表上発生した譲渡損益の繰延べに係る税務上の調整資産または負債に係る一時差異に係る繰延税金資産または負債については修正されないため、譲渡資産が投資以外である場合と結果は異なることになります。

3 譲渡損益の課税所得への算入事由

譲受法人において譲渡損益調整資産の譲渡、償却、評価換え、貸倒れ、除却等の事由が発生した場合には、それぞれの事由の区分に応じた一定の金額を、その事由が生じた日の属する譲受法人の事業年度終了の日の属する譲渡法人の事業年度の所得の金額の計算上、益金または損金の額に算入します（法法61の13②、法令122の14④）。譲渡には、譲受法人から他の100％グループ法人へ譲渡された場合も含まれることに留意する必要があります。

【設例3】

> 【設例1】でB社がA社から取得した土地600を、取得した翌事業年度、同様にP社の100％子会社であるC社へ800で譲渡しました。法定実効税率は40％です。

当設例の場合、各社の個別財務諸表および連結財務諸表では以下のように会計処理されます。

（A社個別財務諸表）

（借方）繰延税金負債	40	（貸方）法人税等調整額	40（注）

(注) 繰り延べた譲渡損益が課税所得に算入され法人税等が発生します。譲渡損益は取引発生時にすでに計上されているため、法人税等調整額が計上されることにより会計上の損益と税金費用が対応することになります。

（B社個別財務諸表）

（借方）現金預金	800	（貸方）土地	600
		土地売却益	200
（借方）法人税等調整額	80	（貸方）繰延税金負債	80

(連結財務諸表)

(借方) 利益剰余金	100	(貸方) 土地	300
土地売却益	200		
(借方) 繰延税金資産	40(注)	(貸方) 法人税等調整額	120
繰延税金負債	80		

(注)【設例１】で計上した譲渡損益100×法定実効税率40％＝40：
　Ａ社において繰り延べた譲渡損益が課税所得に算入されることにより当該譲渡損益に係る課税関係は終了しているため、税効果会計の基本的な考え方である資産負債法ではなく、繰延法により税効果を認識することになります。

寄附に係る税効果

Q2

100％グループ内の内国法人間での寄附について、税効果会計を適用する際に留意すべき事項を教えてください。

A

100％グループ法人間の寄附については、「寄附修正事由による投資簿価修正」の金額が一時差異に該当します。支出法人株式の簿価修正と受領法人株式の簿価修正のそれぞれについて一時差異に係る税効果を認識するか否かを検討する必要があります。

１ 100％グループ内での寄附と税効果

　100％グループ内の内国法人間で寄附がなされた場合、支出法人においては寄附金の全額が損金不算入とされるとともに（法法37②）、受領法人においては受

贈益の全額が益金不算入とされます（法法25の2①）。

　平成22年税制改正前は、100％グループ内の寄附についても、100％グループ以外の法人に対する寄附と同様、受領法人において全額益金算入されるのに対し、支出法人において損金算入限度額を超える部分の金額については損金不算入とされていました。しかし、支出法人で全額損金不算入、受領法人で全額益金不算入とされたことで100％グループ内での寄附についてはグループ内で価値が移転するのみで課税所得計算への影響はなくなり、この問題は解消されました。

　そして、価値が移転することに伴い支出法人および受領法人の直接の株主である法人において「寄附修正事由による投資簿価修正」が必要になります（法令9①七）。この投資簿価修正の金額は、投資の会計上の価額と税務上の価額との差額、つまり一時差異に該当します。

　100％グループ内で低廉譲渡または高額譲渡がなされた場合、時価と取引価額との差額を寄附として取り扱うことは100％グループ以外の法人に対する譲渡の場合と変わりありませんが、この場合も寄附の支出法人では全額損金不算入、受領法人では全額益金不算入と取り扱うことになります。

2 寄附に係る税効果の認識

【設例1】

> 　A社はグループ内の法人であるB社に現金預金500を寄附しました。A社とB社はともにP社の100％子会社で、内国法人です。
> 　P社の業績はここ数年安定的であり、スケジューリング可能な一時差異に係る繰延税金資産の全額を計上することとしていますが、当面子会社株式の売却は予定していません。法定実効税率は40％です。

　当設例の場合、各社の個別財務諸表では以下のように会計処理されます。

（A社個別財務諸表）

| （借方）寄附金 | 500 | （貸方）現金預金 | 500 |

(B社個別財務諸表)

(借方) 現金預金	500	(貸方) 受贈益	500

(P社個別財務諸表)

(借方) 法人税等調整額	200	(貸方) 繰延税金負債	200 (注)

(注) P社ではA社株式とB社株式の税務上の簿価を調整することとなります。
　　A社株式：受贈益の額0×100％－寄附金の額500×100％＝▲500
　　B社株式：受贈益の額500×100％－寄附金の額0×100％＝　500
　　税効果：A社株式簿価修正額500×法定実効税率40％＝200

　簿価修正額は一時差異に該当します。しかし、P社では子会社株式を売却する予定はないため、B社株式について発生した将来減算一時差異500については解消年度のスケジューリングができず、これに係る繰延税金資産を計上することはできません（監査委員会報告第66号5.(1)②）。一方A社株式について発生した将来加算一時差異500については、原則として繰延税金負債を計上する必要があります（個別税効果実務指針16、24）。

【設例2】

　A社はグループ内の法人であるB社に時価1,000の機械設備をその帳簿価額600で譲渡しました。A社とB社はともにP社の100％子会社で、内国法人です。
　P社およびB社の業績はここ数年安定的であり、スケジューリング可能な一時差異に係る繰延税金資産の全額を計上することとしています。P社では当面子会社株式の売却は予定していません。法定実効税率は40％です。

　当設例の場合、各社の個別財務諸表では以下のように会計処理されます。

(A社個別財務諸表)

(借方) 現金預金	600	(貸方) 機械設備	600
(借方) 法人税等調整額	160	(貸方) 繰延税金負債	160 (注1)

(注1) 譲渡益400×法定実効税率40%＝160

　　　税務上、B社へ譲渡した機械設備の時価と簿価（取引価額）との差額400は譲渡益に該当することになるため課税所得計算上加算し、これに対応して同額を寄附金として認定することになります。100％グループ法人間での取引なので、譲渡益400は全額繰り延べられ、寄附金はその全額が損金不算入となります。繰り延べられた譲渡益400は将来加算一時差異に該当し、これに係る繰延税金負債を計上します。

(B社個別財務諸表)

| (借方) 機械設備 | 600 | (貸方) 現金預金 | 600 |
| (借方) 繰延税金資産 | 160 | (貸方) 法人税等調整額 | 160 (注2) |

(注2) 受贈益400×法定実効税率40%＝160

　　　税務上、A社から取得した機械設備の時価と取引価額との差額400は寄附金の受贈益として認定され、機械設備の取得価額を調整することとなります。受贈益は全額益金不算入となり、機械設備の取得価額の調整は将来減算一時差異に該当し、減価償却に伴い解消することとなり、当該将来減算一時差異はスケジューリング可能な一時差異であるため、これに係る繰延税金資産を計上します。

(P社個別財務諸表)

| (借方) 法人税等調整額 | 160 | (貸方) 繰延税金負債 | 160 (注3) |

(注3) B社の簿価修正額400×法定実効税率40%＝160

　【設例1】と同様に、寄附金の支出法人であるA社株式の税務上の簿価を400減額修正し、寄附金の受領法人であるB社株式の税務上の簿価を400増額修正します。

　これは一時差異に該当しますが、子会社株式の売却は予定していないためB社株式について発生した将来減算一時差異に係る繰延税金資産は計上せず、A社株式について発生した将来加算一時差異に係る繰延税金負債のみ計上することとなります。

グループ法人税制の創設に伴う繰延税金資産および負債の調整

Q3
グループ法人税制の創設により、繰延税金資産および繰延税金負債は見直す必要があるでしょうか。

A
① 完全子法人株式等に係る配当等については、負債利子を控除せずその全額が益金不算入と扱われることになったため、連結財務諸表上、過去に子会社の留保利益に対し計上した繰延税金負債は取り崩されることになります。
② 業績低迷のため子会社株式について減損処理し、当該子会社について解散を予定していた等により繰延税金資産を計上していた場合、税務上子会社の解散による子会社消滅損が損金不算入とされたことにより、繰延税金資産を取り崩す必要があります。

1 子会社の留保利益に係る税効果

　グループ法人税制の創設により完全子法人株式等に係る配当等の額については負債利子を控除することなく、その全額を益金不算入と取り扱うものとされました。完全子法人株式等には、改正前の関係法人株式等のうち、配当等の額の計算期間を通じて完全支配関係にあった法人の株式等を含むこととされています。関係法人株式等に係る配当等については負債利子を控除した後の金額が益金不算入の金額とされているため、グループ法人税制の創設により負債利子を控除せず全額益金不算入となる配当等の範囲が拡大したことになります。

　連結財務諸表上、親会社が子会社の利益を配当しない方針をとっている場合等

配当に係る課税関係が生じない可能性が高い場合を除いて、投資後に子会社が計上し留保した利益のうち、将来の配当により親会社において追加納付が発生すると見込まれる税金額を各連結会計期末において親会社の繰延税金負債として計上することとされています（連結税効果実務指針35）。

グループ法人税制の創設以前にその株式が関係法人株式等に該当した完全支配関係にある子会社の留保利益については、配当時に負債利子控除の額が益金算入されることとなるため、その金額については将来加算一時差異に該当し、連結財務諸表上繰延税金負債が計上されていました。完全支配関係にある子会社のうちその株式が完全子法人株式等に該当することとなる子会社の留保利益については負債利子を控除する必要がなくなったことにより、繰延税金負債を取り崩すこととなります。

❷ 子会社株式の減損処理額等に係る税効果

完全支配関係にある子会社が解散する場合、当該子会社に係る株式の消滅損について、損金算入されないこととされ（法法61の2⑯）、その代わりに5年以上継続して完全支配関係にある子会社の未処理欠損金のうち、一定の金額を引き継ぐことができるようになりました（法法57②）。

業績不振により子会社の財政状態が悪化した場合、親会社の個別財務諸表上、子会社株式を減損していることも考えられます。通常、このような減損処理について税務上は損金算入できないため、課税所得計算上加算していると考えられますが、当該減損処理額は将来減算一時差異に該当することとなります。

親会社が取締役会で当該子会社の解散を決定した場合等には、改正前は子会社消滅損が認められていたことから、子会社株式の減損処理額はスケジューリング可能な一時差異となり、回収可能性を検討したうえで回収可能と判断した金額については、当該将来減算一時差異に係る繰延税金資産を計上していることも考えられます。

グループ法人税制の創設に伴い平成22年10月1日以後に完全支配関係にある子会社が解散した場合、当該子会社に係る株式の消滅損の損金算入が認められなくなりました。したがって、親会社の取締役会において当該子会社の解散が決議さ

れても子会社株式の減損処理額が将来損金算入されることはないため、当該減損処理額については将来減算一時差異には該当しないこととなります。よって、すでにこのような子会社株式の減損処理額について繰延税金資産を計上している場合にはこれを取り崩すことが必要になると考えられます。

　一方で解散する子会社の未処理欠損金を引き継ぐことが可能になったため、これにより親会社において将来の税金を減額することも考えられます。しかしながら、取締役会で子会社の解散を決定したのみでは未だ子会社から欠損金を引き継いだわけではなく、親会社の一時差異等ではないため、子会社から未処理欠損金を引き継ぐまでは、これに係る繰延税金資産は計上できないと考えられます。

第5章
連結納税制度

1　連結納税制度の概要

連結納税制度とは

Q1
連結納税制度の概要を教えてください。

A
① 連結納税は、企業グループをあたかも一つの法人であるかのように捉えて法人税を課税する仕組みです。
② 連結納税制度は、実体に即した課税を実現するとともに、企業組織の柔軟な再編成のための税制面での対応が行うために導入されました。

❶ 連結納税制度とは

　我が国の法人税は、原則、単体の法人ごとに法人税を課税する仕組みとなっていますが、連結納税制度とは、「企業グループの一体性に着目し、企業グループ内の個々の法人の所得と欠損を通算して所得を計算する等、企業グループをあたかも一つの法人であるかのように捉えて法人税を課税する仕組み」（連結納税制度の基本的考え方、平成13年10月9日、税制調査会）をいいます。

❷ 連結納税制度の意義

　連結納税制度の意義は、企業グループが一体性をもって経営され実質的に一つの法人とみることができる企業グループに対しては、個々の法人を納税単位として課税するよりも、企業グループ全体を一つの納税単位として課税するほうが、

実体に即した課税が実現されると考えられます。

　また、企業組織の柔軟な再編成を可能とするために、平成9年の独占禁止法の改正により純粋持株会社制度が解禁され、旧商法においては、平成11年の株式交換・移転制度の導入、平成13年の会社分割制度の導入が行われてきました。このような状況のもとで、単体の法人を納税単位とする法人税の体系では、企業再編により税負担が増加してしまうおそれがあり、企業の組織再編成の促進を妨げるとの意見がありました。

　そこで、平成14年において連結納税制度を導入し、実体に即した課税を実現するとともに、企業組織の柔軟な再編成のための税制面での対応が行われることとなりました。

3 平成22年度の改正

　連結納税制度は平成14年度に導入され、その後、諸規定の整備、制度の改廃等の法改正が行われてきましたが、旧制度では、連結納税グループ加入時において連結子法人の繰越欠損金が切り捨てられる等、連結納税制度の採用を妨げる要因となる規定がいくつかありました。

　そこで、連結納税制度をより適用しやすい制度とするために、平成22年度税制改正において、以下の見直しが行われました。

① 連結子法人の連結開始前欠損金について、一定の場合その個別所得金額を限度として、連結納税制度のもとでの繰越控除の対象に追加されました（法法81の9②一、③一）。

② 連結納税の開始または連結グループへの加入に伴う時価評価の対象となる資産等について、支配日以後2か月以内に連結グループから離脱する法人の保有する資産等が除外されました（法令14の8二ニ、122の12①七）。

③ 連結納税の承認申請書の提出期限が繰り下げられ、連結納税の承認を受けて各連結事業年度の連結所得に対する法人税を納める最初の連結事業年度としようとする期間の開始の日3か月前の日までに、提出すればよいことになりました（法法4の3）。

④ 連結親法人事業年度の中途において連結親法人との間に完全支配関係を有

することとなった連結子法人のみなし事業年度の終了の日を月末日等の節目でない日に仮決算を行うことにより業務負担を軽減するために、加入日の前日の属する月次決算期間の末日とすることができる特例が設けられました（法法4の3⑩⑪）。

4 連結納税制度のメリット・デメリット

　連結納税制度の適用は選択制となっていますが、連結納税制度を適用した場合の主なメリット・デメリットは以下の通りです。

(1) 連結納税制度適用による主なメリット
　① グループ内の所得と欠損を相殺することによる節税効果があります。
　② 連結親法人の繰越欠損金は、原則として制限なく連結納税グループで利用することができます。
　③ 一定の場合、連結子法人の個別所得を限度として、その連結子法人の連結開始前欠損金を利用することができます。
　④ 一定の場合、子法人の資産に含み損があるときには、評価損を損金算入できることがあります。
　⑤ 組織再編成が行いやすくなります。

(2) 連結納税制度適用による主なデメリット
　① 連結子法人の繰越欠損金が一部切り捨てられる可能性があります。
　② 連結納税の開始等において、連結子法人の保有する資産に含み益がある場合、評価益に時価評価課税が課されるケースがあります。
　③ 連結親法人と各連結子法人との間での情報のやり取りが必要であり、事務負担が増えてしまいます。

5 基本的な仕組み

　連結納税制度の基本的な仕組みは以下の通りです。

適用対象法人	① 親法人 　内国法人である普通法人および協同組合等が、連結納税を選択することが可能（法法4の2）。 ② 子法人 　連結納税制度を選択した場合、原則として親法人と完全支配関係のあるすべての子法人がその対象となる（法法4の2）。
適用方法等	① 選択制 　連結納税制度は、選択制になっており、適用するか否かは、各法人の判断による（法法4の3）。 ② 適用方法 　連結納税制度を適用する場合は、承認申請書を提出し、国税庁長官の承認を得る必要がある（法法4の3）。
納税主体	連結所得に関する法人税の申告および納付は、連結親法人が行い、地方税の申告および納付は、各法人が行う（法法81の22、81の27）。
連結事業年度	連結親法人の事業年度が、連結事業年度となる。連結事業年度と異なる事業年度の連結子法人は、連結事業年度において仮決算を行う必要がある（法法15の2）。
申告・納付期限	連結事業年度終了の日の翌日から2か月以内に連結確定申告書を提出し、法人税の納付を行う。申告期限については、一定の条件を満たせば2か月延長することが可能（法法81の22、81の24、81の27）。

連結納税制度とグループ法人税制

Q2

連結納税制度とグループ法人税制との関連を教えてください。

A

① 連結納税制度は、連結納税を行うかどうかは企業グループの選択にゆだねられており、任意適用の制度で、グループの一体性に基づき納税義

務までグループに課すものです。
② グループ法人税制は、単体納税制度の枠内において、個々の取扱いにグループ法人の一体性を反映させるもので、完全支配関係があるすべての法人に適用されます。
③ 連結納税制度とグループ法人税制単体課税制度は、グループ会社間の損益通算が可能か否か等の相違点がありますが、個々の取扱いについては共通点もあります。

1 グループ法人税制と連結納税制度の関係

　連結納税制度は、企業グループを納税単位とし、グループを一体として種々の制度の総体、すなわち法人税における課税の仕組みの一つであって、個々の取扱いに共通する点はあるもののグループ法人税制とはそもそも異なります。
　両制度における主な共通点および相違点は、以下の通りです。

2 連結納税制度とグループ法人税制単体課税制度の共通点

　連結納税制度とグループ法人税制単体課税制度の主な共通点として、以下の事項があります。

共通点	内容
グループ内の受取配当金等の取扱い	両制度とも負債利子の控除は不要であり、受取配当等は全額益金不算入（法法23、81の4）
グループ内の一定の資産の譲渡損益の繰延べ	両制度とも当該資産の企業グループ外への移転等の時まで譲渡損益を繰り延べる（法法61の13）
グループ内寄附金・受贈益の取扱い	支払い側（寄附側）は損金不算入、受取り側は益金不算入（法法37②、81の6）

3 連結納税制度とグループ法人税制の相違点

　連結納税制度とグループ法人税制単体課税制度の主な相違点としては、以下の事項があります。

相　違　点	連結納税制度	グループ法人税制 単体課税制度
適用方法	申請による選択適用（法法4の3）	完全支配関係のある法人は強制適用
みなし事業年度	連結親法人と事業年度が異なる連結子法人は、みなし事業年度を設けることが必要（法法15の2）	事業年度の違いに考慮する必要はない。
グループ内での損益通算	所得通算可能	所得通算不可
連結子法人の資産時価評価	一定の連結子法人について、時価評価が必要（法法61の11①、61の12①）	資産を時価評価する必要はない。
連結子法人の繰越欠損金	一定の連結子法人について、繰越欠損金の使用不可（法法81の9）	子法人の所得の範囲内で使用可能（法法57②）
中小企業優遇税制の適用	連結親法人の資本金（または出資金）が1億円超である場合、連結法人すべて適用不可（法法81の12②）	連結親法人の資本金（または出資金）が5億円以上である場合、その連結親法人と完全支配関係のある子法人は適用不可（法法66⑥）

2 適用法人の範囲、申請・承認等

適用法人の範囲

Q1

連結納税制度を適用することができる法人（連結親法人）の範囲、および連結納税制度を適用した場合の対象となる連結子法人の範囲を教えてください。

A

① 連結親法人は、内国法人である普通法人または協同組合等に限られます（一定の場合を除く）。
② 連結子法人は、連結親法人の完全支配関係にある内国法人である普通法人はすべて適用する必要があります（一定の場合を除く）。

❶ 連結親法人の範囲

　連結親法人となることができる法人は、内国法人である普通法人または協同組合等に限られます（法法4の2）。したがって、外国法人、非営利法人については、連結親法人にはなれません。また、下記の法人は、内国法人である普通法人または協同組合等であっても、連結親法人にはなれません（法法4の2、法令14の6）。
　① 清算中の法人
　② 内国法人である普通法人または協同組合等との間に当該普通法人または協

同組合等による完全支配関係がある法人
③ 資産の流動化に関する法律に規定する特定目的会社
④ 投資信託および投資法人に関する法律に規定する投資法人
⑤ 連結納税の承認の取消しの規定により連結納税の承認を取り消された法人で、その取消しの日から同日以後5年を経過する日の属する事業年度終了の日までの期間を経過していないもの
⑥ 連結納税の適用の取止めの承認を受けた法人でその承認を受けた日の属する連結親法人事業年度終了の日の翌日から同日以後5年を経過する日の属する事業年度終了の日までの期間を経過していないもの
⑦ 法人課税信託に係る法人税法第4条の7に規定する受託法人

2 連結子法人の範囲

　連結親法人の完全支配関係にある内国法人である普通法人は、以下の場合を除いて、すべて適用する必要があります（法法4の2、法令14の6）。なお、協同組合等は普通法人ではないので、連結子法人となることができません。
① 清算中の法人
② 資産の流動化に関する法律に規定する特定目的会社
③ 投資信託および投資法人に関する法律に規定する投資法人
④ 連結納税の承認の取消しの規定により連結納税の承認を取り消された法人で、その取消しの日から同日以後5年を経過する日の属する事業年度終了の日までの期間を経過していないもの
⑤ 連結親法人との間で連結完全支配関係を有しなくなった法人でその連結親法人と再度連結納税を適用する場合にその有しなくなった日以後5年を経過する日の属する事業年度終了の日までの期間を経過していないもの
⑥ 連結納税の適用の取止めの承認を受けた法人でその承認を受けた日の属する連結親法人事業年度終了の日の翌日から同日以後5年を経過する日の属する事業年度終了の日までの期間を経過していないもの
⑦ 法人課税信託に係る法人税法第4条の7に規定する受託法人
⑧ 他の内国法人の株主等に外国法人が含まれている場合

適用取止めの手続き

Q2
連結納税制度適用のための申請、適用の取止めおよび承認の取消しについて教えてください。

A
① 連結納税制度を適用するには、申請書を国税庁長官に提出し、承認を得る必要があります。
② やむを得ない事情があり、連結納税制度の適用を取り止める場合は、国税庁長官の承認を得る必要があります。
③ 連結事業年度に係る帳簿書類の備付け、記録または保存が財務省令で定めるところに従って行われていない等の事実が認められた場合は、連結納税制度の適用が取り消される場合があります。

1 連結納税承認の申請

(1) 申請書等の提出

連結納税制度の適用を受けようとする場合は、連結親法人および連結納税の対象となるすべての連結子法人の連名で「連結納税の承認の申請書」を親法人の納税地の所轄税務署長を経由して国税庁長官に提出する必要があります(法法4の3①)。

さらに、上記承認申請の対象となった連結子法人は、遅滞なく、「連結納税の承認の申請書を提出した旨の届出書」を当該会社の納税地の所轄税務署長に提出する必要があります(法令14の7①)。

(2) 申請書等提出の期日

① 連結親法人の設立時以外の場合

平成22年度税制改正までは、最初の連結事業年度開始の日の6か月前が申請書の提出期限となっていましたが、平成22年度の税制改正により、最初の連結事業年度開始の日の3か月前が申請書の提出期限に短縮されました（法法4の3①）。

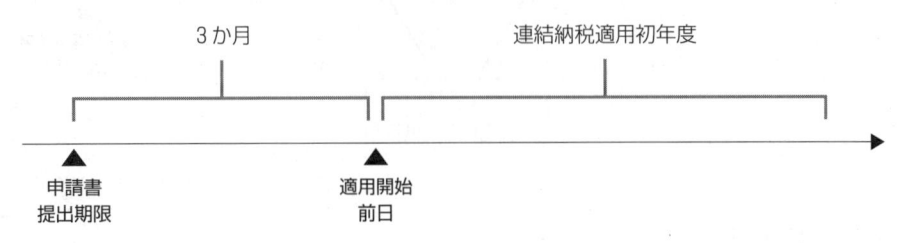

```
       3か月              連結納税適用初年度
   ├─────┤    ├────────────┤
───▲──────────▲────────────────────→
  申請書       適用開始
  提出期限     前日
```

② 連結親法人の設立事業年度等に係る申請の特例
　a　設立事業年度から適用する場合
　　この場合は、設立事業年度開始の日から1か月を経過する日と当該設立事業年度終了の日から2か月前の日と比べて、いずれか早い日が、申請書の提出期限となります（法法4の3⑥）。

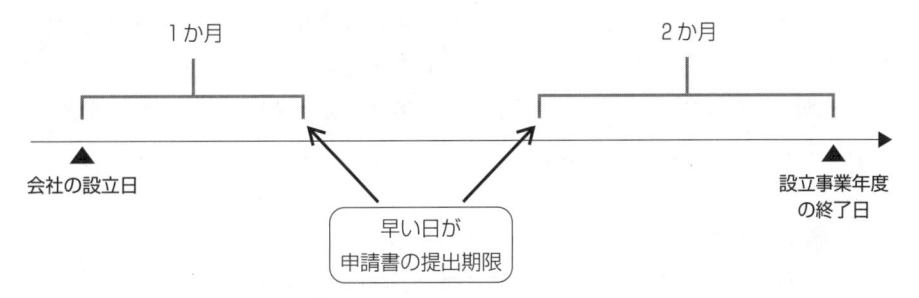

```
      1か月                          2か月
   ├─────┤                     ├─────┤
───▲──────────↑────────────↑─────────▲──→
 会社の設立日                      設立事業年度
                                     の終了日
              早い日が
              申請書の提出期限
```

　b　設立事業年度の翌事業年度から適用する場合
　　この場合は、設立事業年度終了の日と当該設立事業年度の翌事業年度終了の日から2か月前の日と比べて、いずれか早い日が、申請書の提出期限となります（法法4の3⑥）。

```
    設立事業年度                    2か月
┌──────────────┐        ┌──────────┐
                    ↑    ↑                              ▲
                                                    翌設立事業年度
                                                    の終了日
              ┌─────────┐
              │ 早い日が  │
              │申請書の提出期限│
              └─────────┘
```

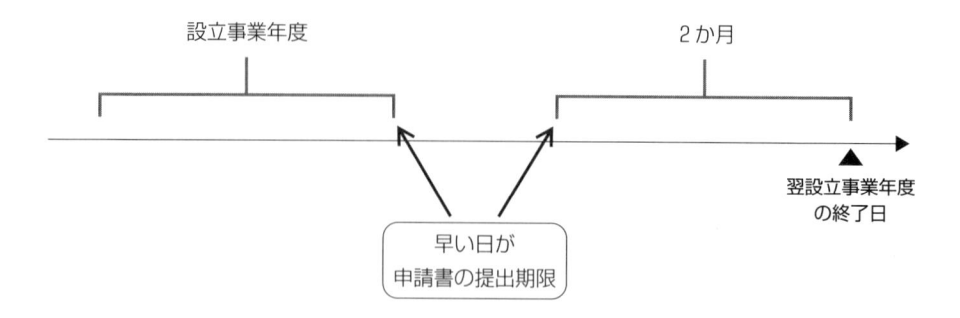

（3）申請の承認

　申請書の提出後、連結納税制度の適用を開始するには、最初の連結事業年度開始の日の前日までに、国税庁長官の承認を受ける必要がありますが、連結納税制度を適用しようとする事業年度開始の日の前日までに承認または却下の処分を受けなかった場合、その開始の日に承認があったものとみなされます（法法4の3④）。

　また、連結親法人の設立事業年度等に係る申請の特例の規定の適用を受けた場合においては、当該申請書を提出した日から2か月を経過する日までにその申請につき承認または却下の処分を受けなかった場合、2か月を経過する日に承認があったものとみなされます（法法4の3⑧）。

（4）申請の却下

　国税庁長官は、連結納税適用の申請に対し、次のような場合には、連結納税の承認の申請を却下することができることとされています（法法4の3②）。

① 連結予定法人のいずれかがその申請を行っていないこと
② その申請を行っている法人に連結予定法人以外の法人が含まれていること
③ その申請を行っている連結予定法人につき次のいずれかに該当する事実があること
　a 連結所得の金額または連結欠損金額および法人税の額の計算が適正に行われがたいと認められること
　b 連結事業年度において、帳簿書類の備付け、記録または保存が行われることが見込まれないこと

c　連結納税の承認の取消し、または連結納税の承認の取止め後5年以内に申請書を提出したこと
　　d　法人税の負担を不当に減少させる結果となると認められること

2 連結納税適用の取止め

　連結納税制度を適用した場合、継続して適用することが求められています。したがって、連結納税制度の適用を取り止めることが認められるのは、適用開始時には予見し得ない後発的な事情（例えば、連結法人数の急増等）により、著しく事務負担が過重となるに至った結果、連結納税を適用していくことが困難と認められる場合等やむを得ない事由がある場合に限定されます。

　やむを得ない事情があり連結納税制度の適用を取り止める場合は、申請をすべての連結法人の連名で行い（法法4の5④）、事前に国税庁長官の承認を受ける必要があります（法法4の5③）。そして、取止めが承認された場合には、すべての連結法人がその取止めの対象となります（法令14の9④）。

3 承認の取消し

　連結親法人または連結子法人に次のいずれかに該当する事実がある場合には、国税庁長官は、当該法人に係る連結納税の承認を取り消すことができることとされています（法法4の5①）。
　① 連結事業年度に係る帳簿書類の備付け、記録または保存が行われていないこと
　② 連結事業年度に係る帳簿書類について国税庁長官、国税局長または税務署長の指示に従わなかったこと
　③ 連結事業年度に係る帳簿書類に取引の全部または一部を隠ぺいしまたは仮装して記載しまたは記録し、その他その記載または記録をした事項の全体についてその真実性を疑うに足りる相当の理由があること
　④ 連結確定申告書をその提出期限までに提出しなかったこと
　なお、承認が取り消された場合には、その取り消された日以後の期間について

承認の効力を失うことになります（法法4の5①）。

4 みなし取消し

　連結納税制度を適用している状態で連結親法人または連結子法人に一定の事実が生じた場合には、その連結法人に係る連結納税の承認は取り消されたものとみなされます。

　取消し対象となる事実に対し、取消しの対象となる法人、みなし取消日は、以下の通りで、そのみなされた日以後の期間について、その承認は効力を失うこととなります（法法4の5②）。

取消し対象となる事実	取消し対象法人	みなし取消日
連結親法人と他の内国法人（普通法人または協同組合等に限る）による完全支配関係が生じた場合	連結親法人 全連結子法人	その生じた日
売却、解散等により、すべての連結子法人がなくなり、連結法人が連結親法人のみとなった場合	連結親法人	そのなくなった日
連結親法人が解散した場合	連結親法人 全連結子法人	その解散の日の翌日（注）
連結子法人が、合併または破産手続き開始の決定による解散、または残余財産が確定した場合	当該連結子法人	その解散の日の翌日（注）またはその残余財産の確定の日の翌日
連結子法人が連結親法人による完全支配関係を有しなくなった場合	当該連結子法人	その有しなくなった日
連結親法人が公益法人等に該当することとなった場合	連結親法人 全連結子法人	その該当することとなった日
連結親法人と公益法人等との間に当該公益法人等による完全支配関係がある場合で、当該公益法人等が普通法人または協同組合等に該当することとなった場合	連結親法人 全連結子法人	その該当することとなった日

（注）合併による解散の場合には、その合併の日

3 連結納税グループへの加入に際しての調整等

連結子法人の資産の時価評価

Q1
連結納税グループに新たに加入する場合の、子法人の資産の時価評価について教えてください。

A
① 加入した連結子法人の保有する資産は、一部の例外を除き、原則として時価評価の対象となります。
② どのような法人が時価評価の対象外となるのかを把握しておく必要があります。

1 時価評価課税について

　連結納税制度においては、単体課税のもとで単体法人を納税主体とする含み損益を清算した後に新たな納税主体として連結納税制度の適用を受けるとの考え方により、連結納税グループへの加入直前において、原則として、連結子法人の保有する資産に対して時価評価課税がなされます。
　つまり、連結親法人による完全支配関係を有することになった連結子法人が、連結加入直前事業年度終了の時に有する時価評価対象資産については、その連結加入直前事業年度において時価評価損益を計上し、所得に含めて課税されることになります（法法61の12①）。

2 時価評価の対象から除外される子法人(特定連結子法人)

　前述のように、連結グループに加入する子法人に対しては、原則として、連結子法人となる法人のその直前事業年度において有する資産を時価評価することが必要ですが、租税回避のおそれがないと考えられる以下の法人については、例外的に連結グループへの加入に伴う資産の時価評価の対象から除かれます(法61の12①一～四)。

	項　　目	内　　容
(1)	連結グループ内の法人により設立された子法人	連結親法人または連結子法人が、完全支配関係を有する法人を設立した場合の当該法人
(2)	適格株式交換による完全子法人	連結親法人または連結子法人が、適格株式交換により法人の発行済株式の全部を有することになった場合の当該法人
(3)	適格合併または適格株式交換により加入した子法人で、被合併会社または株式交換完全子法人の長期保有子法人	連結親法人が行う適格合併または適格株式交換により、被合併法人または株式交換完全子法人が保有する完全支配関係のある子法人が、連結親法人との間に完全支配関係が生じることになった場合の当該法人(適格合併等の日の5年前の日または設立の日から適格合併等の日の前日まで完全支配関係が継続している場合に限る)
(4)	単元未満株式等の買取りにより完全支配関係が生じた子法人	連結親法人が、単元未満株式等の買取りにより法人との間に完全支配関係を有することとなった場合の当該法人(買取の日の5年前の日または設立の日から買取日まで完全支配関係が継続している場合に限る)

3 時価評価対象資産

　時価評価の対象となる資産は次に掲げる資産ですが、含み損益が連結子法人の資本金等の額の2分の1または1,000万円のいずれか少ない金額に満たない場合には、時価評価の対象にはなりません(法法61の11①、法令122の12①一～四)。

(1)	固定資産
	（子法人が親法人による完全支配関係を有することとなった日以後最初に開始する連結親法人事業年度開始の日の5年前の日以後に終了する各事業年度または各連結事業年度において、「国庫補助金等で取得した固定資産等の圧縮額の損金算入」等の規定の適用を受けた減価償却資産を除く）
(2)	棚卸資産たる土地
	（土地の上に存する権利を含む）
(3)	有価証券
	（売買目的有価証券および償還有価証券を除く）
(4)	金銭債権
(5)	繰延資産

　なお、平成22年度税制改正により、連結納税グループ加入後2か月以内に連結グループから離脱する法人の有する資産は時価評価の対象から除外されています（法令122の12①七）。

4 営業権の評価

　前述の時価評価対象資産の固定資産には、無形固定資産である営業権も含まれているものと考えられます。

　連結納税グループへの加入に際し、連結子法人の営業権をいかに評価するかにつき、税務上具体的な規定は定められていません。

　これは自己創設「のれん」ともいえる営業権とも考えられ、時価評価は不要との見解もあるようですが、連結子法人の状況や買収価額によっては税務上多額の営業権・時価評価益の計上の可能性があり、実務上、これをゼロ評価とすると課税上弊害があると考えられ課税当局より指摘を受けるリスクも残ります。

　例えば、M&A等株式の買収により連結子法人化することがあれば、加入に際し営業権の税務リスクをその都度検討する必要があり、連結納税導入時においてもこの点を十分に考慮しておく必要があります。

5 時価評価の資産の単位

資産を時価評価するに当たり、以下の区分に応じた単位で評価します（法規27の13の2、27の15①）。

(1)	減価償却資産	建　物	一棟（建物の区分所有等に関する法律第1条（建物の区分所有）の規定に該当する建物にあっては、同法第2条第1項（定義）に規定する建物の部分）ごとに区分するものとする。
		機械および装置	一の生産設備または一台もしくは一基（通常一組または一式をもつて取引の単位とされるものにあっては、一組または一式）ごとに区分するものとする。
		その他の減価償却資産	上記建物、機械および装置に準じて区分するものとする。
(2)	土地等		土地等を一筆（一体として事業の用に供される一団の土地等にあっては、その一団の土地等）ごとに区分するものとする。
(3)	金銭債権		一の債務者ごとに区分するものとする。
(4)	有価証券		その銘柄の異なるごとに区分するものとする。
(5)	その他の資産		通常の取引の単位を基準として区分するものとする。

6 資産の時価

連結納税の加入時に、時価評価資産の時価は、「時価評価資産が使用収益されるものとしてその時において譲渡されるときに通常付される価額」によることになります。

ただし、以下の区分に応じた方法やその他合理的な方法により時価を算定しているときは、課税上弊害がない限り認められています（連基通13－2－2、法基通12の3－2－1）。

(1)	減価償却資産	有形減価償却資産	再取得価額を基礎としてその取得時から評価時まで旧定率法(または定率法)によって計算される未償却残額(法基通9-1-19)
		無形減価償却資産および生物	取得価額を基礎としてその取得時から評価時まで旧定額法によって計算される未償却残額
(2)	土地		近傍類地の売買実例を基礎として合理的に算定した価額または近傍類地の公示価格等から合理的に算定した価額
(3)	金銭債権	一部に貸倒見込あり	個別貸倒引当金繰入限度額相当額控除後の金額
		上記以外	帳簿価額
(4)	有価証券	上場	市場価格(法基通9-1-8)
		非上場	売買実例価額、類似会社比準価額、純資産価額等(法基通9-1-13、14)

連結子法人の繰越欠損金引継ぎ

Q2

連結納税グループに加入する際の、連結子法人の繰越欠損金の取扱いについて教えてください。

A

① 平成22年度税制改正により、連結納税グループに加入する一定の連結子法人の繰越欠損金は、連結欠損金として引き継ぐことができるようになりました。

② ただし、原則として、時価評価の対象外とされている連結子法人(特定連結子法人)の繰越欠損金についてのみ、引継ぎが認められます。

③ さらに、控除できる金額は当該連結子法人の個別所得金額が上限とされています。
④ 引き継がれた当該連結子法人の繰越欠損金（特定連結欠損金）は、他の連結法人の課税所得と相殺することはできません。

1 平成22年度税制改正前の取扱い

　連結納税グループへの加入をした場合には、一定の法人を除き原則として、連結子法人となる法人のその直前において生じていた連結納税加入前の繰越欠損金は連結納税開始前に切り捨てられ、連結納税の下で繰越控除することは認められていませんでした（旧法法81の9）。

2 平成22年度税制改正後の取扱い

　連結納税加入前の繰越欠損金であっても、その法人の個別所得のみを対象・限度として控除を認めるのであれば、連結納税加入前の繰越欠損金を連結納税グループに持ち込んでも、不当に連結所得を減らすという課税上の弊害は少ないと考えられ、主に以下のような改正が行われました。

（1）連結欠損金とみなす繰越欠損金の範囲の拡大

　連結欠損金とみなす繰越欠損金の範囲に、以下の繰越欠損金等が追加され、その法人の個別所得を上限に控除可能な連結欠損金（特定連結欠損金）と定められました（法法81の9②）。
① 連結納税の開始または連結納税グループへの加入に伴う資産の時価評価制度が適用されない連結子法人（特定連結子法人）の最初連結事業年度開始の日前7年以内に開始した事業年度において生じた繰越欠損金
② 連結子法人を合併法人とする適格合併に係る被合併法人の当該適格合併の日前7年以内に開始した事業年度において生じた繰越欠損金

（2）連結子法人の欠損金の控除限度（特定連結欠損金の繰越控除）

前述のように連結子法人の連結納税開始前繰越欠損金は、当該連結子法人の個別所得額を限度として控除することができます。したがって、他の連結法人の課税所得と相殺することは認められていません。

（3）時価評価対象法人の繰越欠損金切捨て

前述のように連結納税グループに持ち込むことができる連結子法人の繰越欠損金は、連結納税加入による連結子法人に対する時価評価課税の対象から除外される法人の繰越欠損金に限られます。

これは、連結子法人となる法人は、原則として、連結納税開始前に保有する時価評価対象資産を時価評価することになりますが、時価評価による評価損を含む連結子法人の繰越欠損金を連結納税グループに持ち込めるとすると、連結子法人が有していた資産の含み損と当該連結子法人の個別所得とが相殺可能となってしまうためです。

※なお、平成23年12月税制改正により、連結欠損金の繰越期間は9年に延長されています（新法法81の9①）。

3 連結親法人が連結納税グループ外の法人と合併する場合（連結納税導入後）

平成22年税制改正前では、連結親法人が連結納税グループ外の法人を吸収合併する場合、一定の条件を満たす限り、合併法人が引き継いだ被合併会社の繰越欠損金は連結グループ全体の所得と相殺が可能でした。

しかし、平成22年税制改正後では、原則として、単体納税における合併の取扱いと同様、一定の条件を満たす適格合併である場合、被合併会社の繰越欠損金を引き継ぐことができますが、この繰越欠損金は特定連結欠損金に該当し、連結親法人で生じる所得の範囲内でのみ控除することができます（法法81の9③二）。

4 その他

以上のように、連結納税グループに持ち込める繰越欠損金は、時価評価課税の

対象から除外される法人の繰越欠損金に限定されます。したがって、例えば、単純な相対取引で連結子法人となる法人の株式を100％取得した場合には、連結納税グループへの加入に当たり時価評価課税の対象となり、連結グループに繰越欠損金を持ち込むことができないため注意が必要です。

　連結納税開始後に新規に連結納税グループに加入させる連結子法人がある場合で、当該連結子法人が多額の繰越欠損金を有している際には、適格株式交換を利用することで時価評価課税を回避し、繰越欠損金を持ち込むことが考えられます。

　このように、連結納税開始後に組織再編取引を行う場合には、その再編形態が連結納税における繰越欠損金にあたえる影響を視野に入れたスキームの構築を検討する必要があります。

4 連結納税グループからの離脱

連結納税グループからの離脱、再加入の条件

Q1 どのような場合に連結納税グループから離脱できますか。また、再加入はできますか。

A
① 100％子法人でなくなった場合等、一定の条件を満たした場合、連結子法人は連結グループから離脱できます。
② 離脱した同じ連結グループへの再加入には5年間の加入制限がある等、離脱後の再加入についても一定の制限があります。

■ 連結納税グループからの離脱

連結納税グループから子法人が離脱することができるのは、以下の場合に限定されています。

(1) 国税庁長官の職権により連結納税の承認が取り消される場合（法法4の5①一～三）

①	連結事業年度に係る帳簿書類の備付け、記録または保存が財務省令で定めるところに従って行われていないこと
②	連結事業年度に係る帳簿書類について国税庁長官、国税局長または税務署長の指示に従わなかったこと
③	連結事業年度に係る帳簿書類に取引の全部または一部を隠ぺいしまたは仮装して記載し

または記録し、その他その記載または記録をした事項の全体についてその真実性を疑うに足りる相当の理由があること

（2）連結納税の承認が取り消されたものとみなされる場合（法法4の5②四、五）

	取り消されたものとみなされる事由	取り消されたものとみなされる日
①	連結子法人の解散（合併または破産手続き開始の決定による解散に限る）または残余財産の確定	その解散の日の翌日（合併による解散の場合には、その合併の日）またはその残余財産の確定の日の翌日
②	連結子法人が連結親法人との間に当該連結親法人による連結完全支配関係を有しなくなったこと	その有しなくなった日

※連結子法人の解散について
・平成22年税制改正前
　連結子法人が解散したことが、その連結子法人における連結納税の承認を取り消されたものとみなされ、その連結子法人は連結納税グループから離脱することとされていました。
・平成22年税制改正後
　平成22年税制改正で清算所得課税が廃止され、解散した法人についても普通法人と同様の課税がされることになりました。これに伴い、連結子法人の解散（合併または破産手続き開始の決定による解散を除く）が直接的に連結納税グループからの離脱事由ではなくなり、残余財産の確定が離脱事由となっています。

2 連結納税グループへの再加入

離脱した子法人が再度連結納税グループに加入する場合は、一定の制限が定められています。

（1）国税庁長官の職権により連結納税の承認が取り消される場合（法法4の5①一～三）

連結納税の承認が取り消された法人は、原則として、承認の取消日から同日以後5年を経過する日の属する事業年度終了の日までは、連結親法人または連結子法人になることができません（法令14の6①三、③二）。

（2）連結納税の承認が取り消されたものとみなされる場合（法法4の5②四、五）

　連結完全支配関係を有しなくなったことにより連結納税の承認が取り消されたものとみなされた法人は、原則として、その後連結親法人または連結子法人になることができます。ただし、その取消日以後5年を経過する日の属する事業年度終了の日までは、離脱した同じ連結グループの連結親法人の連結子法人となることは制限されています（連基通1－3－5）。

連結子法人の離脱に伴う事業年度

Q2

連結子法人が連結納税グループから離脱した場合、当該連結子法人の離脱後の事業年度はどのようになりますか。

A

① 連結子法人が離脱した場合には、当該連結子法人について原則として、みなし事業年度を設ける必要があります。
② 連結納税の承認は、連結グループからの離脱の日に取消しになるため、その前日までのみなし事業年度では、連結法人としての立場を持ちながら単体法人として申告することになります（連結法人としての単体申告）。
③ 連結法人としての単体申告は、原則として、単体申告となりますが、普通法人の申告と異なり連結納税の取扱いの一部が適用されます。

1 連結子法人の離脱事由とみなし事業年度

　みなし事業年度の取扱いは、以下の通りです（法法14八～十、十七）。

	連結子法人の離脱事由	みなし事業年度	取消日
(1)	国税庁長官の職権で連結納税の承認が取り消された場合（帳簿書類の不備、取引の仮装隠ぺい等）	取消日の属する連結事業年度開始の日から当該取消日の前日までの期間、当該取消日からその連結事業年度終了の日までの期間およびその終了の日の翌日から当該翌日の属する事業年度終了の日までの期間	その取り消された日
(2)	連結子法人の連結事業年度の中途において合併により解散し、または残余財産が確定した場合	その連結事業年度開始の日から合併の日の前日または残余財産の確定の日までの期間	その合併の日またはその残余財産の確定の日の翌日
(3)	連結子法人が連結事業年度の中途において破産手続き開始の決定を受けた場合	その連結事業年度開始の日から破産手続き開始の決定の日までの期間、破産手続き開始の決定の日の翌日からその連結事業年度終了の日までの期間およびその終了の日の翌日から当該翌日の属する事業年度終了の日までの期間	破産手続き開始の決定の日の翌日
(4)	連結子法人が連結事業年度の中途において連結親法人との間に当該連結親法人による連結完全支配関係を有しなくなった場合（一定の場合を除く）	その連結事業年度開始の日から離脱日の前日までの期間、当該離脱日からその連結事業年度終了の日までの期間およびその終了の日の翌日から当該翌日の属する事業年度終了の日までの期間	その有しなくなった日

　なお、子法人の離脱日の前日が連結親法人事業年度終了日と一致する場合は、連結親法人事業年度開始の日から離脱日の前日までの期間は連結事業年度となります（法法15の2①かっこ書）。

2 期中離脱の場合の取扱い

(1) 離脱日の前日までのみなし事業年度

連結子法人が連結納税グループから離脱する場合、その離脱の日に連結納税の承認が取消しとなります。そのため、連結子法人が期中に離脱した場合、期首日から離脱日の前日までは、承認を受けた連結納税の効力が生じている状態となります（連基通1－3－1）。

しかし、連結親法人は連結事業年度の終了後に連結納税の申告を行うことから、離脱する連結子法人が連結納税グループとして申告することはできないため、みなし事業年度を設け、単体法人として申告することになります（連結法人としての単体申告）。

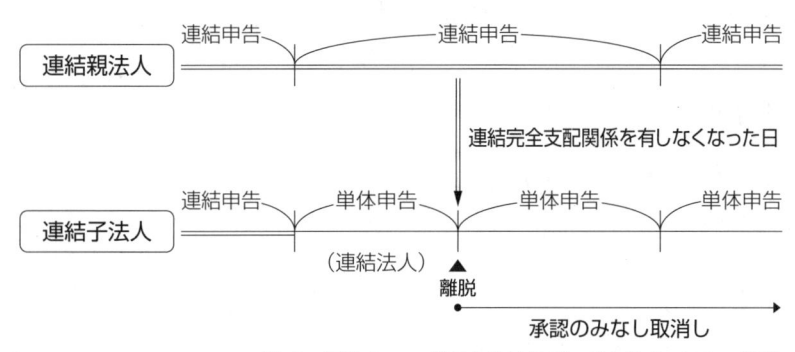

```
                連結申告        連結申告         連結申告
連結親法人 ───┼──────┼──────────┼──────┼───
                                     ↓
                           連結完全支配関係を有しなくなった日

                連結申告    単体申告   │   単体申告      単体申告
連結子法人 ───┼──────┼──────┼──────┼──────┼───
                        （連結法人）  ▲
                                    離脱
                                      └─────────── 承認のみなし取消し ──────→
```

(出典：国税庁 Q&A 連結納税制度 問8 連結納税の加入・離脱)

(2) 連結法人としての単体申告

前述のように、連結法人としての単体申告は、通常の単体納税の規定の適用を受けますが、連結納税の承認が有効である状態での申告であるため、通常の単体法人の申告とは扱いが一部異なり、連結法人としての取扱いの一部が適用されます。

その適用される主な取扱いは、以下の通りです。

受取配当等の益金不算入	関係法人株式等の判定において、連結完全支配関係がある連結法人の所有株式数を含める（法令22の3③）。

貸倒引当金	金銭債権から連結法人に対する債権を除き、貸倒実績率の計算において貸倒実績には連結グループ内の法人に対するものは除く（法令96①、②）。
所得税額控除	個別法の計算において、配当計算対象期間中に他の連結法人から元本の譲渡を受けた場合、その所有期間を通算する（法令140の2④六）。
繰越欠損金	連結欠損金個別帰属額は青色欠損金とみなして取り扱う（法法57⑤）。

離脱時の繰越欠損金

Q3

連結納税グループから離脱した場合、繰越欠損金の扱いはどのようになりますか。

A

① 連結欠損金個別帰属額（連結欠損金の各法人への帰属額）は、原則として、連結離脱直後の事業年度以後の各事業年度の所得の計算上、法人単体の繰越欠損金とみなされます。
② 連結納税開始時または加入時に切り捨てられた繰越欠損金は原則復活しません。

1 離脱した法人への連結欠損金の引継ぎ

（1）原則

　連結子法人が連結納税グループから離脱した場合、連結納税承認取消日または取止めによる最終の連結事業年度終了の日の翌日の属する事業年度開始の日前7

年以内に開始した各連結事業年度において生じたその連結子法人の連結欠損金個別帰属額（連結欠損金個別帰属額とみなされたものを含む）は、その翌日の属する事業年度以後の各事業年度の所得の金額の計算上、その連結欠損金個別帰属額をその離脱した法人の繰越欠損金額とみなして取り扱うこととされています（法法57⑤）。

連結欠損金個別帰属額は、連結欠損金を個別欠損の生じている法人にその個別欠損の比で按分することによって計算されます（**6 Q1**参照）。

※なお、平成23年12月税制改正により、連結欠損金の繰越期間は9年に延長されています(新法法81の9①)。

（2）例外（国税庁長官の職権により連結納税の承認が取り消される場合）

連結子法人による帳簿書類の不備、仮装隠蔽等の事実があり、連結納税の承認が取り消された場合には（1）の取扱いはなく、連結欠損金個別帰属額を離脱した法人の繰越欠損金額とすることはできません。

2 連結納税開始前または加入前の繰越欠損金

（1）原則

連結納税開始前または加入前の繰越欠損金で、連結納税開始時または加入時に切り捨てられたものについては、連結納税グループから離脱した後、原則として復活しません（法法57⑧二）。

（2）例外（連結納税開始後または加入後、その事業年度中に連結納税から離脱したことにより、一度も連結納税申告に参加していない場合）

連結納税開始後または加入後、その事業年度中に連結納税グループ外の法人に株式を取得され、当該離脱法人が連結親法人との間に当該連結親法人による連結完全支配関係を有しなくなった場合(一度も連結申告に参加していない場合)は、当該離脱法人の連結納税開始前・加入前の繰越欠損金をそのまま使用することができます（法法57⑤）。

5 連結事業年度、申告・納付

連結納税制度における連結事業年度と手続き

Q 連結納税制度における連結事業年度について教えてください。また、連結確定申告書の提出期限、連結法人税の納付期限はいつになるか教えてください。

A
① 連結親法人の事業年度が連結事業年度となります。連結子法人の事業年度が、連結事業年度と異なる場合については、連結事業年度と同期間とみなされます。
② 連結確定申告書の提出期限は、連結事業年度終了の日の翌日から2か月以内です。ただし、申請により、2か月の延長が可能です。
③ 連結法人税の納付期限は、申告書の提出期限と同じです。

1 連結納税制度における連結事業年度

　連結事業年度は、連結親法人の事業年度開始の日からその終了の日までの期間となります（法法15の2①）。
　連結子法人の事業年度についても、連結事業年度に統一することが望ましいですが、統一できない場合、当該連結子法人の事業年度は、連結事業年度と同期間とみなされ、税務申告を行うことになります（法法14①四）。
　このため、連結事業年度と異なる事業年度の連結子法人は、会社法等に基づいた確定決算と連結事業年度に基づいた決算が必要となり、実質的に決算を2度行

う必要があります。

2 連結確定申告書の提出および連結法人税の納付

（1）連結確定申告書の提出

　連結確定申告書は、連結事業年度終了の日の翌日から2か月以内に、連結親法人が連結親法人の所轄税務署長に対して提出する必要があります（法法81の22①）。

　また、連結子法人においては、連結確定申告書の提出期限までに、当該連結事業年度に係る連結所得に対する法人税の負担額として支出、またはその法人税の減少額として収入すべき金額等を記載した書類をそれぞれの連結子法人の所轄税務署長に提出する必要があります（法法81の25①）。

（2）連結法人税の納付

　連結確定申告書を提出した連結親法人は、当該申告書の提出期限まで、すなわち、連結事業年度終了の日の翌日から2か月以内に、法人税を納付しなければなりません（法法81の27）。

　なお、連結納税において、連結親法人の各連結事業年度の連結所得に対する法人税でその連結子法人とその連結親法人との間に連結完全支配関係がある期間内に納税義務が成立したものについては、連結子法人は連帯して納付する責任を負います（法法81の28①）。

　そのため、連結親法人が連結法人税額を滞納した場合、その連結子法人は、納付すべき連結法人税の全部について納付しなければならないことになります。

（3）期限の延長

　連結確定申告書は、申請により提出期限の延長が可能です。すわなち、連結事業年度終了の日の翌日から2か月以内の提出期限までに連結確定申告書を提出することができない状況にあると認められる場合（後述参照）、連結親法人の申請により、2か月申告期限を延長することが可能です（法法81の24①）。

【申告期限の延長が認められる状況】
① 会計監査人の監査を受けなければならないことその他これに類する理由により決算が確定しない場合
② 連結子法人が多数に上ることその他これに類する理由により各連結事業年度の連結所得の金額もしくは連結欠損金額および法人税の額の計算を了することができない場合

　申告期限延長の申請は、適用を受ける連結事業年度終了の日の翌日から45日以内に、その承認申請書を連結親法人の納税地の所轄税務署長に提出する必要があります（法法81の24②）。
　また、連結親法人が提出期限の延長の承認を受けた場合には、連結子法人が提出すべき個別帰属額等を記載した書類の提出期限についても自動的に延長されます（法法81の25①）。
　なお、災害等により、連結所得等の金額の計算を申告期限までに了することができない場合は、単体申告の場合と同様に連結申告の場合にも、申告期限の延長の規定が設けられています（法法81の23①、通則法11）。

6 連結所得金額計算および連結法人税計算の概要

連結所得金額計算、連結法人税額計算の方法

Q1
連結所得金額計算および連結法人税額計算の基本的な仕組みについて教えてください。

A
① 連結納税における課税標準である連結所得金額は、連結納税の対象となっている各法人で個別の所得計算を行い合算します。
② 上記の各法人の所得計算は、一定の項目を除き単体納税の計算と同様に行います。
③ 次に連結法人として全体計算が必要な受取配当等の益金不算入額、寄附金・交際費等の損金不算入額および連結法人間取引の損益等の調整等を行い、連結所得の金額を計算します。
④ 連結所得金額に税率を乗じた額に、連結グループ内の法人ごとに計算される税額控除の額および連結グループ全体で計算される税額控除の額を減算して連結法人税額を計算します。

1 連結所得金額の計算方法

各連結事業年度の連結所得金額は、単体納税と同じように、各連結事業年度の益金の額から損金の額を控除して算定します（法法81）。具体的な算定手順も単

体納税と概ね同じであり、各法人の当期損益に申告調整を行います。

　連結所得金額の算定に当たり行う申告調整については、別段の定めがあるものを除き、単体納税における各事業年度の所得金額と同様の計算により、連結グループ内の法人ごとに計算します。

　所得の申告調整のうち、別段の定めがあるものについては、連結納税独自の計算をすることになります。これは単体納税とは調整金額の計算方法が異なり、連結グループ全体での調整金額を決めてから各法人への帰属額を算定するものと調整項目そのものが連結納税独自のものがあります（法令119の3⑤、119の4①）。

（1）単体調整項目の調整

　連結グループ全体で所得計算を行わない項目として、減価償却費・貸倒引当金の損金算入限度額計算等が該当し、これらは損金経理を要件としています。基本的には単体納税制度での調整計算と同じですが、法人税法の一部規定は、連結所得の計算上別途規定されており、単体納税の規定は適用されません。

　例えば、連結法人の貸倒引当金の繰入限度額計算においては、他の連結法人に対する債権を一括評価金銭債権に含めないものとされており、一括評価金銭債権に係る貸倒引当金繰入額計算における貸倒実績率の算定上も含まれない等、連結納税独自のものがあります。

　また、連結グループ全体ではなく法人ごとの特性に着目して計算する税額の調整項目として、設備投資に係る税額控除があります。

（2）譲渡損益調整

　平成22年度税制改正により、単体納税においても完全支配関係がある内国法人間の資産の譲渡損益は繰り延べる制度（グループ法人税制）が新設され、連結法人間の資産の譲渡損益の繰延べについてもこの制度の中の処理として位置づけられましたが、連結納税においては、このグループ法人税制導入以前より、連結法人間の取引のうち一定の資産に関して、その譲渡損益を繰り延べ、その対象となった資産の売却等一定の事由の発生により、繰り延べた譲渡損益を戻し入れることとしています（法法61の13②、81の3）。

　譲渡損益調整資産とは、固定資産、土地（土地の上に存する権利を含み固定資

産に該当するものを除く)、有価証券(譲渡側または譲受側で売買目的有価証券とされるものを除く)、金銭債権、繰延資産のうち、譲渡直前の帳簿価額が1,000万円以上のものをいいます(法法61の13①、法令122の14①)。

　連結財務諸表においては、連結グループ間取引に係る未実現損益は、企業外部に対する譲渡等が行われた場合に戻入れされます。

　これに対して、連結納税を適用している場合の譲渡損益調整資産に係る繰延譲渡損益は、譲り受けた連結法人において、譲渡、償却、評価換え、貸倒れ、除却その他これに類する事由等が生じた場合に、連結所得の計算上、当該繰延譲渡損益を戻し入れなければならないとされています(法法61の13②、81の3)。これには、連結グループ内で譲渡を行った場合も含まれます。

　連結納税計算上において譲渡損益を繰り延べるといっても、連結法人間で恣意的な価額により取引を行うと、単体納税と連結納税で整合性を欠くことになり連結法人から他の連結法人に所得等の移転が行われる可能性が考えられます。また、各連結法人の連結所得に対する法人税額の個別帰属額は、各連結法人の所得計算を基礎としており、合理的に配分するためには、連結法人間の取引に関する価額について、適正な価額すなわち時価で行われることが原則とされています。したがって、時価より低い価額で取引を行った場合には、寄附金として取り扱われる可能性があることに留意する必要があります。

(3) 全体調整項目の調整

　連結グループ全体で所得の調整額を求め、これを各法人へ配分する項目として、受取配当等の益金不算入、交際費等の損金不算入、寄附金の損金不算入等が該当します。

　また、連結グループ全体で計算する税額の調整項目として、所得税額控除、試験研究費の税額控除、外国税額控除、特定同族会社の留保金課税等が該当します。連結グループ全体で調整金額を決めてから、各法人への帰属額を算定します。

(4) 連結特有の調整項目(投資簿価修正)

　過去の連結申告において取り込んだ所得について、子会社株式の譲渡等修正事由に該当した場合に益金または損金に算入される部分についての調整であり、二

重課税や二重控除を防ぐために課税所得に加減算するものです(法令119の3⑤、119の4①)。

　連結納税制度では、連結子法人で発生した利益は連結所得で加算され、逆に連結子法人で発生した損失は連結所得から控除されます。その後、連結親法人がその連結子法人株式を売却した場合には、連結納税の適用期間中に連結子法人で発生した利益・損失に相当する分だけ、連結子法人株式の価値が増加・減少していると考えられるため、連結親法人で発生する連結子法人株式の売却損益には、過去の連結納税において取り込まれた連結子法人の利益・損失が含まれていると考えることができます。

　このような利益の「二重課税」、損失の「二重控除」を防止するために、連結子法人株式を売却する等の一定の事由が発生した場合には、連結子法人株式の帳簿価額を修正することとされています。当該修正額は、当該連結子法人の過去の連結事業年度において生じた連結利益積立金額の合計額を基礎に計算することになります。

(5) 連結欠損金個別帰属額の控除

　連結欠損金の個別帰属額は、連結欠損金が生じた場合と、連結欠損金を控除した場合には、次のように算定されます。

　連結欠損金が生じた場合には、当該連結事業年度の個別欠損金額（連結欠損金考慮前）の生じている法人に、連結欠損金発生額を個別欠損金額（連結欠損金考慮前）の比で按分します。次に、連結欠損金は古い事業年度に生じたものから順次控除され、連結欠損金繰越控除額の個別帰属額については、使用された連結欠損金が生じた事業年度の連結欠損金個別帰属額残高の比で按分します。

2 連結法人税額の計算方法

　連結法人税額は、連結所得金額合計額に税率を乗じ、そこから税額控除等を行って算定します。連結法人税の合計額については、連結親法人が一括して申告・納付を行います（法法81の27）。

　連結法人税額は、グループ全体の金額が算定されるとともに、各法人への帰属

額も算定します。税額控除等、税額の調整項目についても、単体納税における各事業年度の所得金額と同様の計算により、連結グループ内の法人ごとに算定するものと、連結グループ全体での調整金額を決めてから各法人への帰属額を算定するものがあります。

そして、連結法人税の各法人への個別帰属額に基づき、連結グループ内の法人間で資金の精算を行います。連結法人税の個別帰属額がプラスの法人は親法人へ支払いを行い、マイナスの法人は親法人から還付を受けることになります。

連結法人税額算定の手順と連結法人税額等の設例を示すと、以下の通りとなります。

（1）連結法人税額算定の手順

【設例】

```
<親会社>         <子会社a>        <子会社b>
単体所得金額      単体所得金額     単体所得金額          ①減価償却費損金算入限度超過額
                                                        ②諸引当金の損金算入限度超過額等
                              ↓
                          連結所得金額

連結所得         連結所得          連結所得
個別帰属額       個別帰属額        個別帰属額
                                                        ①交際費・寄附金の損金不算入額
                          税額控除前                    ②受取配当等の益金不算入額等
                          連結税額                      ③投資簿価修正による譲渡損益修正等
税額控除前       税額控除前       税額控除前            ④連結欠損金個別帰属額の控除
連結税額         連結税額         連結税額
個別帰属額       個別帰属額       個別帰属額

税額控除         税額控除         税額控除               設備投資に係る税額控除等
(法人ごと)      (法人ごと)      (法人ごと)

                          税額控除                    ①所得税額控除
                          (連結全体計算)               ②外国税額控除
税額控除         税額控除         税額控除               ③特定同族会社の留保金課税
個別帰属額       個別帰属額       個別帰属額             ④試験研究費の税額控除等

                          連結法人税額

連結法人税       連結法人税       連結法人税
個別帰属額       個別帰属額       個別帰属額
```

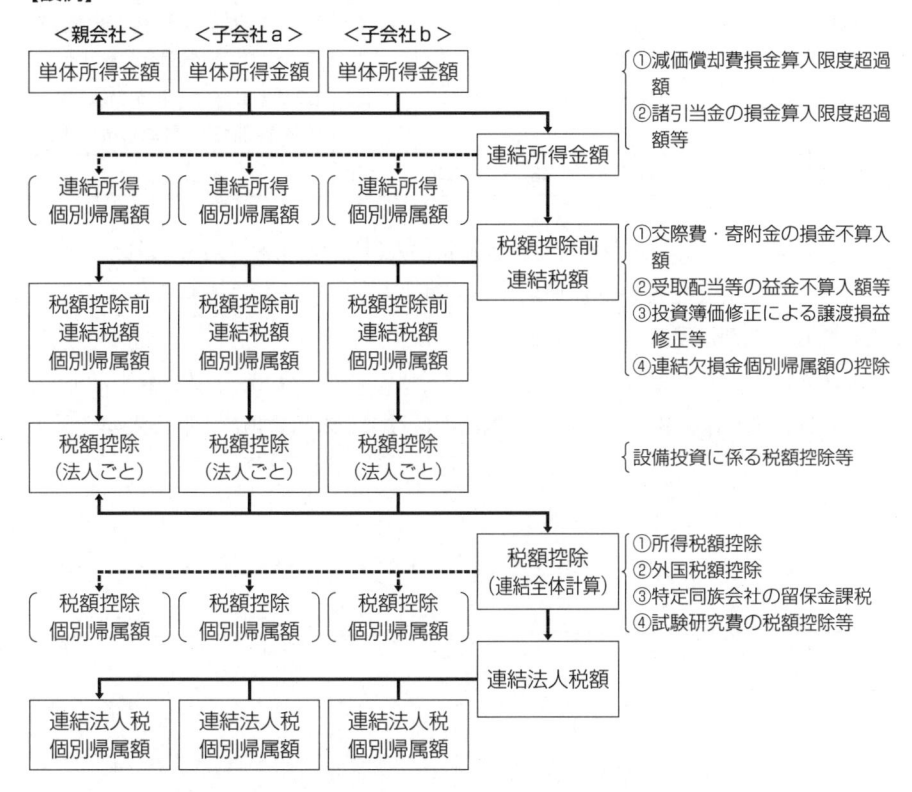

（2）連結所得金額および連結法人税額計算

	親会社	子会社a	子会社b	合計	摘　　要
当期利益	400	200	△200	400	
減価償却費限度超過額	200	200	120	520	【法人ごとに計算する所得の調整】法人ごとに超過額を計算する
受取配当等の益金不算入額	△200	△200	△20	△420	【全体で計算する所得の調整】全体で益金不算入額を計算し按分する
連結子会社株式簿価の調整	△100			△100	【連結特有の調整】株主である連結法人において調整する
控除対象所得税額	60	20	20	100	控除対象所得税額を加算する
連結所得金額	360	220	△80	500	
法人税額	108	66	△24	150	
設備投資に係る税額控除	△20			△20	【法人ごとに計算する税額の調整】法人ごとに控除額を計算する
所得税額控除	△60	△20	△20	△100	【全体で計算する税額の調整】全体で控除額を計算し按分する
連結法人税額	28	46	△44	30	

　この設例では、親法人が納付すべき連結法人税は30、親法人が子会社から徴収すべき金額は子会社Aの個別帰属額46、親法人が子会社Bに支払うべき金額は子会社Bの個別帰属額44となります。

　親法人は、未払法人税等30、各子法人に対する未収入金46、未払金44を計上し、子法人は、未払法人税等ではなく、親法人に対する未払金46、未収入金44を計上します。

連結所得・法人税額の個別帰属額算定の理由

Q2

連結所得金額・連結法人税額のみではなく、各法人に帰属する所得金額・税額を計算する理由について、具体的に教えてください。

A

個別帰属額を計算する理由は以下の通りです。
① 法制度全般が単体法人を前提としていること
② 連結納税からの離脱の可能性
③ 租税特別措置の適用操作等を排除
④ 地方税の計算根拠として使用

　企業グループの捉え方については、一般的に企業グループを単一の主体として捉える「単一主体概念」と、企業グループを個別に主体となる法人の集合として捉える「個別主体概念」があります。我が国の連結納税制度は、単一主体概念を基本としており、企業グループを一体として捉えています。
　したがって、連結納税においては、連結グループを一体として連結所得金額・連結法人税額を計算し、それを親法人が申告納付することになります。そのため、その連結所得金額・連結法人税額がどの法人のものかということは、あまり重要性を持たないと考えることもできます。
　しかし、我が国の連結納税制度においては、連結所得金額合計額・連結法人税額合計額を算定するとともに、その中の各法人への個別帰属額をも厳密に算定しなければいけない仕組みとなっています。
　このように、単一主体概念を基本としながら、一部に個別主体概念を取り入れたのは、以下のような理由によるものと考えられます。

1 法制度全般が単体法人を前提としていること

　法人を取り巻く現行の法制度全般は、基本的に単体法人を前提にしているといえます。連結グループ内の法人間の負担すべき税額を厳密に定めなければ、債権者等の各法人の利害関係者に損害を与える可能性があります。

　したがって、税務上においても、各法人の負担する税額の計算規定を明確に定める必要があります（法法81の3①、81の18①）。

2 連結納税からの離脱の可能性

　連結納税においては、連結グループ内の法人を一つの法人であるかのように扱いますが、法的にはあくまでも複数の法人であり、連結納税の取止めや連結納税グループからの離脱等の可能性があります。

　国税庁長官の職権によって連結納税の承認が取り消される場合や連結子法人の解散（合併または破産手続き開始の決定による解散に限る）・残余財産の確定、あるいは連結親法人との完全支配関係がなくなったこと等により、連結納税の承認が取り消されたものとみなされる場合には、連結納税における利益積立金額等を保持したまま単体納税に戻ることになります。したがって、法人ごとの利益積立金額等についての計算規定を明確に定める必要があります。

3 租税特別措置の適用操作等を排除

　我が国の税制には、数多くの租税特別措置がありますが、その法人の特性に着目した措置がとられており、基本的には連結グループ内の法人ごとに計算することとされています。これらの適用要件として、例えば、租税特別措置における税額控除については、税額控除前の法人税額がプラスであることが必要になります。

　租税特別措置は、各法人の特性に着目した措置であるため、連結納税においても、基本的には法人ごとに適用することが適当と考えられます。ただし、当該法人に帰属する連結法人税額のみでなく、連結法人税額のトータルに基づく控除限度額が設けられている所得税額控除、試験研究費の税額控除等もあります。

しかし、基本的に法人ごとの税額計算について厳密な規定を設けないと、例えば、法人ごとに計算する設備投資に係る税額控除等について、欠損金額があるため税額控除が適用できない状況において、恣意的に法人間の所得の付替えにより所得を発生させて税額控除を行うことができることになります。このような操作を排除するため、各法人の税額計算について厳密な規定を設ける必要があります。

4 地方税の計算根拠として使用

　我が国の地方税のうち、法人住民税の法人税割および法人事業税の所得割は、課税標準として、単体の法人税額および所得金額を使用しています。連結納税を採用した場合においても、我が国の連結納税制度は法人税のみの規定であり、地方税の申告納付は各法人が単体で行うことになります（地法24、72の2、294）。これに関しては、平成14年度税正改正において「法人事業税及び法人住民税については、地域における受益と負担との関係等に配慮し、単体法人を納税単位とする。各法人の課税標準については、基本的には、法人税の連結所得金額及び連結税額の計算過程において連結グループ内の単体法人に配分される所得金額又は税額を基に算定する仕組みとする」（平成14年税制改正大綱）とされています。

　法人住民税の法人税割等の課税標準として適切な数値を算出するためには、連結法人税額・連結所得金額の各法人への個別帰属額について、規定を設ける必要があります。具体的には、連結申告法人における法人住民税の法人税割は「個別帰属法人税額」が課税標準とされており、連結法人の各連結事業年度の連結所得に対する法人税の個別帰属額を基礎に所得税額控除額等を加算し、個別帰属リース特別控除取戻税額等の調整を行い「個別帰属法人税額」を算出することとされています。なお、欠損金額がある場合には個別帰属法人税額から控除して課税標準を算出します。

　また、法人事業税（含む地方法人特別税）では、各事業年度の所得が課税標準とされていますが、連結申告法人においては、各連結事業年度の個別帰属益金額から個別帰属損金額を控除した金額となります。連結納税適用前に生じた繰越欠損金についても事業税の計算上繰越控除ができることとされています。

第5章　連結納税制度

連結所得金額計算における別段の定め

Q3
連結所得金額の計算のための別段の定めについて、具体的に教えてください。

A
① 別段の定めがあるものについては、連結納税独自の計算を行います。
② 別段の定めには、連結グループ全体の調整金額を決めてから各会社への帰属額を算定するものと、調整項目そのものが連結納税独自のものがあります。
③ 連結グループ全体で計算する所得の調整項目には、単体納税と同じものと単体納税と異なるものがあります。
④ 連結納税特有の調整項目には、連結子法人株式の帳簿価額修正による連結子法人株式譲渡損益の修正があります。

所得金額の調整と税額の調整を整理すると、以下の通りとなります。

【所得金額の調整】

項　目	内　容	具　体　例
法人ごとに計算する所得の調整	単体納税制度でも行っている調整項目のうち、主に損金経理を要件として損金算入が認められるもの	① 減価償却の償却限度超過 ② 圧縮記帳 ③ 貸倒引当金繰入額の限度超過
連結グループ全体で計算する所得の調整	単体納税制度でも行っている調整項目のうち、連結グループ全体での調整額を求め、それを各法人へ配分するもの	① 受取配当等の益金算入 ② 交際費等の損金不算入 ③ 寄附金の損金不算入
連結特有の調整	単体納税制度では行わない調整内容	連結子法人株式の帳簿価額修正による子会社株式譲渡損益の修正

【税額の調整】

項　目	内　容	具　体　例
法人ごとに計算する税額の調整	単体納税制度でも行っている調整項目のうち、主に各法人の特性に着目して行われるもの	① 設備投資に係る税額控除 ② その他の租税特別措置法による税額控除
連結グループ全体で計算する税額の調整	単体納税制度でも行っている調整項目のうち、連結グループ全体での調整額を求め、それを各法人へ配分するもの	① 所得税額控除 ② 試験研究費の税額控除 ③ 外国税額控除 ④ 特定同族会社の留保金課税

1 法人ごとに計算する所得の調整項目

　連結所得金額の算定に当たり行う申告調整については、別段の定めのあるものを除き、単体納税と同様の方法により、連結グループ内の法人ごとに算定します。法人ごとに計算する項目は、主に損金経理を要件としているものであり、連結ベースでの所得計算になじまないためと思われます。

　具体的には、減価償却費の償却限度超過、圧縮記帳、貸倒引当金繰入額の限度超過があげられます。

　貸倒引当金を例にあげると、貸倒引当金の繰入限度額については、単体納税と同様の計算を行い、受取配当や寄附金等の計算のように連結全体での計算は行いません。

　また、期末資本金が1億円以下である法人については、単体納税と同様に法定繰入率による限度額計算を行うことができます。この場合の期末資本金は、交際費の判定のように親法人の期末資本金ではなく、各連結法人の期末資本金で判定します。

　ただし、他の連結法人に対する債権については、連結グループを一つの納税単位と捉える連結納税の考え方から、貸倒引当金の設定対象から除外されています（法法52⑨）。

2 連結グループ全体で計算する所得の調整項目

　所得の申告調整項目のうち、別段の定めがあるものについては、連結グループ全体での調整金額を計算してから各法人への帰属額を算定します。

　連結グループ全体で計算する所得の調整の具体的な項目として、以下のようなものがあげられます。これらは、損金経理を要件としておらず、グループ全体での所得計算になじむものと考えられます。

（1）受取配当等の益金不算入

　連結法人間における受取配当等の取扱いについては、連結法人が他の連結法人から配当等を受け取るときは、その配当等の額は、その連結法人の各連結事業年度の連結所得の計算上、益金の額に算入しません（法法81の4①、⑤）。連結法人がその連結事業年度において負債利子を支払っている場合においても、他の連結法人から受け取る配当等の額については、全額が益金不算入となります。

　受取配当等を完全子会社子法人株式等・関係法人株式等・その他の株式等の3つに区分して計算する点は、連結納税においても単体納税においても同じですが、以下については単体納税とは計算方法が異なるので、留意する必要があります。

① 益金不算入割合を決定するための基因となる株式等の保有割合の判定は、連結グループ内法人の持分を合算して行う。
② 短期所有株式等に対応する受取配当等は益金の額に算入されるが、その計算は連結グループを一体として行う。
③ 益金不算入となる受取配当等から控除される負債利子の計算は、連結グループを一体として行う。

　連結グループ全体で計算した受取配当等の益金不算入額は、完全子法人株式等、関係法人株式等、その他の株式等に分け、各法人が受領する受取配当等の金額に応じて按分します。

株式等の区分	各連結法人への帰属額
完全子法人株式等	個別帰属額＝完全子法人株式等に係る益金不算入額のうち、当該連結法人が受ける部分の金額
関係法人株式等	個別帰属額＝関係法人株式等に係る益金不算入額× （Aのうち、当該連結法人が受ける配当等の額）÷ {(A)関係法人株式等に係る配当等の額の連結合計額)}
その他の株式等	個別帰属額＝その他の株式等に係る益金不算入額× （Bのうち、当該連結法人が受ける配当等の額）÷ {(B)その他の株式等に係る配当等の額の連結合計額)}

（2）寄附金の損金不算入

　連結法人間の寄附金の取扱いについては、連結法人が各連結事業年度において他の連結法人に対して支出した寄附金の額は、その連結法人の各連結事業年度の連結所得の金額の計算上、損金の額に算入しません（法法81の6②）。

　また、連結法人が各連結事業年度において他の連結法人から受けた受贈益の額は、その連結法人の各連結事業年度の連結所得の金額の計算上、益金の額に算入せず、その益金不算入額を、その連結法人の連結利益積立金額に加算します。

【設例】

親法人A社から子法人B社に寄附金300を支出しました。				
		親法人A社	子法人B社	合計
会計処理	その他の利益	800	400	1,200
	寄附金	△300		△300
	受贈益		300	300
当期利益		500	700	1,200
税務調整	寄附金損金不算入（加算）	300		300
	受贈益益金不算入（減算）		△300	△300
課税所得		800	400	1,200

寄附金の種類別の取扱いを整理すると、以下の通りとなります。

連結法人間の寄附金	全額損金不算入
一般寄附金	連結損金算入限度額超過額が損金不算入
国等に対する寄附金	全額損金算入
指定寄附金	全額損金算入
特定公益増進法人に対する寄附金	連結損金算入限度額超過額が損金不算入（一般寄附金と別枠）

単体納税と異なるのは、法人による完全支配関係のない法人への寄附金についての損金算入限度額を連結グループ全体で計算する点です。

連結グループ全体で計算した損金不算入額の各連結法人への帰属額は、以下の算式により按分計算します。

$$各法人への帰属額 = 全体の損金不算入額 \times \frac{① - \left(② + ③ \times \frac{④}{④の連結合計}\right)}{①連結合計 - (②の連結合計 + ③)}$$

① 各連結法人のグループ外への寄附金支出総額
② 各連結法人の国等への寄附金及び指定寄附金支出額
③ 特定公益増進法人等に対する寄附金支出額のうち、連結グループ全体としての損金算入額
④ 各連結法人の特定公益増進法人等に対する寄附金支出額

(3) 交際費等の損金不算入

交際費等の損金不算入額は、連結親法人の資本金の額に基づき連結グループを一体として計算します（措法68の66）。

連結親法人の資本金の額	交際費等の損金算入限度額	交際費等の損金不算入額
1億円超	なし	支出交際費等の全額
1億円以下	支出交際費等または600万円のいずれか少ない金額×90%	支出交際費等の600万円以下×10％＋600万円を超える部分

なお、各連結法人に帰属すべき交際費等の損金不算入額は、連結親法人の資本金の額が1億円超の場合は各連結法人の支出交際費等の金額となりますが、連結親法人の資本金が1億円以下の場合は、次の算式により按分計算します。

$$\text{各連結法人の交際費等の損金不算入個別帰属額} = \text{連結グループ全体の交際費等の損金不算入額} \times \frac{\text{各連結法人の支出交際費等の金額}}{\text{支出交際費等の合計額}}$$

【設例】

親法人P社：期末資本金1億円、事業年度1年間、支出交際費等800万円
子法人A社：支出交際費等400万円、子法人B社：支出交際費等600万円

① 連結所得金額の計算における交際費等の損金不算入額

支出交際費合計＝800万円＋400万円＋600万円＝1,800万円

600万円×10％＋（1,800万円－600万円）＝1,260万円

② 交際費等の損金不算入額個別帰属額

親法人P社：1,260万円×800万円÷1,800万円＝560万円
子法人A社：1,260万円×400万円÷1,800万円＝280万円
子法人B社：1,260万円×600万円÷1,800万円＝420万円

この設例の場合、連結グループ全体で定額控除限度額600万円が1回しか使用できないため、納税額は連結納税の方が多くなります。

3 連結特有の調整項目

連結特有の調整の具体的な項目として、連結子法人株式の帳簿価額修正による連結子法人株式譲渡損益の修正があげられます。

連結特有の調整がどの法人に帰属するかについては、それぞれ規定が設けられています。例えば、連結子法人株式譲渡損益の修正は、連結子法人株式等を譲渡した法人に帰属します。

連結子法人株式の帳簿価額修正とは、連結子法人株式を譲渡するケース等において、税務上の連結子法人株式の帳簿価額を修正することをいい、連結グループ

という一つの納税主体内での二重課税や二重控除を防ぐために設けられた制度です。

以下に掲げる事由が生じた場合には、投資簿価修正を行う必要があります。なお、複数の連結法人が他の連結法人株式を共同で保有している場合においては、保有しているすべての連結法人において、投資簿価修正が必要になります。

① 連結法人のいずれかが他の連結法人の株式を譲渡し、その全部または一部を有しなくなること
② 連結法人のいずれかが他の連結法人の株式の評価換えをすること
③ 連結法人のいずれかと他の連結法人との間に連結完全支配関係がなくなること。ただし、連結グループ内の適格組織再編等による場合を除く
④ 他の連結法人にみなし配当事由が生じたこと
⑤ 連結子法人株式を直接または間接に保有している連結法人において、上記①から④の事由が生じたこと

連結子法人株式の譲渡損益には、その連結子法人の利益・損失のうち、連結納税において課税済みの所得や、他の連結法人の所得から控除された欠損金額等に起因する部分があるため、譲渡原価である連結子法人株式の帳簿価額を修正することにより、譲渡損益から課税済み等の部分を排除する必要があります。

具体的には、子法人で利益が発生したケースにおいてはその金額だけ帳簿価額を引き上げ、損失が発生したケースにおいてはその金額だけ帳簿価額を引き下げることになります。

【設例】

① 親法人が子法人を設立しました（投資額100）。
② 子法人で20の利益を計上し、連結納税の下で課税されました。
③ 親法人が子法人株式を120で譲渡し、譲渡益20を計上しました。（便宜上、納税額等は考慮しない）

（親法人の会計処理）

| （借方）現金預金 | 120 | （貸方）子会社株式 | 100 |

		子会社株式売却益	20

（親法人の税務調整）
① 帳簿価額の修正処理

（借方）子会社株式	20	（貸方）利益積立金額	20

② 売却益の修正処理

（借方）子会社株式売却益	20	（貸方）子会社株式	20

　子法人の利益20は課税済みであり、子会社株式売却益20は子法人の利益20に起因しています。このままにしておくと、課税済みの利益に起因する譲渡益が再度計上され、二重課税となります。そのため、子法人株式の税務上の帳簿価額を120まで引き上げて、二重課税を防ぐ必要があります。

　なお、この帳簿価額修正は、子法人株式の譲渡損益をゼロにするための制度ではありません。あくまでも連結納税で取り込まれた損益の二重課税を防ぐ目的で導入されており、連結納税で取込済みの損益を除いた部分は、調整されずに連結所得に計上されることになります。

　この設例では、子法人株式を仮に130で売却したケースにおいても、同様に子法人株式の税務上の帳簿価額を120に修正するので、10の売却益が連結所得に計上されることになります。

4 法人ごとに計算する税額の調整項目

　法人ごとに計算する税額の調整の具体的な項目として、設備投資に係る税額控除があげられます。なお、これは法人ごとの計算を基礎としますが、その控除額は連結法人税額がプラスでないと算出されず、各連結法人の連結法人税個別帰属額の一定割合以下であるとともに、連結法人税額トータルの一定割合以下であることが要求されており、単体納税における計算と全く同じではない点に留意する必要があります。

租税特別措置法による各種税額控除の限度額は、次の①と②のいずれか少ない金額とされています。
① 各連結法人の税額控除限度額＝設備投資等×一定割合
② 当該供用年度の法人税額基準額
次のうち、いずれか少ない金額

$$調整前連結法人税額 \times 一定割合 \times \frac{その連結法人の個別所得金額}{その税額控除が適用される連結法人の個別所得金額の合計}$$

$$調整前連結法人税額 \times \frac{その連結法人の個別所得金額}{連結所得金額} \times 一定割合$$

上記の通り、連結法人が租税特別措置法の税額控除を適用するためには、連結法人税個別帰属額が発生するのみでなく、グループ全体の連結法人税額が発生することも必要となります。

5 連結グループ全体で計算する税額の調整項目

税額の調整項目のうち、別段の定めがあるものについては、連結グループ全体での調整金額を計算してから各法人への帰属額を算定します。

連結グループ全体で計算する税額の調整の具体的な項目として、以下のようなものがあげられます。

(1) 所得税額控除

連結納税においても単体納税と同様に、利子配当等に課された源泉所得税額を連結所得に対する法人税額から控除する場合は、控除を受けた金額については、損金不算入となります。控除の対象となる所得税額は、公社債の利子や配当等に係るものについては、その元本所有期間に対応する部分のみとされています。

この控除対象金額の計算は、連結グループを一体として行い、グループ内の法人間で元本が売買されたケースにおいては元本所有期間を通算します（法令155

の26②〜⑤)。

(2) 外国税額控除

　連結納税における外国税額控除限度額は、連結グループ全体で計算しますが、その限度額を連結グループ内の各法人に配分し、控除額は法人ごとに決定します（法法81の15)。

　したがって、連結グループ全体での計算を基本としながらも、各法人の計算も必要になります。

　連結納税における外国税額控除額の算定過程は、以下の通りです。

① 個別控除対象外国法人税の額の把握

　各連結法人において連結事業年度中にそれぞれ納付することとなる控除対象外国法人税（高率負担部分等を除いた外国法人税の額）が、連結納税における外国税額控除について「個別控除対象外国法人税の額」として取り扱われます。

② 連結グループ全体の控除限度額の算定

　連結グループ全体での控除限度額を以下のように算定します。

$$\text{連結事業年度の連結所得に対する法人税額} \times \frac{\text{当期の連結国外所得金額}}{\text{当期の連結所得金額}}$$

③ 連結控除限度個別帰属額（控除限度額の配分）の算定

　計算された控除限度額を以下のように各連結法人に配分します。

$$\text{連結グループ全体の控除限度額} \times \frac{\text{各連結法人に帰属する国外所得金額}}{\text{各連結法人に帰属する国外所得金額の合計額}}$$

④ 控除税額の決定

　連結法人ごとに上記①と③のいずれか小さい金額を算出し、その合計額が連結納税での外国税額控除額となります。また、過年度の控除余裕額・控除限度超過額があれば、調整を行い、控除税額を算定します。

(3) 特定同族会社の留保金課税

　連結納税を採用しているケースにおいて、親法人が特定同族会社である場合に

は、特定同族会社の留保金課税の適用があります（法法81の13）。

特定同族会社とは、その内国法人の株主等から被支配会社でない法人を除外して判定しても被支配会社となる場合のその内国法人（資本金等が１億円以下である場合には、資本金等が５億円以上である法人等との間にその法人による完全支配関係がある法人に限る）をいい、被支配会社とは、会社の株主等の１人（その特殊関係者を含む）により発行済株式総数等の50％超を保有されている会社をいいます。

なお、親法人が特定同族会社に該当するか否かにより適用の判定を行うこと、留保金額・留保控除額の計算は連結グループ全体で行う点が連結納税制度特有の調整項目となります。

したがって、単体納税のケースと異なり、連結所得金額全体を対象に連結留保金額を算定し、また課税対象から除外される連結留保控除額の計算に当たっては、連結所得金額、連結利益積立金額、親法人の期末資本金の額を使用します。

連結留保税額 ＝（①連結留保金額 － ②連結留保控除額）× ③特別税率

各金額の算出方法については、以下の通りです。
① 連結留保金額

連結留保金額は、下記の算式によって計算します。

連結所得等の金額	＋
連結法人間の支払配当合計	＋
連結法人間の受取配当合計	－
前期末配当等の額の合計	＋
当期末配当等の額の合計	－
連結法人税額	－
各連結法人の住民税合計	－
連結留保金額	上記合計

② 連結留保控除額

下記 a～c のうち、最も大きい金額とします。

a　所得基準額 ＝ 連結所得等の金額 × 40％
　　b　定額基準額 ＝ 2,000万円 × 当該連結親法人事業年度の月数／12
　　c　積立金基準額＝親法人の資本金の額または出資金の額 × 25％
　　　－当該連結事業年度終了時における連結利益積立金額（当該連結事業年度の連結所得等の金額に係る部分の金額を除く）
③　特別税率
　　課税留保金額（①－②）により、以下の通りとなります。

年3,000万円以下の金額（注）	10％
年3,000万円を超え、年1億円以下の金額（注）	15％
年1億円を超える金額（注）	20％

（注）親法人事業年度が1年に満たない場合は、3,000万円および1億円にそれぞれ親法人事業年度の月数／12を乗じます。

（4）試験研究費の税額控除

　企業の研究開発活動を税制面から助成するため、所得の計算上損金の額に算入される試験研究費の額がある場合に、税額を軽減する特別措置として、「試験研究費の税額控除制度」が設けられています。
　この制度は、法人税額の20％相当額を控除可能限度額（注1）とし、試験研究費割合（注2）に応じて、損金の額に算入された試験研究費の額の8％～10％の範囲内で控除が認められるものです。
　この制度は連結納税を採用した場合においても適用がありますが、連結納税グループ全体で税額控除額を計算する点が、単体納税における税額控除額の計算方法と異なります（措令39の39㉜）。

（注1）平成23年3月31日までの間に開始する事業年度においては、法人税額の30％を控除可能限度額とする特例措置が設けられています。
（注2）試験研究費割合とは、所得の金額の計算上損金の額に算入される試験研究費の額の平均売上金額に対する割合として、下記の算式により算出し、連結納税の場合は、分母分子ともに連結グループ内の法人ごとに計算して合計します。

$$試験研究費割合 = \frac{当該連結事業年度の試験研究費の額の合計額}{当該連結事業年度を含む4年間の平均売上金額の合計額}$$

　連結グループ全体の税額控除額は、連結グループ全体で計算した試験研究費割

合に応じ、次のように算定します。

試験研究費割合	税額控除額	税額控除の上限
10％以上	連結グループ内の法人の試験研究費合計額 × 10％	当該連結事業年度の連結所得に対する調整前連結税額（注2）×20％を限度とする（注1）。
10％未満	連結グループ内の法人の試験研究費合計額 ×（8％＋試験研究費割合×0.2）(小数点以下3位未満切捨て)	

（注1）前ページ（注1）参照。
（注2）調整前連結税額とは、試験研究費の税額控除（措法68の9）、連結事業年度における所得税額控除（法法81の14）等の規定を適用する前の金額であり、国税通則法第2条第4号に規定する附帯税の額を除いた金額をいいます（措法68の9①）。

上記を踏まえて単体納税と連結納税を比較した場合、下記の通りとなります。

	A社	B社	単体合計	連結納税
①研究開発費	0	50,000	50,000	50,000
②控除対象額（①×10％）	—	5,000	5,000	5,000
③所得金額	100,000	5,000	105,000	105,000
④法人税額（③×30％）	30,000	1,500	31,500	31,500
⑤控除可能限度額（④×20％）	6,000	300	6,300	6,300
⑥控除額	—	△300	△300	△5,000
⑦納付税額	30,000	1,200	31,200	26,500

　単体納税における控除可能限度額は、税額控除の適用を受けるB社単体の法人税額の20％となっており、結果として、試験研究費の額の10％相当額以下であるため、控除可能限度額を超過する金額について、税額控除を利用できないまま繰越し、切捨てとなります。
　しかし、連結納税の場合は、連結納税グループ全体の連結所得に対する法人税

額の20％相当が控除可能限度額となるため、試験研究費の額の10％相当額が全額控除でき、連結グループ全体で見ると、単体納税に比べて納付税額が4,700減少します。この4,700は税額控除の適用対象となる試験研究費の額はありませんが、法人税額が生ずるＡ社の控除可能限度額6,000を活用したことにより、単体納税の場合に繰越し、切り捨てられたＢ社の試験研究費を控除できたことに起因しています。

(5) 中小企業者等に係る教育訓練費の税額控除

　中小企業者等に係る教育訓練費の税額控除は、親法人が中小企業者等（資本金等の額が１億円以下の法人で大規模法人に発行済株式総数等の２分の１以上を所有されている法人等を除いたもの等）に該当する場合に適用され、連結グループ全体で計算します（措法68の９⑥）。

　平成20年４月１日から平成24年３月31日までの間に開始する各連結事業年度において、損金の額に算入される教育訓練費の額があり、かつ、教育訓練費割合が0.15％以上であるときは、次の①と②のいずれか少ない金額を控除します。

① 損金の額に算入される教育訓練費の連結グループ合計額×12％

　　ただし、教育訓練費割合が0.25％未満であるときは、（当該教育訓練費割合－0.15％）×40＋８％

② 調整前連結税額の20％

　　ただし、適用対象事業基盤強化設備等について税額控除の適用を受けている場合には、その税額控除額を控除した残額

　また、連結グループ全体の税額控除額のうち各連結法人への個別帰属額は、各連結法人の教育訓練費の金額の比率で按分します。

7 連結法人税額の計算

連結所得における法人税率

Q1
連結所得に対する法人税の税率は、どのように規定されていますか。

A
① 連結親法人に適用される税率が基準となります。
② 連結親法人が中小法人である場合の軽減税率の規定がありますが、子法人が中小法人である場合、親法人の資本金の額によっては連結納税を採用するか否かにより税率が異なるため注意が必要です。
③ 連結親法人が同族会社である場合の特別税率の規定があります。

1 基本的な考え方

単体納税では、個別会社の所得に対して法人税率が適用されますが、連結納税では、連結所得の連結グループ合計額に対して法人税率が適用されます。この場合の税率は、連結親法人の資本金の額に応じて決定され、連結グループに所属する各連結子法人も同一の法人税率が適用されます。

また、連結親法人の種類によっても適用される法人税率は異なりますが、ここでは普通法人を対象として説明します。普通法人に適用される法人税率を図示すると以下の通りとなります。

連結親法人の資本金の額	連結所得に対する法人税率（法法81の12）
1億円超	30%
1億円以下	年800万円以下の所得に対して：22%（注） 年800万円超の所得に対して　：30%

(注) 平成21年4月1日から平成24年3月31日までの間に終了する連結事業年度については、18%が適用されます（措法68の8①）。

2 中小法人の軽減税率について

　連結納税でも単体納税と同様に軽減税率の適用があり、前掲表のように連結親法人の資本金が1億円以下の場合、中小法人の軽減税率が適用されます。しかし、連結納税では連結親法人の資本金により税率が決まるため、連結親法人の資本金が1億円超の場合、たとえ資本金が1億円以下の連結子法人があったとしても、軽減税率の適用はありません。

　なお、平成22年度税制改正によるグループ法人税制の導入に伴い、単体納税においても、資本金が5億円以上の法人による完全支配関係がある普通法人については中小法人の軽減税率の適用がなくなりました（法法66六）。

　これにより、親法人の資本金が5億円以上の場合、連結納税を採用するか否かによる税率の差はなくなりました。

　しかし、親法人の資本金が1億円超5億円未満の場合、連結納税を採用しなければ、資本金が1億円以下の子法人について中小法人の軽減税率が適用できるに対して、連結納税を採用すると適用できなくなるので、連結納税の採用を検討する際に注意が必要です。

3 連結特定同族会社の特別税率

　単体納税と同様、連結納税においても特定同族会社の留保金課税の適用があります。この適用を受けるのは、連結親法人が特定同族会社である場合になります。

　ここでいう特定同族会社とは、以下のものを指します。

① 被支配会社であり、
② 被支配会社であることについての判定の基礎となった株主等のうちに被支

配会社でない法人がある場合には、当該法人をその判定の基礎となる株主等から除外して判定するものとした場合においても被支配会社であるもので、
③ 資本金が1億円超であること、または、資本金5億円以上の法人の完全子法人であること（法法66⑥二、67①、②、81の13①）

なお、被支配会社とは、株主等の1人ならびにこれと特殊の関係のある個人および法人がその会社の発行済株式総数等の50％超の株式等を有する場合の、その会社をいいます（法法67②、法令139の7①～③）。

連結親法人が特定同族会社に該当する場合、通常の法人税に加え、一定の基準を基に計算された連結留保金に次の税率を乗じた額が留保金課税として課されます（法法81の13①）。

連結留保金の額	税率
3,000万円以下の金額	10％
3,000万円超1億円以下の金額	15％
1億円超の金額	20％

連結納税における税額控除

Q2

連結納税における税額控除で、単体納税と異なる取扱いを教えてください。

A

連結納税でも単体納税と同様、税額控除の取扱いがあります。

その主なものとして、所得税額控除、外国税額控除、試験研究費の特別控除があげられます。単体納税との主な相違点は、個別の会社ごとに税額控

除を計算するのではなく、連結グループ全体で計算する点です。また、連結グループ全体で計算した控除額を各連結法人に配分するために個別帰属額の計算を行います。

1 所得税額控除

連結納税においても単体納税と同様、源泉徴収された所得税額は連結法人税額から控除されます（法法81の14）。

このうち、公社債の利子、剰余金の配当等、資産の流動化に関する中間配当に規定する金銭の分配、集団投資信託の金銭の分配に対する所得税額については、元本所有期間に対応する金額のみが控除の対象となります（法令140の2①一）。それ以外の所得税については、その全額が控除の対象となります（法令140の2①二）。

連結納税において適用する場合、個別の会社ごとに控除するのではなく、連結グループの所得税額の合計を連結法人税額から控除することになります（法法81の14①）。この場合、控除を受ける所得税額は損金不算入となります（法法81の7）。

連結法人税額から控除しきれない場合、すなわち控除すべき所得税額が連結法人税額を超える場合は、連結親法人に対して還付されます（法法81の29①）。

2 外国税額控除

(1) 外国税額控除

内国法人については、国外所得を含めた全世界所得を課税対象として、法人税、地方税が課されることになります。一方、国外所得については外国の法人税も課税され、日本と外国で二重課税が発生することになります。この国際的な二重課税を排除する方法の一つが、外国税額控除ということになります。

従来から単体納税においては、外国法人税の額のうち二重課税部分として算定された一定の金額（外国税額控除限度額）を限度として、控除対象外国法人税額を法人税額から控除することができました（法法69①）。

連結納税においても、同様に国際的な二重課税を排除する方法として、外国税額控除制度があります。

ただし、単体納税における計算とは異なります。単体納税では、個別会社ごとに外国税額控除限度額を計算するのに対して、連結納税では、連結グループ全体で外国税額控除限度額を計算し、各連結法人に配分します（法令155の30）。

また、連結納税においても税額控除を選択した場合には損金算入ができなくなります。したがって、税額控除と損金算入のどちらかを選択することになりますが、その際、どちらが有利なのかを検討する必要があります。

（2）連結外国税額控除限度額

連結外国税額控除限度額は、次のように計算されます（法令155の28①）。

$$連結外国税額控除限度額 = 連結事業年度の連結所得に対する法人税の額 \times \frac{連結国外所得金額}{連結所得金額}$$

この計算式における連結所得に対する法人税の額は、連結特定同族会社の留保金課税、所得税額控除等を適用する前の税額となります（法令155の28①）。

連結所得金額については、連結繰越欠損金控除前の連結所得金額となります（法令155の28②）。

連結国外所得金額とは、連結事業年度において生じた国内源泉所得以外の所得をいい、次の①と②のうちいずれか多い金額が連結国外所得金額の上限となります（法令155の28③）。

① 連結所得金額の90％に相当する金額
② 連結所得金額 × $\dfrac{各連結法人の国外事業所等の使用人の総数}{各連結法人の使用人の総数}$

（3）連結外国税額控除限度額の個別帰属額

連結グループ全体で計算された連結外国税額控除限度額は、各連結法人の個別国外所得金額に応じて各連結法人に配分されることになります。これを個別帰属額といい、次の式により計算されます（法令155の30）。

$$\begin{array}{c}\text{連結外国税額控除}\\\text{限度額の個別帰属額}\end{array} = \begin{array}{c}\text{連結外国税額}\\\text{控除限度額}\end{array} \times \frac{\text{当該連結法人の個別国外所得金額}}{\text{各連結法人の個別国外所得金額の合計額}}$$

ただし、個別国外所得金額はゼロを超えるものを対象とし、ゼロまたはマイナスの連結法人には連結外国税額控除限度額は配分されません。

3 試験研究費の特別控除

(1) 制度の概要

　試験研究費とは、製品の製造または技術の改良、考案もしくは発明に係る試験研究のために要する費用をいいます（措法42の4⑫一、68の9⑫一）。単体納税において試験研究費の特別控除の制度があるのと同様、連結納税においても試験研究費の特別控除の制度があります。ただし、単体納税とは異なるのは、個別会社ごとに税額控除を適用するのではなく、連結グループ全体で限度額、控除額、繰越額を計算する点です。また、連結グループ全体で計算されたこれらの額を連結法人における発生額に基づき、各連結法人に配分することになります。

　連結納税における試験研究費の税額控除は、次の三つに大別されます。
① 試験研究費の総額に係る税額控除（同68の9①）
② 特別試験研究費に係る税額控除（同68の9②）
③ 増加型または高水準型の試験研究費に係る税額控除（同68の9⑨⑩）

　この他、中小企業者等に係る税額控除の制度もありますが、ここでは連結親法人が大法人であることを前提に記載します。

(2) 試験研究費の総額に係る税額控除（措法68の9①）

　税額控除額は、次の式により計算されます。

$$\text{各連結法人の試験研究費の合計額} \times \text{連結税額控除割合}$$

① 試験研究費割合（注1）が10％以上の場合

連結税額控除割合 ＝ 10%
② 試験研究費割合が10％未満の場合
連結税額控除割合 ＝ （試験研究費割合×0.2＋8％）（注2）
　①②いずれの場合においても、当該連結事業年度の連結所得に対する調整前連結納税額の20％が限度となります。
(注1) 試験研究費割合（措法68の9⑫二）
$$= \frac{当該連結事業年度の試験研究費の額の合計額}{当該連結事業年度を含む4年間の平均売上金額の合計額}$$
(注2) 小数点以下3位未満を切捨て

(3) 特別試験研究費に係る税額控除

　特別試験研究費とは、試験研究費の額のうち国の試験研究機関または大学と協同して行う試験研究、国の試験研究機関または大学に委託する試験研究、その用途に係る対象者が少数である医療品に関する試験研究等をいいます（措法42の4⑫三、68の9⑫三）。
　特別試験研究費がある場合の税額控除額は、次の式により計算されます。

各連結法人の特別試験研究費の合計額 ×
税額控除割合（12％－（2）の連結税額控除割合）

　ただし、当該連結事業年度の連結所得に対する調整前連結納税額の20％から法人税額基準控除済金額（（2）の税額控除額）を控除した残額が限度となります。

(4) 増加型または高水準型の試験研究費に係る税額控除

　試験研究費の総額に係る税額控除とは別に、一定の要件を満たす場合は、増加型または高水準型の試験研究費に係る税額控除を選択適用することができます。ただし、適用期間は、連結親法人事業年度が平成20年4月1日から平成24年3月31日までの間に開始するものに限られます。
① 増加型の試験研究費に係る税額控除（措法68の9⑨一）
　各連結法人の試験研究費の額の合計額が、比較試験研究費（注1）の合計額を超え、かつ、基準試験研究費（注2）の額を超える場合、当該試験研究費の額の

合計額から当該比較試験研究費の合計額を控除した残額の5％に相当する金額が限度額となります。

(注1) 比較試験研究費（措法68の9⑫十）
　　　適用する連結事業年度の過去3年間における各連結法人の試験研究費の額の平均の合計額
(注2) 基準試験研究費（措法68の9⑫十一）
　　　適用する連結事業年度の過去2年間における各連結法人の試験研究費の額の合計額のうち、多い方の金額

② 高水準型の試験研究費に係る税額控除（措法68の9⑨二）
　各連結法人の試験研究費の額の合計額が、当該連結事業年度の平均売上金額の合計額10％を超える場合、その超過額に超過税額控除割合「｜(試験研究費割合－10％)×0.2｜」を乗じた金額が限度額となります。

(5) 試験研究費の税額控除の個別帰属額
　(2)～(4)で計算された控除額は連結グループ全体の控除額であるため、これを該当する金額に応じて、連結税額控除個別帰属額として各連結法人に配分する必要があります。

連結法人税の個別帰属額の取扱い

Q3

連結法人税の個別帰属額はどのように計算するのでしょうか。また、個別帰属額の精算に関する取扱いについて教えてください。

A

① 連結法人税額は連結親法人が一括して納付しますが、別途、個別帰属額の計算が必要になります。

337

② 平成22年度税制改正により、個別帰属額の精算は任意とされました。
③ 会計上は、個別帰属額については、連結親法人と連結子法人との間の債権債務として計上します。ただし、精算を行う場合の会計処理については注意が必要です。

❶ 連結法人税の個別帰属額の計算方法

　連結グループ全体で計算された連結法人税額については、連結親法人が一括して納付することになります。この連結法人税額を各連結会社の個別所得金額（個別欠損金額）に対応する税額を基に、各連結法人に配分することになります。このようにして配分された金額を連結法人税の個別帰属額といいます（法法81の18①）。
　連結法人税の個別帰属額は、次の式により計算されます。

（1）連結所得金額が発生している場合
① 個別所得金額が発生している法人

> 連結法人税の個別帰属額 ＝ 連結法人の個別所得金額 × 税率 ± 加減算調整額

② 個別欠損金額が発生している法人

> 連結法人税の個別帰属額 ＝ 連結法人の個別欠損金額 × 税率 ± 加減算調整額

　基本的には、個別所得金額が発生している法人は連結法人税の個別帰属額を連結親法人に対して支払い、個別欠損金額が発生している法人は連結親法人から還付を受けることになります。ただし、この金額について実際に資金の精算を行うかどうかについては任意とされています。
　従来は、連結法人税の個別帰属額の精算を行わない場合は、寄附金として取り扱われていました。しかし、平成22年度税制改正におけるグループ法人税制の導入により、完全支配関係のある法人間の寄附金は損金不算入、それに対応する受贈益は益金不算入となったため、精算を行うかどうかは任意となりました。

(2) 連結欠損金額が発生している場合

　連結欠損金額が発生している場合は、連結所得金額が発生している場合と比べて、個別帰属額の計算方法が異なります。連結親法人は連結欠損金額の部分は還付されずに納税額がゼロになるため、個別欠損金額が発生している連結法人の個別欠損金額のうち連結欠損金額に対応する金額を当該連結法人に対して還付しないような計算が必要になってくるからです。具体的には、次の式により計算されます。

① 個別所得金額が発生している法人

> 連結法人税の個別帰属額 ＝ 連結法人の個別所得金額 × 税率 ± 加減算調整額

② 個別欠損金額が発生している法人

> 連結法人税の個別帰属額 ＝ (連結法人の個別欠損金額 － 連結欠損金額のうち当該連結法人に帰属する額) × 税率 ± 加減算調整額

　(1)の場合と同様、個別所得金額が発生している法人は連結法人税の個別帰属額を連結親法人に対して支払い、個別欠損金額が発生している法人は連結親法人から還付を受けることになりますが、この金額について実際に資金の精算を行うかどうかは任意とされています。

2 連結法人税の個別帰属額に関する会計処理

　1で個別帰属額を計算した後、(1) 連結親法人による連結法人税の要納付額の計上 (2) 連結親法人と連結子法人との間での債権債務の計上という手続きを行うことになります。これらの手続きの会計処理は次の通りとなります（連結納税実務対応報告）。

(1) 連結親法人の会計処理
① 連結法人税の要納付額の計上

(借方) 法人税、住民税及び事業税　XXX	(貸方) 未払法人税等　XXX

この仕訳例は、連結所得金額が発生している場合です。連結欠損金額が発生している場合は、要納付額はゼロとなりますが、通常は還付予定額があるため、その金額を未収還付法人税等に計上することになります。
② 連結子法人に対する債権債務の計上
　a 個別所得金額が発生している子法人に対する債権

(借方) 未収入金　　　　　　XXX　　(貸方) 法人税、住民税及び事業税　　XXX

　b 個別欠損金額が発生している子法人に対する債務

(借方) 法人税、住民税及び事業税　XXX　　(貸方) 未払金　　　　　　　　XXX

　1で計算した個別帰属額を連結子法人に対する債権債務として計上します。つまり、個別所得金額が発生している子法人からは支払いを受けるため債権を、個別欠損金額が発生している子法人に対して還付を行うため債務を計上することになります。

(2) 連結子法人の会計処理（連結親法人に対する債権債務の計上）

　連結納税制度では、連結親法人が連結法人税を一括して納付するため、連結子法人は法人税を納付する必要がありません。ただし、**1**で計算した個別帰属額を連結親法人に対する債権債務として計上する必要があります。その仕訳例は次の通りとなります。
① 個別所得金額が発生している連結子法人

(借方) 法人税、住民税及び事業税　XXX　　(貸方) 未払金　　　　　　　　XXX

② 個別欠損金額が発生している連結子法人

(借方) 未収入金　　　　　　XXX　　(貸方) 法人税、住民税及び事業税　　XXX

　連結親法人に対して、個別所得金額が発生している連結子法人は債務を、個別欠損金額が発生している連結子法人は債権を計上することになります。

(3) 債権債務の精算

　前述❶の通り、❷(1)(2)で計上した債権債務を実際に精算するかどうかは任意とされています。精算する場合は、通常の債権債務の決済を行う仕訳を行うことになります。

　一方、精算しない場合は❷(1)(2)で計上した債権債務は存在しないことになるため、債権を計上した連結法人は債権放棄損を、債務を計上した連結法人は債務免除益を計上することになります。

　実際に債権債務を精算するかどうかは、税務上の取扱いだけでなく、上記の会計処理や個別財務諸表の表示も考慮したうえで決定する必要があります。

8 連結納税適用開始時の調整等

みなし事業年度の取扱い

Q1
みなし事業年度の取扱いについて教えてください。

A
① 法人が定める事業年度とは別に、法人税制の定めによるみなし事業年度の規定があります。
② 連結納税においては、様々な場面でみなし事業年度の取扱いがあります。
③ みなし納税の規定があるため、必ずしも連結法人と連結子法人の事業年度を一致させる必要はありませんが、事業年度を一致させることが事務処理の負荷を軽減させることになります。

1 連結事業年度とみなし事業年度

　連結事業年度とは、連結親法人の事業年度開始の日からその終了の日までの期間をいいます（法法15の2①）。つまり、連結納税の場合、連結親法人の事業年度を課税対象期間として、課税所得の計算～連結法人税の計算を行うことになります。

　法人税の計算、申告において、通常は法人が定めた事業年度を基礎として申告を行うことになります。しかし、一定の事由から法人税の定めにより、法人の事

業年度とは異なる期間を税法上の事業年度とみなし、税金計算、申告を行わなければならない場合があります。この場合における税金計算の対象となる期間をみなし事業年度といいます。ここでは、連結納税におけるみなし事業年度について説明します。

2 連結納税におけるみなし事業年度

　連結納税においては、連結グループを構成する連結法人は固定ではなく、新規加入や離脱といった事象により流動的なものとなります。そのため、連結納税においては、様々な場面に応じたみなし事業年度の取扱いが定められています。これらの場面を大別すると、(1)連結納税の開始、(2)連結納税適用中、(3)連結納税への加入、(4)連結納税の取止め、(5)連結納税からの離脱となります。
　それぞれの場面におけるみなし事業年度の主な取扱いを整理すると以下の通りとなります。

【連結納税におけるみなし事業年度の取扱い】

適用場面	みなし事業年度の主な取扱い	対象法人
(1) 連結納税の開始	連結子法人の事業年度の中途において最初の連結親法人の事業年度が開始した場合、連結子法人の事業年度開始の日から連結親法人の事業年度開始の日の前日までの期間がみなし事業年度となります（法法14①三）。	連結子法人
(2) 連結納税適用中	連結親法人と連結子法人の事業年度が異なる場合、連結親法人の事業年度がみなし事業年度となります（法法14①四）。	連結子法人
(3) 連結納税への加入	連結親法人の事業年度の中途において完全子法人となった場合、当該完全子法人の事業年度開始の日から完全子法人となった日の前日までがみなし事業年度となります（法法14①六）。	連結子法人
(4) 連結納税の取止め	連結親法人の解散、連結子法人がなくなった等により、連結納税の適用そのものがなく	連結親法人及び連結子法人

	なった場合、みなし事業年度の規定が設けられています（法法14①11～18）。	
（5）連結納税からの離脱	連結子法人が、完全子法人でなくなる等の理由により連結事業年度の中途において連結グループから離脱した場合、以下の期間がみなし事業年度となります（法法14①8～10）。 ① 連結事業年度開始の日から離脱日の前日までの期間 ② 離脱日から連結事業年度終了の日までの期間 ③ ②の終了日の翌日から事業年度終了の日までの期間	連結子法人

3 連結親法人と連結子法人の事業年度

　連結納税を適用する場合、連結親法人と連結子法人の事業年度が一致していなくても、みなし事業年度の規定に基づき税金計算や税務申告等を行うことができます。しかし、連結親法人と事業年度が一致しない連結子法人は、通常の事業年度に係る決算とは別に、連結納税のためにみなし事業年度に係る決算を実施しなければなりません。つまり、決算を年2回実施しなければならず、事務処理の負荷が増大することになります。

　このような場合、連結納税を適用する前に連結子法人の事業年度を変更し、連結親法人の事業年度と一致させることにより、事務処理の負荷を軽減することができます。

連結納税開始時における時価評価

Q2
連結納税の開始に当たり、時価評価対象となる連結子法人と資産について教えてください。

A
① 連結納税の開始に当たり、連結子法人の対象資産を時価評価する必要があります。
② 時価評価の対象外となる法人については法人税法上の定めがあります。
③ 時価評価の対象となる資産についても法人税法上の定めがあります。

1 連結納税の開始時における時価評価の概要

連結納税の開始に当たり、連結子法人は、原則として、連結納税開始直前事業年度において対象資産を時価評価し、その評価損益を益金または損金に算入することとされています（法法61の11①）。

連結納税を適用すると納税単位が変わることになりますが、連結納税の適用前に生じた別の納税単位の評価損益を一度精算してから連結納税を行うべきという考え方に基づいて、連結納税の開始時における時価評価が必要になります。

2 時価評価の対象法人

連結納税の開始に当たり、原則として、連結子法人は開始のときに保有する特定の資産を時価評価しなければなりません。ただし、時価評価対象法人には例外が設けられています。

ここでいう時価評価対象法人の例外、すなわち時価評価の対象外とされている

法人は以下の通りです。

（1）株式移転完全子法人（法法61の11①一）

　連結親法人が連結納税の開始日から5年以内に株式移転により設立された法人の場合、株式移転の日から連結納税の開始日まで継続して完全支配関係にある連結子法人は時価評価の対象外となります。

（2）長期保有連結子法人（法法61の11①二）

　連結納税の開始日まで5年以上にわたり、連結親法人と完全支配関係にある連結子法人は時価評価の対象外となります。

（3）連結グループ内で設立された連結子法人（法法61の11①三）

　連結納税の開始日から5年以内に、連結親法人または連結子法人により設立された法人で、設立日から連結納税の開始日まで継続して完全支配関係にある場合、設立された当該連結子法人は時価評価の対象外となります。

（4）適格株式交換により完全子法人となった法人（法法61の11①四）

　連結納税の開始日から5年以内に、適格株式交換により完全子法人となり、株式交換の日から連結納税の開始日まで継続して完全支配関係にある場合、当該完全子法人は、時価評価の対象外となります。

（5）適格合併等の被合併法人等による長期保有連結子法人等（法法61の11①五）

　連結納税の開始日から5年以内に、適格合併、適格株式交換、適格株式移転が行われたことにより、被合併法人等が連結親法人の完全子法人となり、適格合併等の日から連結納税の開始日まで継続して完全支配関係にある場合、連結納税の開始日から5年以上継続して当該被合併法人等と完全支配関係にある法人は、時価評価の対象外となります。

（6）単元未満株式の買取り等による連結子法人（法法61の11①六）

　連結納税の開始日から5年以内に、単元未満株式の買取り等により完全子法人となり、連結納税の開始日まで継続して完全支配関係にある当該完全子法人は時価評価の対象外となります。

3 時価評価の対象となる資産

　連結納税の適用開始に伴い、時価評価の対象となる資産は、連結納税開始の直前事業年度末に対象法人が保有する以下の資産です（法法61の11①）。
　① 固定資産（圧縮記帳等の適用を受けた減価償却資産を除く）
　② 土地（土地の上の存する権利を含み、固定資産に該当するものを除く）
　③ 有価証券（売買目的有価証券、償還有価証券を除く）
　④ 金銭債権
　⑤ 繰延資産
　ただし、評価損益が子法人の資本金等の額の2分の1または1,000万円のいずれか少ない金額に満たない場合は、時価評価の対象にはなりません（法令122の12①四）。

連結納税開始時の繰越欠損金

Q3

　連結納税の開始に当たり、繰越欠損金はどのように取り扱われるのでしょうか。

A

① 連結納税開始前7年以内に開始した事業年度において発生した繰越欠損金で、連結親法人、または、特定連結子法人で発生した繰越欠損金は、連結欠損金として引き継ぐことができます。

② 連結親法人から引き継いだ連結欠損金は、連結所得から控除できるのに対して、特定連結子法人から引き継いだ連結欠損金(特定連結欠損金)は、当該連結子法人の個別所得金額を上限として控除することができます。

1 繰越欠損金の引継ぎ

　連結納税の導入を検討する際、連結納税開始前に発生した連結グループの繰越欠損金をどの程度引き継げるのかを把握することは必須です。なぜなら、繰越欠損金の金額は多額であるケースもあり、繰越欠損金のうち引き継げる額如何によって、連結納税採用の有利、不利が変わってくる可能性があり、将来のキャッシュ・フローに大きな影響を与えるからです。そのためには、連結納税開始前に発生した繰越欠損金のうち、引き継げるものと引き継げないものの正確な理解が必要となります。

　ここでは、連結納税開始の場面における繰越欠損金の取扱いについて説明します。

2 連結親法人の繰越欠損金

　連結親法人の繰越欠損金のうち、連結納税開始前7年以内に開始した事業年度において発生したものは、連結欠損金として引き継ぐことができます（法法81の9②一）。連結納税開始後は、この連結欠損金は連結所得の金額の計算上、損金の額に算入されます（法法81の9①）。つまり、連結所得の金額から控除できるということです。

```
繰越欠損金引継ぎ可能  >  連結納税開始
X0年4月1日              X7年4月1日
```

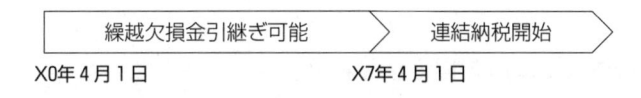

3 連結子法人の繰越欠損金

　連結納税開始時において、一定の要件を満たす連結子法人の一定の要件を満たす繰越欠損金は、特定連結欠損金として連結納税開始時に引き継ぐことができます。
　特定連結欠損金の要件は、次の通りとなります。

（1）連結納税開始時の子法人のうち、時価評価の対象外とされる子法人（特定連結子法人）であること

　なお、時価評価の対象外とされる子法人については Q2 に記載の通り、①株式移転完全子法人、②長期保有連結子法人、③連結グループ内で設立された連結子法人、④適格株式交換により完全子法人となった法人、⑤適格合併等の被合併法人等による長期保有連結子法人等、⑥単元未満株式の買取り等による連結子法人となります。

（2）連結納税開始前7年以内に開始した事業年度において発生したものであること

　この特定連結欠損金の控除の取扱いは、連結親法人とは異なります。連結親法人において発生した連結欠損金は、連結グループ全体の所得（連結所得）から控除できるのに対して、特定連結欠損金の場合は、当該特定連結欠損金が発生した連結子法人の個別所得金額を上限として控除することができます。つまり、特定連結欠損金を持っている連結子法人は、自らが所得を発生させることができなければ、特定連結欠損金を控除することができないということになります。

4 設例

(1) 連結親法人に繰越欠損金がある場合

	X0年度繰越欠損金	X1年度課税所得
親法人	100	70
子法人A	0	40
子法人B	0	30
合計	100	140

　X0年度において、親法人で繰越欠損金100が発生しています。X1年度の親法人の課税所得は70なので、親法人の課税所得だけでは繰越欠損金の全額を控除しきれませんが、連結納税を採用している場合、連結グループ全体の所得140から控除することができるため、繰越欠損金100の全額を控除することができます。

(2) 連結子法人に繰越欠損金がある場合

	X0年度繰越欠損金	X1年度課税所得
親法人	0	70
子法人A	100	40
子法人B	0	30
合計	100	140

　連結子法人の繰越欠損金の控除可能額は、自社の個別所得金が上限となります。この設例の場合、X0年度における子法人Aの繰越欠損金100に対して、X1年度に連結課税所得が140発生していますが、子法人Aの課税所得は40しか発生していないため、子法人Aの繰越欠損金100のうち40しか控除できません。

9 地方税の取扱い

連結納税制度における、地方税の取扱い

Q 連結納税制度を採用した場合、地方税の取扱いがどうなるのか教えてください。

A
① 地方税に関しては連結納税制度の適用はなく、連結法人ごとに申告納付する必要があります。
② ただし、事務処理の観点から、単体納税ベースの課税標準を算出し直したうえで税額計算するのではなく、連結納税ベースの課税標準を用いて税額計算が行われます。
③ 申告および納付は、各連結法人の事業年度ではなく連結事業年度に沿って行われることになります。なお、9、10 Q1、Q2においては、地方法人特別税を事業税に含めて解説しています。

1 地方税への不適用

　地方税に関しては連結納税制度の適用はなく、法人税について連結納税制度を採用した場合でも、地方税については連結法人ごとに申告納付する必要があります。このため、連結納税グループ内の所得金額と欠損金額が相殺されることはなく、節税効果はありません。また、発生した個別の欠損金額は、次年度以降の各連結法人の所得金額から控除していくことになります。
　ただし、法人税について連結納税制度を採用した場合、地方税についても連結

351

納税ベースの課税標準で税額計算が行われ、連結事業年度に沿って申告および納付が行われることになります。

2 法人住民税（法人税割）の計算

(1) 課税標準の算定

連結法人ごとの調整前個別帰属法人税額等が課税標準となり、調整前個別帰属法人税額等は連結法人税個別帰属額を基礎として算出されます。具体的には、以下のステップに基づき課税標準が算定されることになります。

【ステップ1】個別帰属特別控除取戻税額の有無の確認

個別帰属特別控除取戻税額の有無により、課税標準が以下のように異なることとなります。

個別帰属特別控除取戻税額の有無(注)	区　分	課税標準
有	調整前個別帰属法人税額 ≧ 個別帰属特別控除取戻税額	調整前個別帰属法人税額
有	調整前個別帰属法人税額 < 個別帰属特別控除取戻税額	個別帰属特別控除取戻税額
無	調整前個別帰属法人税額 ≧ 0	調整前個別帰属法人税額
無	調整前個別帰属法人税額 < 0	0

（注）個別帰属特別控除取戻税額は、地法23①四の四、292①四の四に規定されています。

【ステップ2】調整前個別帰属法人税額の計算

調整前個別帰属法人税額は以下のように算出されます。連結法人税個別帰属額は所得税額等の控除後の金額であるため、所得税額控除等を加算して控除前の金額に戻しています。

区　　分	計算式
連結法人税個別帰属額がプラスであるとき	連結法人税個別帰属額 ＋ Ａの金額（注）
連結法人税個別帰属額がマイナスであるとき	Ａの金額（注） － 連結法人税個別帰属額

(注) Ａの金額：①所得税額控除の個別帰属額、②外国税額控除の個別帰属額、③連結欠損金の繰戻還付金の個別帰属額、④試験研究費控除の個別帰属額、⑤連結特定同族会社の連結留保税額の個別帰属額の合計額

（2）繰越欠損金額の取扱い

　連結納税適用後において生じたマイナスの調整前個別帰属法人税額は、控除対象個別帰属税額として7年間繰り越し、翌年度以降に生じた調整前個別帰属法人税額から控除することができます。

　また、一定の要件を満たさない場合、連結納税の開始時または連結納税グループへの加入時に、連結子法人の連結納税適用前繰越欠損金額は、法人税計算上、切り捨てられることになりますが、当該繰越欠損金に対応する税相当額は控除対象個別帰属調整額として、連結子法人の住民税計算上で加味されることになります。控除対象個別帰属調整額は以下のように計算され、当初発生した事業年度から7年間を限度に、調整前個別帰属法人税額から控除することができます。

　　控除対象個別帰属調整額 ＝ 一定の連結納税適用前欠損金額 × 法人税率（注）

(注) 法人税率は、控除を受ける法人の最初連結事業年度末の当該法人の区分に応じた法人税率

（3）税額計算

　法人税割住民税額は以下のように算出されます。なお、住民税率は、法人税が単体納税であれ、連結納税であれ異なることはありません。

　　住民税額(法人税割) ＝ （上記(1)の課税標準 － 控除対象個別帰属税額、控除対象個別帰属調整額）× 住民税率

(注) 上記金額に均等割住民税額が合算され、一定の税額控除（外国税額控除等）が行われた後、申告納付されることになります。

3 法人事業税の計算

(1) 課税標準の算定

連結法人ごとの資本金額または出資金額により、各連結法人の課税標準は以下のように算定されます。

資本金額または出資金額	区 分	課 税 標 準
1億円以下	所得割	各法人の個別帰属益金額－個別帰属損金額
1億円超	資本割	各法人の資本金等の額
	付加価値割	各法人の付加価値額（報酬給与額＋純支払利子＋純支払賃借料＋単年度損益）（注）
	所得割	各法人の個別帰属益金額－個別帰属損金額

（注）付加価値割の課税標準における単年度損益は、（個別帰属益金額－個別帰属損金額）となります。

(2) 繰越欠損金額の取扱い

所得割税額に関し、連結納税適用後にマイナスの課税標準が生じた場合には、翌年度以降の課税標準から当該金額を、7年間を限度として控除することができます。

また、一定の要件を満たさない場合、連結納税の開始時または連結納税グループへの加入時に、連結子法人の連結納税適用前繰越欠損金額は、法人税計算上、切り捨てられることになりますが、当該繰越欠損金は、当初発生した事業年度から7年間を限度に、連結子法人の事業税に係る課税標準から控除することができます。

(3) 税額計算

繰越欠損金額を加味した課税標準に、資本割、付加価値割、所得割ごとに一定率を乗じて計算されます。なお、法人税が単体納税であれ、連結納税であれ税率は同じです。

4 申告納付

　各連結法人は、原則として連結事業年度末から2か月以内に地方税を申告納付しなければなりません。また、事業年度が6か月を超える場合には、当該事業年度開始の日より6か月を経過した日から2か月以内に中間申告納付を行わなければなりません。なお、連結納税制度を適用した場合、法人税割住民税および所得割事業税は、仮決算による中間申告を行うことはできず、前事業年度の実績に基づく予定申告のみが認められています。

5 税効果を除く会計処理

　地方税は各連結法人で発生し納付することとなるため、各連結法人で発生額を費用計上し、要納付額を未払法人税等として負債計上することになります。

6 税効果会計

　10 Q1およびQ2をご参照ください。

10 連結納税制度と税効果会計

個別財務諸表における税効果会計

Q1
連結納税制度を採用した場合、個別財務諸表において税効果会計をどのように適用するのか教えてください。

A
① 個別財務諸表においては、連結納税会社ごとに、財務諸表上の一時差異および繰越欠損金に対し繰延税金資産および繰延税金負債を計算します。
② 計算された繰延税金資産は、連結納税会社ごとに、将来の課税所得等の見積額に基づき回収可能性の判断が行われ、回収が見込まれない税金額については、個別財務諸表上、繰延税金資産から控除されることになります。
③ 法人税に係る繰延税金資産の回収可能性の判断は、連結納税会社の個別所得見積額だけでなく、連結納税会社の属する連結納税主体の他の連結納税会社の個別所得見積額も考慮する必要があります。

1 繰延税金資産および繰延税金負債計上の基本的手順

連結納税制度を適用する場合、連結納税会社（連結納税親会社および連結納税子会社）の個別財務諸表上の繰延税金資産および繰延税金負債は以下の（1）と（2）の手順により計上されることになります。

なお、本Q及び10 Q2においては、「連結納税制度を適用する場合の税効果会計に関する当面の取扱い（その１）、（その２）」（企業会計基準委員会実務対応報告第5号、第7号）に従い、法人税法第2条に規定する連結親法人を「連結納税親会社」、連結子法人を「連結納税子会社」として記載しています。また、連結納税制度を適用する連結納税親会社および連結納税子会社から構成される全体で１つの納税主体を「連結納税主体」と定義しています。

これらの関係を図示すると、以下のようになり、連結納税会社以外の連結会社の財務諸表を含めて、連結財務諸表が作成されることになります（連結財務諸表における税効果会計については10 Q2をご参照ください）。

```
┌─連結会社─────────────────────────┐
│ ┌─連結納税主体──────┐  ┌─────────┐ │
│ │ 連結納税会社       │  │         │ │
│ │  ・連結納税親会社  │  │連結納税会社以外の│ │
│ │  ・連結納税子会社  │  │連結会社  │ │
│ │                    │  │         │ │
│ └────────────────────┘  └─────────┘ │
└────────────────────────────────────┘
```

（１）連結納税会社ごとの一時差異および繰越欠損金に係る税効果計算

　連結納税会社ごとに、財務諸表上の一時差異および繰越欠損金に対し、繰延税金資産および繰延税金負債を計算します。財務諸表上の一時差異に関しては、連結納税制度を適用した場合であっても、法人税、住民税、事業税について基本的に共通であるため、税金の種類ごとに区分して計算する必要はありません。

　これに対し、税務上の繰越欠損金については、税金の種類ごとに取扱いが異なるため、繰越欠損金に対する繰延税金資産は、税金の種類ごとに以下により計算されます。なお、連結納税制度を適用した場合の住民税、事業税の計算方法は9をご参照ください。

税金の種類	財務諸表上の一時差異	税務上の繰越欠損金
法人税	（一時差異）×（法定実効税率）	（連結欠損金個別帰属額）×（法人税率）／（1＋事業税率）
住民税		（連結欠損金個別帰属額）×（法人税率×住民税率）／（1＋事業税率） （控除対象個別帰属調整額）×（住民税率）／（1＋事業税率） （控除対象個別帰属税額）×（住民税率）／（1＋事業税率）
事業税		（欠損金額又は個別欠損金額）×（事業税率）／（1＋事業税率）

(注) 控除対象個別帰属調整額、控除対象個別帰属税額の意義については、**9**を参照してください。
　　連結欠損金個別帰属額には、特定連結欠損金個別帰属額が含まれます。

（2）連結納税会社ごとの繰延税金資産の回収可能性検討

（1）で計算された繰延税金資産については回収可能性を検討する必要があり、将来の課税所得の見積額に基づいて回収可能性の判断が行われ、回収が見込まれない税金額については、個別財務諸表上、繰延税金資産から控除されます。なお、判断の際には以下の点に留意する必要があります。

① 法人税、住民税、事業税ごとに区分して行うこと
② 法人税に係る繰延税金資産の回収可能性の判断は、個別所得見積額だけでなく、連結納税会社の属する連結納税主体の他の連結納税会社の個別所得見積額も考慮すること
③ 法人税の連結欠損金個別帰属額に係る繰延税金資産の回収可能性の判断については、連結納税主体の連結欠損金に特定連結欠損金が含まれていない場合は、連結所得見積額を考慮し、含まれている場合は、連結所得見積額および各連結納税会社の個別所得見積額の両方を考慮すること
④ 将来年度の課税所得により回収可能性の判断を行う場合、「繰延税金資産の回収可能性の判断に関する監査上の取扱い」（日本公認会計士協会監査委員会報告第66号）5.（1）の例示区分に準じて以下のように行うこと

	前　提	回収可能性の判断
将来減算一時差異	連結納税主体の例示区分が連結納税会社の例示区分より上位または同じ	連結納税主体の例示区分に応じた判断
	連結納税主体の例示区分が連結納税会社の例示区分より下位	連結納税会社の例示区分に応じた判断
連結欠損金個別帰属額	連結欠損金に特定連結欠損金が含まれていない場合	連結納税主体の例示区分に応じた判断
	連結欠損金に特定連結欠損金が含まれている場合	連結納税主体の例示区分および連結納税会社の例示区分に応じた判断

（3）回収可能性の判断に係る設例

　法人税に係る繰延税金資産の回収可能性についてどのように判断するか、理解を容易にするために、将来減算一時差異と繰越欠損金のケースに分けて設例により解説します。なお、住民税および事業税に関しては、紙面の都合上、解説を省略します。

【設例1】

> ＜前提条件＞
> ・X1年末の将来減算一時差異は、親会社P社500、100％子会社S1社100、S2社0であり、すべてX2年に解消が見込まれます（3社は同じ連結納税主体に属する）。
> ・X2年の個別所得見積額は、P社100、S1社100、S2社1,000とします。
> ・X3年以降の個別所得見積額は、0とします。

＜回収可能性の判断の手順＞

① 各連結納税会社は、X1年末に存在する将来減算一時差異の解消見込額をX2年の個別所得見積額と相殺します。
② 上記で相殺し切れなかった将来減算一時差異の解消見込額は、X2年の受取個別帰属法人税額の見積額を課税所得に換算した金額（以下、「受取個別帰属法人税額の所得換算額」）と相殺します。

＜表による解説＞

			将来減算一時差異			
			P	S1	S2	合計
発生	X1年末		(500)	(100)	(0)	(600)
回収可能見込額の見積り	X2年	個別所得見積額	100	100	1,000	1,200
		将来減算一時差異の解消見込額	(500)	(100)	(0)	(600)
		将来減算一時差異の解消見込額減算後の個別所得見積額	(400)	0	1,000	600
		個別所得見積額による回収可能見込額	100	100		200
		受取個別帰属法人税額の所得換算額による回収可能見込額	400			400
		回収可能見込額	500	100		600

　X2年において、個別所得見積額で相殺し切れなかったP社の将来減算一時差異400は、S2社の個別所得見積額1,000により回収可能性があるものと判断されます。

【設例2】

> ＜前提条件＞
> ・X1年末のS2社の繰越欠損金は500です。
> ・X2年より、親会社P社と100％子会社S1社、S2社は連結納税を行うこととなりました。X1年末のS2社の繰越欠損金は特定連結欠損金に該当します。
> ・X2年の個別所得は、P社△100、S1社△150、S2社0とします。合計△250は連結欠損金としてX3年度に繰り越しています。
> ・X3年の個別所得見積額は、P社500、S1社△200、S2社100とします。
> ・X4年以後の個別所得見積額は、0とします。

＜回収可能性の判断の手順＞
　① 最も古い年度に発生したX1年末の連結欠損金について、X3年の所得見積額と相殺できるか検討します。X1年の連結欠損金はS2社の特定連結欠損

金だけであるため、個別所得見積額と連結所得見積額のうちいずれか小さい額と相殺します。
② 上記で相殺し切れなかったX1年末の連結欠損金の回収可能性については、X4年以降のS2社の個別所得見積額は0であるため、回収可能性はないと判断されます。
③ X2年の連結欠損金について、X3年の所得見積額と相殺できるか検討します。X2年の連結欠損金は特定連結欠損金ではないので、連結所得見積額から上記で相殺された金額を控除した金額と相殺します。

＜表による解説＞

			連結欠損金			
			P	S1	S2	合計
特定連結欠損金	X1年末			0	(500)	(500)
特定連結欠損金以外の連結欠損金	X2年		(100)	(150)	0	(250)
回収可能見込額の見積り	X3年	個別所得見積額	500	(200)	100	400
		特定連結欠損金の控除見積額		0	(100)	(100)
		特定連結欠損金控除後の個別所得見積額	500	(200)	0	300
		特定連結欠損金以外の連結欠損金個別帰属額の繰越控除額の見積額	(100)	(150)	0	(250)
		回収可能見込額	100	150	100	350

　S2社の特定連結欠損金500については、税務上認められる繰戻・繰越期間内における当該連結納税会社（S2社）の個別所得見積額が限度となるため、100が回収可能見込額となります。

❷ 連結納税制度特有の処理に係る税効果

（1）損益の繰延べ

　連結納税制度上、譲渡した事業年度の課税所得を構成せずに課税が繰り延べられる損益（土地、有価証券等の連結納税会社間の取引から生ずるもの）は、譲渡した連結納税会社において個別財務諸表固有の一時差異に該当し、税効果の対象となります。

（2）債権債務の相殺消去に伴い減額修正される貸倒引当金

　連結納税会社における他の連結納税会社に対する貸倒引当金は、連結納税制度においては損金の額に算入されず、連結納税会社の個別財務諸表固有の一時差異に該当し、税効果の対象となります。

（3）開始時または加入時の連結納税子会社の資産の時価評価損益

　連結納税直前事業年度における連結納税子会社の個別財務諸表において、税務上の時価評価資産に係る評価損益の計上は認められません。したがって、連結納税制度の適用を開始する場合または連結納税へ新規加入する場合における連結納税子会社の時価評価資産の時価評価損益は、財務諸表上の一時差異等に該当し、税効果の対象となります。

（4）連結納税会社株式の投資価額修正

　連結納税会社が、保有する他の連結納税会社の株式の譲渡等を行った場合には、税務上の帳簿価額が修正されるため、当該連結納税会社の個別財務諸表における会計上の譲渡損益等と課税所得に差異が生じることになります。投資価額修正は、実際に譲渡等を行わなくとも実質的に毎期把握することが可能であり、解消するときにその期の課税所得を増額または減額する効果を持つことから、この投資価額修正後の税務上の帳簿価額と会計上の帳簿価額との差額は、保有する他の連結納税会社の株式に係る一時差異と同様に取り扱うものとされ、税効果の対象となります。

　ただし、繰延税金資産および繰延税金負債を計上する際は、予測される将来に

おける譲渡可能性、予測される将来における税務上の損金算入の可能性を勘案し、繰延税金資産については回収可能性を検討する必要があります。

(5) 連結納税開始前または加入前の繰越欠損金

　連結納税子会社が単体納税制度適用時に有していた税務上の繰越欠損金は、一定の要件を満たさない場合、連結納税制度適用時に切り捨てられることになります。当該繰越欠損金は、連結会社が新たに連結納税制度を適用する場合には、原則として、連結納税の承認日に回収可能性がないと判断され、株式の追加取得等により連結子会社が新たに連結納税に加入する場合には、連結納税子会社としての加入に係る意思決定が連結納税親会社等において行われ、実行される可能性が高いと認められることとなった時点で回収可能性がないと判断されます。なお、住民税および事業税については、繰越欠損金は切り捨てられないため、前述の判断基準は適用されません。

連結納税制度と連結財務諸表における税効果会計

Q2

連結納税制度を採用した場合、連結財務諸表において税効果会計をどのように適用するのか教えてください。

A

① 連結財務諸表においては、まず、10 Q1■（1）と同様に、連結納税会社ごとに財務諸表上の一時差異および繰越欠損金に対し繰延税金資産および繰延税金負債を計算します。

② 次に、計算された繰延税金資産および繰延税金負債を合計するとともに、連結納税主体に係る連結財務諸表固有の一時差異に対して、当該差異が発生した連結納税会社ごとに税効果を認識し、繰延税金資産および繰延税金負債を計上します。
③ 繰延税金資産のうち、法人税に係る部分については連結納税主体を一体として回収可能性を判断し、住民税または事業税に係る部分については連結納税会社ごとに回収可能性を判断したうえで各社分を合計します。回収が見込まれない税額については、連結財務諸表上、繰延税金資産から控除することになります。

1 繰延税金資産および繰延税金負債計上の基本的手順

連結納税制度を適用する場合、連結財務諸表上の繰延税金資産および繰延税金負債は以下の手順により計上されることになります。

（1）連結納税会社ごとの一時差異および繰越欠損金に係る税効果計算

10Q1の**1**（1）と同じ計算となります。

（2）繰延税金資産および繰延税金負債の合算

（1）を合計するとともに、連結納税主体に係る連結財務諸表固有の一時差異に対して、当該差異が発生した連結納税会社ごとに税効果を認識し、繰延税金資産および繰延税金負債を計上します。

（3）繰延税金資産の回収可能性検討

繰延税金資産のうち、法人税に係る部分については連結納税主体を一体として回収可能性を判断し、住民税および事業税に係る部分については連結納税会社ごとに回収可能性を判断したうえで各社分を合計します。回収が見込まれない税額については、連結財務諸表上、繰延税金資産から控除することになります。なお、連結財務諸表を作成する親会社以外の連結会社が連結納税親会社として連結納税制度を適用する場合には、当該連結納税主体においても、前述の手順を行うこと

となります。

連結納税主体の法人税に係る繰延税金資産の回収可能見込額が、各連結納税会社の個別財務諸表における法人税に係る繰延税金資産の計上額を合計した金額を下回ることとなる場合がありますが、この場合には連結財務諸表において、連結納税主体における回収可能見込額まで減額し、その差額を連結修正処理することが適当とされています。連結納税主体の回収見込額が各連結納税会社の合計を下回る場合が生じるのは、個別財務諸表においては、国に対して将来納付されることとなる税額が軽減されなくとも、連結法人税の個別帰属額が軽減されることにより回収可能性があると判断されるのですが、連結納税主体においては、国に納付される連結法人税が軽減されない場合、回収可能性がないと判断されること等のためです。

設例を用いて、以上を解説すると次のようになります。

【設例】
> <前提条件>
> ・X1年末の将来減算一時差異は、親会社P社500、100%子会社S1社100、S2社300であり、すべてX2年に解消が見込まれます（3社は同じ連結納税主体に属する）。
> ・X2年の個別所得見積額は、P社600、S1社△400、S2社400とします。
> ・X3年以降の個別所得見積額は、0とします。

<回収可能性の判断の手順>
① 各連結納税会社は、X1年末に存在する将来減算一時差異の解消見込額をX2年の個別所得見積額と相殺します。
② 上記で相殺し切れなかった将来減算一時差異の解消見込額は、X2年における受取個別帰属法人税額の所得換算額と相殺します。
③ S1社は、X2年の個別所得見積額がマイナスであるため、受取個別帰属法人税額の所得換算額をX2年の個別所得見積額に充当します。
④ 上記の手順を実施した結果、回収可能見込額はP社500、S1社0、S2社300で、個別所得見積額の合計は800となりますが、連結納税主体の連結所得

見積額は600であるため、回収可能見込額の差額200が生じます。この差額は、連結財務諸表作成手続において連結修正として処理します。

＜表による解説＞

			将来減算一時差異			
			P	S1	S2	合計
発生	X1年末		(500)	(100)	(300)	(900)
回収可能見込額の見積り	X2年	個別所得見積額	600	(400)	400	600
		将来減算一時差異の解消見込額	(500)	(100)	(300)	(900)
		将来減算一時差異の解消見込額減算後の個別所得見積額	100	(500)	100	(300)
		個別所得見積額による回収可能見込額	500	0	300	800
		受取個別帰属法人税額の所得換算額		200		200
		上記のうち、マイナスの個別所得見積額への充当額		(200)		(200)
		回収可能見込額（個別）	500	0	300	800
		回収可能見込額（連結）				600

上記（1）から（3）、および10 *Q1*の**1**（1）および（2）で記載した税効果の適用手順を図示すると、以下のようになります。

10 連結納税制度と税効果会計

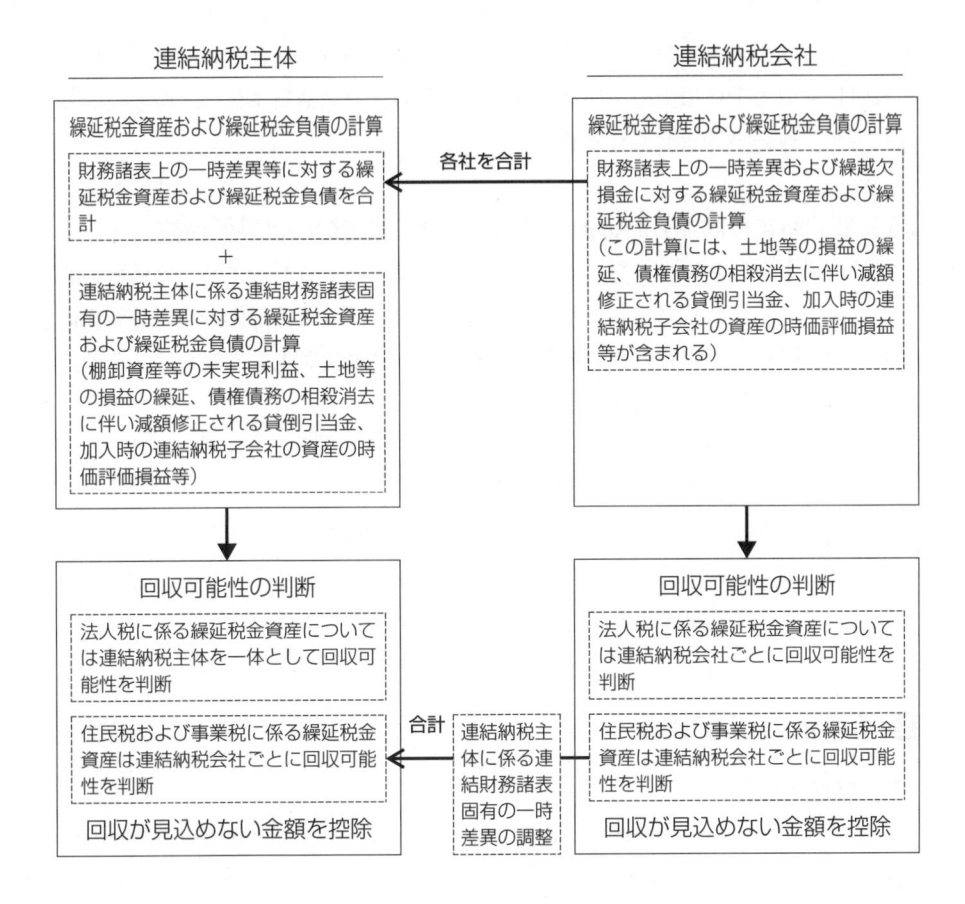

```
┌─────────────────────────────┐     ┌─────────────────────────────┐
│      連結納税主体            │     │      連結納税会社            │
└─────────────────────────────┘     └─────────────────────────────┘

┌─────────────────────────────┐     ┌─────────────────────────────┐
│ 繰延税金資産および繰延税金負債の計算 │     │ 繰延税金資産および繰延税金負債の計算 │
│ ┌─────────────────────────┐ │     │ ┌─────────────────────────┐ │
│ │財務諸表上の一時差異等に対する繰│ │◄──各社を合計──│財務諸表上の一時差異および繰越欠│ │
│ │延税金資産および繰延税金負債を合│ │     │ │損金に対する繰延税金資産および繰│ │
│ │計                       │ │     │ │延税金負債の計算           │ │
│ └─────────────────────────┘ │     │ │(この計算には、土地等の損益の繰│ │
│          +                  │     │ │延、債権債務の相殺消去に伴い減額│ │
│ ┌─────────────────────────┐ │     │ │修正される貸倒引当金、加入時の連│ │
│ │連結納税主体に係る連結財務諸表固│ │     │ │結納税子会社の資産の時価評価損益│ │
│ │有の一時差異に対する繰延税金資産│ │     │ │等が含まれる)            │ │
│ │および繰延税金負債の計算    │ │     │ └─────────────────────────┘ │
│ │(棚卸資産等の未実現利益、土地等│ │     │                             │
│ │の損益の繰延、債権債務の相殺消去│ │     │                             │
│ │に伴い減額修正される貸倒引当金、│ │     │                             │
│ │加入時の連結納税子会社の資産の時│ │     │                             │
│ │価評価損益等)             │ │     │                             │
│ └─────────────────────────┘ │     │                             │
└─────────────────────────────┘     └─────────────────────────────┘
              ▼                                   ▼
┌─────────────────────────────┐     ┌─────────────────────────────┐
│      回収可能性の判断        │     │      回収可能性の判断        │
│ ┌─────────────────────────┐ │     │ ┌─────────────────────────┐ │
│ │法人税に係る繰延税金資産について│ │     │ │法人税に係る繰延税金資産について│ │
│ │は連結納税主体を一体として回収可│ │     │ │は連結納税会社ごとに回収可能性を│ │
│ │能性を判断                │ │     │ │判断                     │ │
│ └─────────────────────────┘ │  合計 ┌──────┐              │
│ ┌─────────────────────────┐ │◄──│連結納税主│─┌─────────────────────────┐ │
│ │住民税および事業税に係る繰延税金│ │   │体に係る連│ │住民税および事業税に係る繰延税金│ │
│ │資産は連結納税会社ごとに回収可能│ │   │結財務諸表│ │資産は連結納税会社ごとに回収可能│ │
│ │性を判断                  │ │   │固有の一時│ │性を判断                  │ │
│ └─────────────────────────┘ │   │差異の調整│ └─────────────────────────┘ │
│ ┌─────────────────────────┐ │   └──────┘ ┌─────────────────────────┐ │
│ │回収が見込めない金額を控除   │ │            │ │回収が見込めない金額を控除   │ │
│ └─────────────────────────┘ │            │ └─────────────────────────┘ │
└─────────────────────────────┘            └─────────────────────────────┘
```

2 連結納税制度特有の処理に係る税効果

(1) 損益の繰延べ

　連結納税制度上、譲渡した事業年度の課税所得を構成せずに課税が繰り延べられる損益（土地、有価証券等の連結納税会社間の取引から生ずるもの）は、基本的には、連結財務諸表においても消去されることから、連結納税主体の繰延税金資産および繰延税金負債は認識しないことになります。

(2) 債権債務の相殺消去に伴い減額修正される貸倒引当金

　連結納税会社における他の連結納税会社に対する貸倒引当金は、連結財務諸表

上、債権債務の消去相殺に伴い減額修正されます。一方、連結納税制度においても当該貸倒引当金は損金の額に算入されないため、連結納税主体の一時差異等とはならず、税効果は認識されません。

（3）開始時または加入時の連結納税子会社の資産の時価評価損益

　連結納税主体において、会計上の資本連結手続きによる評価差額（連結財務諸表固有の一時差異に該当する）と連結納税制度における時価評価資産の時価評価損益（個別財務諸表固有の一時差異に該当する）に差額が生じる場合は、その差額は連結納税主体の一時差異等となります。

（4）連結納税会社株式の投資価額修正

　親会社の個別財務諸表において子会社株式の投資価額修正に係る税効果を認識した場合には、連結財務諸表においては、当該税効果を取り消した後、改めて子会社への投資に係る税効果の認識を行うことになります。

3 その他の留意事項

（1）連結の範囲

　重要性が乏しいため、会計上は連結の範囲に含めなかった連結納税子会社の繰延税金資産、繰延税金負債および法人税等調整額については、当該項目自体も重要性が低いと考えられるため、連結財務諸表に計上する必要はないと考えられます。

（2）課税対象となった未実現損益の消去に係る税効果

　連結会社である連結納税会社相互間の取引から生じ、連結納税制度上、課税対象となった未実現損益に係る一時差異に対する連結財務諸表における税効果は、通常の場合の連結会社相互間の取引から生じた未実現損益と同様に処理することが適当と考えられます。ただし、法人税に係る税効果における未実現損益の消去に係る一時差異の認識の限度については、連結納税主体の連結所得等をベースに考え、住民税及び事業税に係る税効果における一時差異の認識限度については、売却元の課税所得をベースに考える必要があります。

また、連結会社である連結納税会社と当該連結納税主体に属さない他の連結会社との取引から生じた未実現損益についても、売却元が連結納税会社である場合には、法人税に係る税効果において、連結納税主体の課税年度における連結所得を一時差異の認識の限度とすることが適当です。

（3）留保利益に係る一時差異

　連結納税制度上、連結納税子会社からの受取配当金は、全額益金不算入とされており、投資後の留保利益のうち、配当送金されると見込まれる部分の金額は、将来も課税関係が生じないため、連結財務諸表において繰延税金負債は計上されないことになります。留保利益を有する連結納税子会社の投資を売却する場合には、留保利益（将来、配当送金されると見込まれる部分以外の金額）のうち、投資価額の税務上の修正額を超える部分が連結財務諸表における将来加算一時差異となります。この連結納税子会社の留保利益に係る将来加算一時差異の取扱いについては、予測可能な将来の期間にその連結納税子会社株式の売却を行う意思がない等、一定の要件を満たす場合には税効果を認識しませんが、当該株式を売却する意思決定がなされた場合には繰延税金負債を計上することとなります。

（4）連結財務諸表における表示

　連結納税主体は、法人税について同一の納税主体となることから、連結財務諸表上の連結会社のうち、連結納税主体の法人税に係る繰延税金資産と繰延税金負債は、流動項目と固定項目に分け、相殺して表示することとなります。なお、連結納税主体と連結納税主体以外の連結会社の繰延税金資産と繰延税金負債については、原則として相殺されません。

第6章
ケーススタディ
（連結納税制度とグループ法人税制）

1 連結納税制度採用の有利・不利

ケーススタディによる連結納税制度適用の検討

Q 連結納税制度は、どのような場合に採用すると税務上有利になるのか教えてください。

A
① 連結納税制度の適用により一般的には節税メリットを享受できますが、欠損金の切捨て等のデメリット、煩雑な事務作業というデメリットの生じる可能性があります。

② 連結納税制度を適用する前に、連結納税グループ内各法人の、現在の損益状況、将来の利益計画、追加事務作業の内容等を適切に把握し、将来にわたってメリットを享受できるのかシミュレーションする必要があります。

③ 連結納税制度の適用が節税メリットを生むケースとしては、連結納税グループ内に黒字法人と赤字法人が併存するケース、単体納税制度を継続した場合に切り捨てられてしまう可能性の高い多額の繰越欠損金を有している法人が存在するケース等が考えられます。

④ 連結納税制度の適用は、法人税額の計算だけでなく、税効果計算にも影響を与えるので、適用の是非を検討するうえでは、この点にも留意が必要です。

1 連結納税制度のメリット、デメリット

連結納税制度を適用した場合の主なメリットおよびデメリットは、以下のようにまとめられます。この中で影響が大きいと考えられるものについてケーススタディにより解説します。

検討項目	メリット	デメリット	摘要	ケーススタディ
連結法人間の損益通算	○		ケーススタディ(1)を参照	(1)
連結親法人の開始前繰越欠損金	○		ケーススタディ(2)を参照	(2)
特定連結子法人に該当する連結子法人の開始前・加入前繰越欠損金（特定連結欠損金）	—	—	特定連結欠損金は、計上していた子法人の個別所得が控除限度となるため、メリット、デメリットはない（平成22年度税制改正により、欠損金の持込制限が緩和されたため、これにより連結納税適用によるデメリットは縮小）。	
特定連結子法人に該当しない連結子法人の開始前・加入前繰越欠損金		○	ケーススタディ(3)を参照	(3)
連結子法人資産の時価評価	○	○	含み益がある場合はデメリット、含み損がある場合はメリット。ケーススタディ(4)を参照	(4)
連結法人間の一定資産の譲渡損益繰延	—	—	グループ法人税制の創設によりメリット、デメリットは消滅。なお、譲渡損益調整資産に係る事務処理の煩雑さに関してもメリット、デメリットはない。	
連結法人間の寄附金、受贈益	—	—	グループ法人税制の創設によりメリット、デメリットは消滅	
その他の寄附金	○	○	連結親法人の資本金等の額、連結所得の金額により損金算入限度額が計算されるため、メリット、デメリット両方のケースあり。	
連結法人外からの配当金	○		連結法人全体で持分計算するため、持分比率が上昇する等により益金不算入額が増加する場合はメリット	

連結法人間の配当金に係る負債利子	—	—	グループ法人税制の創設によりメリット、デメリットは消滅	
その他配当金の負債利子	○	○	連結法人全体の総資産、負債利子により控除額計算されるため、メリット、デメリット両方のケースあり。	
交際費、法定繰入率による貸倒引当金、軽減税率、欠損金繰戻し還付		○	単体納税で中小企業特例措置の適用が可能な場合、連結納税適用がデメリットとなるケースあり。ケーススタディ(5)を参照	(5)
税額控除（試験研究費の総額控除、外国税額控除等）	○	○	ケーススタディ(6)、(7)を参照	(6)、(7)
特定同族会社の留保金課税	○	○	単体納税で中小企業特例措置の適用が可能な場合、連結納税適用がデメリットとなるケースあり。 課税標準が連結所得となるため、税額が減少する可能性もあり、この点はメリットとなる。	
組織再編	○		損益通算が可能なため、赤字部門の分社化等の組織再編が容易になり、経営戦略の選択肢が広がるメリット。	
事務処理		○	承認申請、決算期の異なる連結子法人の申告手続き、地方税との区分等、事務処理が煩雑になるデメリット。	
連結納税の取り止め		○	一定の場合を除き、連結納税は継続適用される。連結法人間の損益通算等の節税メリットが少なくなったとき、事務処理の煩雑さ等のデメリットのみが残る可能性もある。	
税効果	○	○	繰延税金資産の回収可能性が改善するメリット、悪化するデメリット。ケーススタディ(8)を参照	(8)

　なお、以下のケーススタディでは法人税率を30％としていますが、平成23年12月の税制改正により、平成24年4月1日以後開始事業年度から法人税率は25.5％に引き下げられています。ただし、平成24年4月1日以後開始事業年度から3年間は、復興特別法人税（基準法人税額の10％）が課せられることとなり、この間

の復興特別法人税を含めた法人税率は28.05％となります。

(ケーススタディ1) 連結法人間の損益通算
【前提条件】
　連結親法人および連結子法人の課税所得等は、以下の【表による解説】に記載した通りであり、両法人黒字、両法人赤字、一方の法人が赤字（下記の設例では子法人赤字としている）のケースが生じています。

【表による解説】

		連結親法人	連結子法人	合計	判定
両法人黒字	課税所得	100	40	140	メリット、デメリットなし
	単体納税・税額	30	12	42	
	連結納税・税額			42	
	税額の差異			0	
両法人赤字	課税所得	▲100	▲40	▲140	メリット、デメリットなし
	単体納税・税額	0	0	0	
	連結納税・税額			0	
	税額の差異			0	
子法人赤字	課税所得	100	▲40	60	メリットあり
	単体納税・税額	30	0	30	
	連結納税・税額			18	
	税額の差異			12	

※法人税額のみの比較であり、法人税率を30％としています。

　連結納税グループ内の全法人が黒字または赤字の場合は、その事業年度において連結納税のメリットは生じませんが、連結納税グループ内に黒字法人と赤字法人が併存する場合には、損益通算により赤字法人の欠損金が利用できるため、連結納税のメリットが生じることになります。

(ケーススタディ2) 連結親法人の開始前繰越欠損金
【前提条件】
　連結親法人および連結子法人の課税所得等は以下の【表による解説】に記載し

た通りであり、連結親法人は連結納税制度の適用前に繰越欠損金を計上しています。

【表による解説】

		連結親法人	連結子法人	合計	判定
連結納税開始後に親法人で繰越欠損金を超える課税所得を計上	開始前欠損金	▲200		▲200	メリット、デメリットなし
	開始年度課税所得	250	40	290	
	単体納税・税額	15	12	27	
	連結納税・税額			27	
	差異			0	
連結納税開始後に親法人で繰越欠損金以下の課税所得を計上	開始前欠損金	▲200		▲200	メリットあり
	開始年度課税所得	100	40	140	
	単体納税・税額	0	12	12	
	連結納税・税額			0	
	差異			12	

※法人税額のみの比較であり、法人税率を30%としています。

　連結納税適用前に連結親法人で繰越欠損金を計上していても、連結納税開始年度に繰越欠損金以上の課税所得が連結親法人で計上できるのであれば、連結納税のメリットは生じません。しかし、十分な課税所得が連結親法人で計上できない場合、連結納税のメリットが生じることになります。なお、連結親法人の繰越欠損金は、連結納税開始前7年以内（平成23年12月税制改正により9年以内に延長）に開始した事業年度において発生したものに限り、連結欠損金として引き継ぐことが可能となります。

(ケーススタディ3) 特定連結子法人に該当しない連結子法人の開始前・加入前繰越欠損金

【前提条件】
　連結親法人および連結子法人の課税所得等は以下の【表による解説】に記載した通りであり、連結子法人は連結納税開始前に繰越欠損金を計上しています。この繰越欠損金は特定連結欠損金に該当しません。

【表による解説】

	連結親法人	連結子法人	合計	判定
開始前欠損金		▲40	▲40	デメリットあり
開始年度課税所得	100	50	150	
単体納税・税額	30	3	33	
連結納税・税額			45	
差異			▲12	

※法人税額のみの比較であり、法人税率を30%としています。

　特定連結欠損金に該当しない連結子法人の開始前または加入前繰越欠損金は、連結納税制度適用にあたり切り捨てられるため、デメリットが生じることになります。なお、地方税の計算においては、繰越控除期間内であれば当該欠損金が切り捨てられることはありません。

(ケーススタディ4) 連結子法人資産の時価評価

【前提条件】

　時価評価対象法人である連結子法人の時価評価対象資産は連結納税開始・加入時に時価評価され、以下の【表による解説】に記載した通りの時価評価損益が生じています。

【表による解説】

		連結親法人	連結子法人	合計	判定
連結子法人の土地に時価評価益が発生	時価評価損益		50	50	デメリットあり
	直前年度所得	100	40	140	
	直前年度税額(単体納税継続)	30	12	42	
	直前年度税額(連結納税適用)	30	27	57	
	差異	0	▲15	▲15	
連結子法人の土地に時価評価損が発生	時価評価損益		▲50	▲50	メリットあり
	直前年度所得	100	40	140	
	直前年度税額(単体納税継続)	30	12	42	
	直前年度税額(連結納税適用)	30	0	30	
	差異	0	12	12	

※法人税額のみの比較であり、法人税率を30%としています。
　「直前年度所得」には、連結納税直前事業年度の時価評価損益以外の所得を記載しています。なお、「連結子法人の土地に時価評価損が発生」する場合、子法人の直前事業年度の時価評価損控除後課税所得は▲10となり、法人税の繰戻し還付規定を適用できる可能性が生じます。

一定の要件を満たさない場合、子法人の連結納税直前事業年度の課税所得は時価評価損益を反映したものとなります。時価評価された場合、時価評価対象資産全体で評価益が生じる場合にはデメリットが生じ、評価損が生じる場合にはメリットが生じます。なお、時価評価損益は、子法人の連結納税直前事業年度における法人税額を増減させるため、地方税額もこの影響を受けることになります。

(ケーススタディ5) 中小企業特例措置（軽減税率）

【前提条件】

連結親法人および連結子法人の課税所得等は、以下の【表による解説】に記載した通りです。なお、連結親法人の資本金は3億円（1億円超5億円未満）、連結子法人の資本金は1億円（1億円以下）です。

【表による解説】 （千円）

	連結親法人	連結子法人	合計	判定
課税所得	100,000	10,000	110,000	デメリットあり
単体納税・税額	30,000	2,040	32,040	
連結納税・税額			33,000	
差異			▲960	

※法人税額のみの比較であり、連結親法人の法人税率を30％としています。連結子法人の法人税率については、8百万円以下の金額は18％としています。連結子法人の「単体納税・税額」2,040は、8,000×18％＋2,000×30％により計算しています。

【表による解説】 欄外の※の税率が用いられた場合、連結子法人1社当たりの法人税増加額は最大でも960千円（8,000千円×(30％－18％)）となりますが、軽減税率の適用が不可能となる連結子法人が多数ある場合には、影響がより大きくなります。なお、連結納税制度においても、連結親法人の資本金が1億円以下であれば、中小企業向けの特例措置を適用することは可能ですが、軽減税率の適用および交際費の定額控除が1回しか利用できない等のデメリットが生じます。

(ケーススタディ 6) 税額控除 (試験研究費の総額控除)

【前提条件】

連結親法人(中小企業者に該当しない)および連結子法人の課税所得等は、以下の【表による解説】に記載した通りであり、税額控除の要件を満たしている試験研究費が連結親法人で発生しています。なお、試験研究費割合(試験研究費の額÷当期および当期前3年間の売上金額の平均)は10%以上であり、試験研究費×10%の税額控除を享受できるものとします。

【表による解説】

			連結親法人	連結子法人	合計	注	判定
連結納税適用により控除限度額が増額となるケース	試験研究費		150	0	150		メリットあり
	課税所得		100	150	250		
	税額控除額	単体納税	6	0	6	A	
		連結納税			15	B	
		差異			▲9		
	税額	単体納税	24	45	69		
		連結納税			60		
		差異			9		
連結納税適用により控除限度額が減額となるケース	試験研究費		150	0	150		控除税額に限定するとデメリットだが、税額ではメリット
	課税所得		100	▲50	50		
	税額控除額	単体納税	6	0	6	A	
		連結納税			3	C	
		差異			3		
	税額	単体納税	24	0	24		
		連結納税			12		
		差異			12		

※法人税額のみの比較であり、法人税率を30%としています。なお、税額控除の上限は、当期法人税額の20%としています。

 注A:(100×30%×20%) と (150×10%) のいずれか少ない金額のため、6となります。
 注B:(250×30%×20%) と (150×10%) のいずれか少ない金額のため、15となります。
 注C:(50×30%×20%) と (150×10%) のいずれか少ない金額のため、3となります。
 連結親法人が税法に規定する中小企業者に該当する場合、(試験研究費×12%)の税額控除が可能となります。

連結納税制度の適用により課税所得が増加し、試験研究費の総額控除限度枠が

拡大する場合、連結納税のメリットが生じることになります。逆に、連結納税制度の適用により課税所得が減少し、試験研究費の総額控除限度枠が縮小する場合、控除額に限定するとデメリットが生じることになります。ただし、課税所得が減少する場合、法人税額自体が減額となるため、控除限度額が減少しても連結納税制度の適用によりデメリットが生じるということにはなりません。

(ケーススタディ7) 税額控除（外国税額控除）

【前提条件】

連結親法人および連結子法人の課税所得等は、以下の【**表による解説**】に記載した通りであり、連結親法人で国外所得金額を計上し、外国法人税を納付しています。

【表による解説】

			連結親法人	連結子法人	合計	注	判定
連結納税適用により控除限度額が増額となるケース	控除対象外国法人税額		45	0	45		メリットあり
	国内所得金額		▲100	200	100		
	国外所得金額		200	0	200		
	税額控除額	単体納税	27	0	27	A	
		連結納税			45	B	
		差異			▲18		
	税額	単体納税	3	60	63		
		連結納税			45		
		差異			18		
連結納税適用により控除限度額が減額となるケース	控除対象外国法人税額		45	0	45		控除税額に限定するとデメリットだが、税額ではメリット
	国内所得金額		100	▲200	▲100		
	国外所得金額		200	0	200		
	税額控除額	単体納税	45	0	45	C	
		連結納税			27	D	
		差異			18		
	税額	単体納税	45	0	45		
		連結納税			12		
		差異			33		

※法人税額のみの比較であり、法人税率を30％としています。なお、単純化のために使用人数の割合等は考慮対象外としています。

注A：国外所得金額200÷課税所得100が90％を超えているため、法人税額30×90％が控除限度額となります。

注B：法人税額90×国外所得金額200÷課税所得300＝60。ただし、この場合、納付外国法人税額45が控除限度となります。

注C：法人税額90×国外所得金額200÷課税所得300＝60。ただし、この場合、納付外国法人税額45が控除限度となります。

注D：国外所得金額200÷課税所得100が90％を超えているため、法人税額30×90％が控除限度額となります。

連結納税制度の適用により外国税額控除の限度枠が拡大する場合、連結納税のメリットが生じることになります。逆に、連結納税制度の適用により控除限度枠が縮小する場合、控除額に限定するとデメリットが生じることになります。ただし、連結納税制度の適用により法人税額自体が減額となるため、控除限度額が減少しても連結納税適用によりデメリットが生じるということにはなりません。

（ケーススタディ8）税効果

【前提条件】

連結親法人および連結子法人の課税所得等は、以下の【表による解説】に記載したとおりであり、翌々期以降の両法人の課税所得は毎期0と予想されています。表中の「例示区分」は「繰延税金資産の回収可能性の判断に関する監査上の取扱い」（日本公認会計士協会監査委員会報告第66号 5.(1)）に従っています（所与の要件次第で区分は変わるが、このケーススタディでは「例示区分」のように仮定している）。なお、子法人の繰越欠損金には特定連結欠損金は含まれていません。

【表による解説】

例示区分		連結親法人	連結子法人	合計	判定
＜ケース１＞ 連結親法人① 連結子法人⑤ 連結納税主体①	期末将来減算一時差異	50	0	50	メリットあり
	期末繰越欠損金	0	▲90	▲90	
	翌期課税所得見積額	150	0	150	
	単体納税 個別財務諸表・繰延税金資産	15	0	15	

第6章 ケーススタディ（連結納税制度とグループ法人税制）

		連結財務諸表・繰延税金資産			15	
	連結納税	個別財務諸表・繰延税金資産	15	27	42	
		連結財務諸表・繰延税金資産			42	
＜ケース2＞連結親法人①連結子法人⑤連結納税主体④		期末将来減算一時差異	50	0	50	
		期末繰越欠損金	0	▲90	▲90	
		翌期課税所得見積額	150	▲200	▲50	
	単体納税	個別財務諸表・繰延税金資産	15	0	15	デメリットあり
		連結財務諸表・繰延税金資産			15	
	連結納税	個別財務諸表・繰延税金資産	15	0	15	
		連結財務諸表・繰延税金資産			0	

※法人税に係る繰延税金資産のみの比較であり、法人税率を30％としています。連結親法人の将来減算一時差異は翌期に解消される見込みとします。

　連結納税制度の適用により、**【表による解説】**＜ケース1＞では、連結子法人の繰越欠損金に係る繰延税金資産は回収可能性ありと判断され、会計上の利益が好転するメリットが生じることになります。＜ケース2＞では、連結親法人の将来減算一時差異に係る繰延税金資産は回収可能性なしと判断され、単体納税で計上された繰延税金資産の計上が認められなくなるため、連結財務諸表上の利益が悪化するデメリットが生じることになります。

　連結納税制度を適用した場合、連結財務諸表上の繰延税金資産は、連結納税主体を一体として回収可能性を判断します。そのため、他の連結納税会社の個別所得の状況により、回収可能性が改善するケース、悪化するケースが生じることになります。

2 連結納税適用によりメリットが得られると想定されるケース

　以上のケーススタディを勘案すると、連結納税制度を適用することによりメ

リットを享受できるのは、一般的に以下のようなケースとなります。

検討項目	メリット発生	デメリット発生
法人構成	連結納税グループの中に黒字法人と赤字法人が併存するケース	連結納税グループの中に黒字法人のみ存在し、連結納税適用により、中小企業特例措置の適用が不可能となるケース
繰越欠損金	連結納税グループの中に連結納税適用後も切捨てとならない多額の繰越欠損金を有する法人があるケース	子法人の繰越欠損金が連結納税適用に当たり、切り捨てられてしまうケース
時価評価資産	含み損が生じている一定資産を保有している子法人があるケース	含み益が生じている一定資産を保有している子法人があるケース
税額控除	連結納税グループの中に試験研究費、外国法人税額を多額に計上している法人があるケース	―
税効果会計	繰延税金資産の回収可能性が改善するケース	繰延税金資産の回収可能性が悪化するケース
将来の組織再編	業績の悪化している部門を別法人にするケース	―

（1）連結納税グループの中に黒字法人と赤字法人が併存するケース

　損益通算により課税所得を減少させ、法人税額を少額にすることが可能となります。より具体的には、以下のケースが考えられます。
　① 親法人が純粋持株会社であり、収益のほとんどが子会社配当から構成されるケース（子会社配当の益金不算入調整後、課税所得が赤字となる場合）
　② 多額の赤字を計上している、または赤字が予想される新規事業を別会社で行うケース
　③ 含み損が多額な資産を売却することにより、課税所得が赤字となる会社が存在するケース
　ただし、赤字が一時的であり、単体納税を適用していても繰越控除期間内に繰越欠損金が消滅してしまう場合、メリットは法人税の納付時期に係る金利分ということになります（（2）においても同様）。

（2）連結納税グループの中に多額の繰越欠損金を有する法人があるケース

　連結納税適用前に、繰越欠損金を親法人で計上している場合、あるいは、連結納税適用後に繰越欠損金が生じる場合、繰越欠損金の使用により課税所得を減少させ、法人税額を少額にすることが可能となります。具体的には、多額のリストラ損失等を計上した結果、単体納税を継続適用した場合、繰越控除期間後に繰越欠損金の切捨てが予想されるケース等が考えられます。

（3）一定の資産に含み損が生じている子会社があるケース

　連結納税適用に当たり含み損が生じている資産が時価評価された場合、直前事業年度の単体納税における課税所得を減少させ、法人税額を少額にすることが可能となります。具体的には、以下のケースが考えられます。
① 業績はよいが、バブル期において積極的な不動産投資を行った結果、子法人の資産に含み損が生じているケース（マイナスの土地再評価差額金を計上しているケース等）
② 繰越控除期間後に繰越欠損金の切捨てが予想されているが、子法人の資産に含み益があり、時価評価を行うことにより繰越欠損金を利用することが可能となるケース

　ただし、当該資産の売却が近い将来行われた場合、メリットは法人税の納税時期に係る金利分のみということも想定されます。また、時価評価損により欠損金が発生した場合、繰戻し還付の規定を適用できる可能性もありますが、その一方で、時価評価対象法人の繰越欠損金は特定連結欠損金とはならずに切り捨てられることもあり、これらの点に留意する必要があります。

（4）試験研究費、外国法人税額が多額で、単体納税では控除限度額を超過してしまうケース

　単体納税において控除限度超の試験研究費または外国法人税を計上している法人がある場合、連結納税適用により控除限度額を増加させ、法人税額を少額にすることが可能となります。具体的には、以下のケースが考えられます。
① 給与待遇等の観点から、試験研究をグループの別法人に行わせており、当該法人で控除限度額以上の試験研究費を計上しているケース

② 海外事業（建設工事等）は親法人のみで受注しており、当該法人で控除限度額以上の外国法人税を計上しているケース

ただし、連結納税適用により控除限度額が減少してしまう可能性もあるので、注意する必要があります。また、将来の繰越控除により単体納税制度を継続適用しても法人税額を減額できる場合には、メリットは法人税の納付時期に係る金利分ということになります。

（5）繰延税金資産の回収可能性が改善するケース

連結納税グループ内の他の法人の個別所得により、単体納税適用下では計上不能であった繰延税金資産が計上できるようになる場合、連結納税により利益が好転することになります。具体的には、親法人では将来減算一時差異等以上の個別所得を毎期計上しているが、子法人の個別所得が十分でないため、単体納税制度においては子法人の将来減算一時差異等の一部に対し繰延税金資産が計上できないケース等が考えられます。

（6）将来の組織再編

法人内に赤字部門を抱えている場合、業績を回復させるために、会社分割等により当該部門を分社化する方策をとることがあります。赤字部門が分社化された結果、黒字部門で構成される分社後の法人で多額の法人税を納付する場合、単体納税制度を継続適用すると納税面でデメリットが生じることになります。その場合、連結納税制度を適用することにより、損益通算することで当該デメリットを解消することが可能となります。

3 連結納税制度の適用前に検討すべき点

連結納税制度をいったん適用すると、一定の厳格な要件を満たさないかぎり取り止めることができません。したがって、グループ法人すべての黒字化等で節税メリットが消滅した結果、煩雑な事務処理のみが残ってしまうという事態が生じる可能性もあり、適用に当たっては慎重に検討する必要があります。

この場合、通常、シミュレーション・シートを作成することにより、グループ

全体として導入メリットがあるのか否か検討することになりますが、前述❶および❷をふまえると、検討ポイントとしては以下のようなものがあげられることになります。

（1）連結納税の適用対象とする法人の範囲

　連結納税の適用対象とするためには、当事者間における完全支配関係が必要となります。完全支配関係にない子法人等がある場合、株式の追加取得により完全支配関係を構築するべきか否か検討することも1つのポイントとなります。ただし、完全支配関係の構築、解消に当たっては、「連結法人に係る行為又は計算の否認」（法法132の3）に該当するような事態が生じていないか慎重に検討することが肝要です。

（2）連結納税対象となる各法人の利益、課税所得予想

　損益通算を上手く利用することが可能か、各法人の利益および課税所得に係る将来計画を検討する必要があります。

（3）欠損金の発生時期および繰越可能期間

　節税効果の大きいケースが多いため、（2）を検討するうえで、欠損金の発生時期、繰越可能期間については適切に把握しておく必要があります。

（4）子法人の繰越欠損金が特定連結欠損金に該当するか否か

　特定連結欠損金に該当しない適用開始前または加入前繰越欠損金は法人税額の計算においては切り捨てられることになるため、特定連結欠損金の要件を満たしているか否か適切に把握しておく必要があります。この場合、子法人となった経緯（設立か買収か等）、完全支配関係の生じた時期（5年以上前か否か）等を検討することになります。

（5）税額控除の繰越期間

　連結納税制度の適用は税額控除限度額に影響を与えることになるため、将来における試験研究費、外国法人税等を予想するとともに、税額控除の繰越期間等を

適切に把握しておく必要があります。

（6）子法人の資産における含み損益

　まず、時価評価対象法人となるか否かを把握する必要があります。時価評価が行われる場合、子法人の連結納税直前事業年度の課税所得に評価損益が加減されることになるため、含み損益を適切に把握しなければなりません。なお、評価損の計上により欠損金が生じる場合には、繰戻し還付の規定を適用できる可能性もあるので、この点にも留意しておく必要があります。

（7）中小企業特例措置の不適用によるデメリット

　単体納税制度では、完全支配関係が存在しても一定の要件を満たせば、軽減税率等の中小企業向け特例措置を利用することが可能です。連結納税制度を適用する場合、要件が厳しくなるうえにメリットが縮小するため、増加税額を把握し節税メリットと比較しておく必要があります。

（8）税効果計算に与える影響

　連結納税制度の適用により、繰延税金資産の回収可能性が改善または悪化してしまう可能性があり、損益インパクトを把握しておく必要があります。

（9）将来の組織再編

　将来の組織再編により、連結納税グループ各法人の利益計画等が変わってくるため、将来の組織再編計画を適切に把握し、利益計画等に反映させる必要があります。

（10）連結納税制度を適用するための体制整備

　子法人からの情報収集、決算期の摺り合わせ、スケジュール調整等に関し、適切に対応できるか否かを確認し、問題点を解消するよう、親法人および子法人の経理体制を整備する必要があります。

(11) 税制改正の動向

　法人税率が変更される場合、連結納税制度の適用時期により、将来分を含めた法人税総額が変わる可能性があります。例えば、以下のようなケースが想定され、課税所得が同額でも適用時期により、税額が異なることになります。法人税率の引下げが見込まれている場合、引下げ前に連結納税制度を適用し、高い税率の時期に課税所得を削減することにより法人税額を少額にできる可能性が生じます。

		連結親法人	連結子法人	合計	注
X1年末繰越欠損金		▲200		▲200	
X2年課税所得		150	100	250	
X3年課税所得		150	100	250	
X2年から連結納税	X2年税額			15	A
	X3年税額			65	B
	合計（X）			80	
X3年から連結納税	X2年税額	0	30	30	C
	X3年税額			52	D
	合計（Y）			82	
差異（X）－（Y）				▲2	

※法人税額のみの比較であり、X2年の法人税率を30％、X3年の法人税率を26％としています。

　注A：（250－200）×30％＝15
　注B：250×26％＝65
　注C：100×30％＝30
　注D：（250－50）×26％＝52（50は、連結親法人の連結納税開始前繰越欠損金）

　このケースでは、連結納税制度を早期に適用することにより、税額を減少させる結果をもたらします。このように課税所得が同額でも法人税額に増減が生じるため、税制改正の動向にも注意しておく必要があります。

(12) 連結納税制度適用のタイミング

　前述（1）から（11）を検討したうえで、どの時点から連結納税制度を適用するのが最もメリットを享受できるのか検討する必要があります。

2 グループ法人税制の有利・不利

ケーススタディによるグループ法人税制適用の検討

Q グループ法人税制が適用される場合と適用されない場合の差異について教えてください。

A
① グループ法人税制は、連結納税制度と異なり強制的に適用されます。
② グループ法人税制が適用される場合、完全支配関係のある法人間での一定の資産の譲渡損益は繰り延べられ、譲渡益のケースでは納税時点が遅くなる等の節税メリットを享受できます。一方、一定の場合においては、軽減税率、交際費等に係る中小企業向け特例措置を適用することができず、デメリットが生じることになります。
③ これらのメリット、デメリットを把握したうえで、子会社の出資比率を検討することが肝要です。ただし、その際には、行為または計算の否認についても考慮が必要となります。

1 グループ法人税制が適用される場合のメリット、デメリット

　グループ法人税制は、連結納税制度と異なり強制的に適用され、完全支配関係のある法人間の取引等には同制度が必ず適用されることになります。一方、完全

支配関係がない場合は、同制度が適用されないことになり、完全支配関係の有無により税務上の処理が異なることとなります。完全支配関係の存在によりグループ法人税制が適用される場合の、税務上の主なメリット、デメリットは以下のようにまとめることができます。

検討項目	メリット	デメリット	摘要	ケーススタディ
法人間の一定資産の譲渡損益繰延	○	○	譲渡益の場合はメリット、譲渡損の場合はデメリット	(1)
適格現物分配	○	○	譲渡益の場合はメリット、譲渡損の場合はデメリット	
法人間の寄附金、受贈益	○		グループ法人税制の適用がない場合、寄附金の損金算入には限度がある。	(2)
配当金に係る負債利子	○		グループ法人税制においては、負債利子は控除されない。	
中小企業特例措置		○	中小企業向け特例措置が適用できなくなる場合、デメリット。	(3)
事務処理		○	譲渡損益調整資産に係る事務処理は煩雑となる。	

以下、ケーススタディにより、具体的にメリットおよびデメリットを以下に解説します。

(ケーススタディ1) 法人間の一定資産の譲渡損益繰延べ
【前提条件】
　P社は、譲渡損益調整資産に該当する土地（簿価100）をS社に120（時価）で譲渡しました。

【表による解説】

会社	摘要	Ｐ社とＳ社の間に完全支配関係あり	Ｐ社とＳ社の間に完全支配関係なし
Ｐ社	税務上の仕訳	(借方)現預金　120　(貸方)土地　100 　　　　　　　　　　　　譲渡益　20	(借方)現預金　120　(貸方)土地　100 　　　　　　　　　　　　譲渡益　20
	税務上の取扱	譲渡益20は、Ｓ社が外部に売却するまで課税が繰り延べられる。	譲渡益20は、Ｐ社の譲渡した事業年度で課税される。
	譲渡事業年度の課税所得	0	20
Ｓ社	税務上の仕訳	(借方)土地　120　(貸方)現預金　120	(借方)土地　120　(貸方)現預金　120
	Ｓ社が最終的に120で外部売却した場合	Ｐ社およびＳ社の課税所得は合計で20	Ｐ社およびＳ社の課税所得は合計で20

　Ｓ社が外部に売却した時点で課税所得は両ケースとも同額となりますが、その場合でもＰ社は資金繰りおよび金利のメリットを享受することができます（将来、法人税率の引下げが行われるならば、節税メリットもあり）。上記の前提条件においては、譲渡益の発生によりメリットが生じましたが、譲渡損の場合に節税面でデメリットが生じることになります。

(ケーススタディ２) 法人間の寄附金、受贈益

【前提条件】
・Ｐ社は、譲渡損益調整資産に該当しない固定資産（簿価100）をＳ社に100で譲渡しました。
・当該固定資産の時価は120です。

【表による解説】

会社	摘要	Ｐ社とＳ社の間に完全支配関係あり	Ｐ社とＳ社の間に完全支配関係なし
Ｐ社	税務上の仕訳	(借方)現預金　100　(貸方)固定資産　100 　　　寄附金　　20　　　　譲渡益　　20	(借方)現預金　100　(貸方)固定資産　100 　　　寄附金　　20　　　　譲渡益　　20
	税務上の取扱い	時価と簿価の差額20は寄附金となるが、損金不算入として扱われる。	時価と簿価の差額20は寄附金となり、損金算入限度額を超える金額は、損金不算入として扱われる。

	譲渡事業年度の課税所得	20（注）	20－寄附金損金算入限度額
S社	税務上の仕訳	（借方）固定資産 120（貸方）現預金 100 受贈益 20	（借方）固定資産 120（貸方）現預金 100 受贈益 20
	税務上の取扱い	時価と簿価の差額20は益金不算入として扱われる。	時価と簿価の差額20は益金算入として扱われる。
	譲受事業年度の課税所得	0	20
S社が最終的に120で外部売却した場合		P社およびS社の課税所得は合計で20	P社およびS社の課税所得は合計で（40－寄附金損金算入限度額）

（注）譲渡損益調整資産に該当する場合、譲渡益は繰り延べられ、P社の譲渡事業年度の課税所得は0となります。

　以上のように、グループ法人税制が適用される場合、節税メリットを享受することができます。

（ケーススタディ3）中小企業特例措置

【前提条件】
・P社の資本金は5億円、S社の資本金は1億円です。
・S社の当事業年度の交際費控除前課税所得は1,200万円、交際費は600万円でした。

【表による解説】

摘要	P社とS社の間に完全支配関係あり	P社とS社の間に完全支配関係なし
S社交際費の取扱い	損金不算入	540万円（600万円×90％）が損金算入
S社の課税所得	1,200万円	660万円
S社の法人税	360万円	119万円（注）

（注）平成24年3月31日までに終了する事業年度において、年800万円以下の課税所得には18％の軽減税率が適用されるため、660万円×18％＝約119百万円となります。

　資本金の額等が5億円以上の法人との間に完全支配関係がある場合、中小企業向け特例措置は適用できないことになり、上記のようなデメリットが生じます。

2 行為または計算の否認

　前述の税務上のメリット、デメリットを勘案し、法人グループ内で完全支配関係を構築または解消することにより、節税を図ることも考えられます。ただし、課税関係を有利にするためだけに完全支配関係の構築または解消が行われ、他に合理的な目的がない場合、「同族会社等の行為又は計算の否認」（法法132）、「組織再編成に係る行為又は計算の否認」（法法132の2）が適用される可能性があり、慎重な対応が必要です。

■参考文献

第1章

『企業買収・グループ内再編の税務』佐藤信祐・松村有紀子著、中央経済社、2010年
『会計実務ライブラリー9 組織再編会計の実務』新日本有限責任監査法人編、中央経済社、2010年
『組織再編対価の柔軟化をめぐる会計と税務』あずさ監査法人／KPMG編著、清文社、2008年
『組織再編の手法と会計・税務Q&A（第2版）』BDOアドバイザリー株式会社監修、岡崎正憲・三島浩光・棟田裕幸編著、中央経済社、2010年
『グループ法人税制における 無対価取引の税務Q&A』佐藤信祐・松村有紀子著、中央経済社、2011年
『親子会社の税務詳解』税理士法人みらいコンサルティング編著、清文社、2011年
『Q&A 企業再編のための合併・分割・株式交換等の実務 その法律・会計・税務のすべて』澤田眞史監修、仰星監査法人編著、清文社、2010年
『逐条詳解 組織再編税制の実務 第3版』税理士法人山田&パートナーズ編著、中央経済社、2010年

第2章

『会計実務ライブラリー10 連結決算の実務』新日本有限責任監査法人編、中央経済社、2010年
『連結財務諸表の実務（第5版）』有限責任あずさ監査法人編著、中央経済社、2010年
『連結決算書作成の実務（第2版）』新日本監査法人編、中央経済社、2008年
「企業会計ナビ 解説シリーズ 外貨建取引 第4回：在外子会社の換算と処理」、新日本有限責任監査法人ホームページ（http://www.shinnihon.or.jp/corporate-accounting/commentary/foreign-currency-overseas-subsidiary/2010-09-24-01.html）

第3章

『国際財務報告基準（IFRS）2010』IASC財団編・企業会計基準委員会、公益財団法人財務会計基準機構監訳、中央経済社、2010年
「IFRS実務講座」『情報センサー』2011年7月号、2011年、新日本有限責任監査法人ホームページ

第4章

『週刊税務通信』NO.3156、2011年、税務研究会
「平成22年度税制改正に係る法人税質疑応答事例（グループ法人税制関係）」、国税庁、2010年
「グループ法人税制の概要とその対応」『租税研究』、諸星健司著、日本租税研究協会、

2010年
「グループ法人税制の今」『租税研究』、中村慈美、日本租税研究協会、2011年
『詳解 グループ法人税制』朝長英樹編著、法令出版、2011年
『グループ法人税制における 無対価取引の税務Q&A』佐藤信祐・松村有紀子著、中央経済社、2011年
『Q&Aで理解するグループ法人税制』税理士法人山田&パートナーズ・山田ビジネスコンサルティング株式会社・山田FAS株式会社編著、税務研究会出版局、2010年
『Q&A 企業組織再編の会計と税務（第4版）』、山田淳一郎監修・税理士法人山田&パートナーズ・優成監査法人・TFPコンサルティンググループ株式会社編、税務経理協会、2010年
『図解と事例で理解する！最新「純資産の部」の会計・税務』、神足勝彦・見瀬賢悟編著、ぎょうせい、2011年
『解説・Q&A グループ法人税制の実務』、阿部泰久・税理士法人プライスウォーターハウスクーパース編、中央経済社、2010年
『グループ法人税制と申告調整実務』諸星健司、税務研究会出版局、2010年
『新しい「グループ法人税制」の仕組みと実務―平成22年度法人税法改正で注目!!』、上西左大信著、税務研究会出版局、2010年
『グループ法人税制 実務事例Q&A』、税理士法人プライスウォーターハウスクーパース編著、税務経理協会、2011年

第5章
『詳解 連結納税Q&A（第6版）』税理士法人トーマツ稲見誠一・大野久子監修、清文社、2010年
『グループ法人税制 実務事例Q&A』税理士法人プライスウォーターハウスクーパース編著、税務経理協会、2010年
『設例によるグループ法人税制完全解説』辻・本郷税理士法人本郷孔洋監修・吉田博之編著、税務経理協会、2011年
『実践 グループ企業の法人税務Q&A』税理士法人高野総合会計事務所編、税務研究会出版局、2010年
『Q&Aで理解するグループ法人税制』税理士法人山田&パートナーズ・山田ビジネスコンサルティング株式会社・山田FAS株式会社編著、税務研究会出版局、2010年
『連結納税採用の有利・不利とシミュレーション』足立好幸著、清文社、2010年
『相違点でみる会計と税務 実務ポイントQ&A』日本公認会計士協会東京会編、清文社、2010年
『税効果会計の実務（第7版）』有限責任監査法人トーマツ、手塚仙夫著、清文社、2011年

参考文献

第 6 章
『相違点でみる会計と税務 実務ポイント Q&A』日本公認会計士協会東京会編、清文社、2010年
『ケース別 連結納税制度の活用と実務』税理士法人 AKJ パートナーズ、山本成男編著、中央経済社、2010年
『連結納税採用の有利・不利とシミュレーション』足立好幸著、清文社、2010年
『税効果会計の実務(第 7 版)』有限責任監査法人トーマツ、手塚仙夫著、清文社、2011年

グループ経営と会計・税務

2012年4月20日　発行

編　者　日本公認会計士協会東京会 ©

発行者　小泉　定裕

発行所　株式会社 清文社
　　　　東京都千代田区内神田1−6−6（MIFビル）
　　　　〒101−0047　電話 03(6273)7946　FAX 03(3518)0299
　　　　大阪市北区天神橋2丁目北2−6（大和南森町ビル）
　　　　〒530−0041　電話 06(6135)4050　FAX 06(6135)4059
　　　　URL http://www.skattsei.co.jp/

印刷：亜細亜印刷㈱

■著作権法により無断複写複製は禁止されています。落丁本・乱丁本はお取り替えします。
■本書の内容に関するお問い合わせは編集部までFAX（03-3518-8864）でお願いします。

ISBN978-4-433-56912-9